战略思维丛书

丛书总主编：段培君

中国结构性大战略

The Structural Grand Strategy of China

（修订本）

段培君◎著

中共中央党校出版社
The Central Party School Publishing House

图书在版编目（CIP）数据

中国结构性大战略：修订本 / 段培君著．--北京：中共中央党校出版社，2019.7

ISBN 978-7-5035-6518-2

Ⅰ．①中…　Ⅱ．①段…　Ⅲ．①发展战略-研究-中国
Ⅳ．①D60

中国版本图书馆 CIP 数据核字（2019）第 028862 号

中国结构性大战略（修订本）

责任编辑　李瑞琪　任　典
版式设计　苏彩红
责任印制　陈梦楠
责任校对　魏学静
出版发行　中共中央党校出版社
地　　址　北京市海淀区长春桥 6 号
电　　话　（010）68929580（办公室）　（010）68929899（发行部）
　　　　　（010）68922815（总编室）　（010）68929342（网络销售）
传　　真　（010）68922814
经　　销　全国新华书店
印　　刷　三河市华润印刷有限公司
开　　本　700 毫米×1000 毫米　1/16
字　　数　254 千字
印　　张　13
版　　次　2019 年 7 月第 1 版　2019 年 7 月第 1 次印刷
定　　价　56.00 元

网　　址：www.dxcbs.net　　邮　　箱：zydxcbs2018@163.com
微 信 ID：中共中央党校出版社　　新浪微博：@党校出版社

战略思维丛书编委会

丛书前言

本丛书是原中央党校提出战略思维的教研任务后出版的第一套战略思维丛书，也是中国第一套致力于战略哲学研究的丛书。

本丛书具有两方面彼此相关的背景和意义。一方面，自 2001 年中央提出“理论基础、党性修养、世界眼光、战略思维”的培训要求以来，中央党校设立了战略学专门机构负责战略思维的教学研究工作。10 多年来，中央党校作为培训和轮训中国高中级官员和高级管理者的最高学府，相继开设了战略思维的系列讲题，设立了省部级和厅局级官员“战略思维与领导能力”的专题项目和中央国家机关厅局级干部自主选学的“战略思维与领导能力”专题班，并在其他相关培训机构和高等院校开设了战略思维和战略研究的课程，已经培训了逾万名官员和管理者。本丛书既是这一教学研究成果的集成，也将作为培训教材和研究著作而使用。

另一方面，为将战略思维的研究引向深入，中央党校的专家学者加强与国内外著名研究机构的合作，以全球视野把握战略研究的学科前沿，着力研究战略思维的本质及其基本特征，将其提升到哲学的层面上进行新的概括，于 2012 年设立了中国第一家战略哲学学科，建立了博士和硕士的授予点，系统开设了战略哲学的相关课程。本丛书也是战略哲学学科研究的初步成果，将作为研究生教材和参考书籍用于教学教研，同时供战略哲学的爱好者进一步研究使用。

中央党校教学研究的定位特点是理论与实践的结合。每一个到中央党校培训的学员都会带来实践中的热点问题和理论方面的难点问题，简称“两带来”问题。中央党校的教学科研必须面对和回应这些问题，战略思维和战略问题的研究尤应如此。2015 年中央党校作为国家 25 家高端智库建设试点单位后，进一步对重大战略理论和实践问题的研究提出了新要求，专门启动了创新工程。本套丛书力图体现这一定位特点和高端智库项目的要求，既立足于中国和全球战略发展的实践深入探讨战略思维的理论和方法，形成比较系统的战略哲学学科体系，同时也努力将战略思维的理论运用于中国和全球的发展，提出新的战略思想和对策。这样的特点当然只是试图体现于丛书的整体设计上，对于每一本书而言自有其侧重点。

战略思维的研究和战略哲学的学科建设是一项长期艰巨的任务，不仅需要持之不懈的努力，而且需要深入的探索和开拓创新。本丛书只是这一进程中的一种努力，还有待于未来的完善，欢迎读者提出批评和建议。

丛书总主编　段培君

修订本序

《中国结构性大战略》一书原于2012年1月由上海远东出版社出版，现纳入中共中央党校出版社的《战略思维丛书》。当然，该书不是原样出版，而是以新的注本的新版形式面世。本次的修订本，主要是在保持原著原貌的前提下，在每一章后面视形势变化、战略运用和研究进展的情况加上专门的评注，同时在书的前后分别加上修订本的引言和结语。

本书的修订主要是考虑了以下几个因素：一是原著提出的战略思想并没有过时。书中提出的“双引擎”“双向开放”“结构性宏观调控”等战略，“供给引擎更为根本”的战略思想，乃至由“双引擎”战略引申出来的“双创”战略（创新和创业），已经程度不同地见诸国家的战略文献或相关机构的政策表达中。它们或被部分地应用，或正在经受实践的检验。尤其是书中提出的结构性变革的大战略思想，已经为越来越多的读者所关注。在这些意义上，原著依然有其实践方面的价值。

二是该书的内容是作者2008年以来运用大战略理论和方法对中国结构性问题逐步形成的观点和表达。作为用大战略分析国家特定阶段发展战略的一种尝试，从方法论运用的视角看具有某种独立的存在意义。不论其成功还是不足之处，在战略思想史上都有某种分析价值。从战略哲学学科建设的需求和《战略思维丛书》的定位看，也需要这种分析研究的积淀。所以，在特定的框架中保持其原貌有其必要性。

三是《中国结构性大战略》出版以来，历经7年的时间，中国和世界的发展都出现了各种各样的新情况。该书分析立论的那些数据和资料都需要某种补充和更新。每章论述的具体战略，它们被运用或部分运用的情况和效果，也应当有一定的分析说明。如果可能，其中的方法论意义也应有新的阐释。该书在读者方面的反映，包括作为中共中央党校省部级干部“战略思维和领导能力”专题班的阅读书目和讲授内容而得到的反映，中共中央党校厅局级和中央国家机关“战略思维和领导能力”专题班的教学反映，以及对大中小企业高级管理者的讲授反映，还有在国内外交流方面的同行反映，这些也应该在修订本中有一定的体现和回应。当然，作者本人对中国结构性大战略也有新的思考，这些也应置于新版的论述中。

为了读者阅读的方便，这里对修订的形式做些简要的说明，主要介绍修订本增加了哪些新内容。

首先是对中国结构性大战略归纳性的新论述。作者近年来在对“中国结构性大战略”进一步的思考中试图阐发其中的某种逻辑。作者感到，中国结构性大战略实际是通过大战略解决以经济结构为重点的中国大结构问题，从而实现中国的转型。所以，这种逻辑是转型的逻辑。人们常说，“十三五”时期就是调整结构、转型升级的关键阶段。作者在《战略思维丛书》中的《创新发展模式》一书里提到，转型“在中国，近期看是向更高发展形态转变的一个阶段；长期看是向现代社会转型的一个关节点”。为此，作者写了《中国转型的逻辑》一文，试图阐述中国转型的整体逻辑，也试图说明各个方面的逻辑，即中国转型的动力逻辑、历史逻辑、实施逻辑、协调逻辑和价值逻辑。这篇论文的纲要内容已经发表，这里将修订过的文本作为这本修订本的引言，以逻辑概述的形式帮助读者理解中国结构性大战略的整体内涵和意义。

其次是数据和资料的补注和更新。为了读者阅读的方便，每章以表格或图表形式出现的数据或资料，作者在修订本中做了一定的补充和更新。对涉及战略定位的发展新趋势或新变化，作者也尽可能追踪做了新说明。

再次是每章后面新修订评注。这些评注视内容的需要或长或短，一般会包括战略运用的评析、原有战略表述的补充更新、读者的理解和判断，以及作者关于学理和方法论的新表述。这些评注不期望面面俱到，只是选取特定的问题或角度，在理论和实践的结合中进行延展性分析，或是战略实践的视野拓展，或是背景理论或方法论的进一步阐释。笔者希望修订本中新增的这些评注能对大战略理论的运用以及这种运用对大战略理论的发展具有一定的参考意义。这样整体看来，似乎能像一个特定阶段的战略思想的案例分析。

最后，结语部分的《中国结构性大战略的重要意义》原是《中国结构性大战略》一书的书评。对原书提出的结构性大战略尤其是大战略运用和发展方面的意义做了整体评析，也是这本书多视角的一种体现。

目　录

引　言

在战略意义上，结构问题已经成为中国发展中具有全局性、根本性的一个问题。这是本书着重论述结构性大战略的主要原因。

关于中国的前途，这两年议论颇多，近来日甚。集中到经济层面上，其观点主要有两类：一类是增长繁荣论，认为中国经济将持续增长，不会有什么问题；另一类是停滞衰退论，认为中国经济将走向停滞衰退或崩溃。这两种看法都具有部分的立论根据，但也都具有某种片面性。笔者在此提出第三种观点：中国的前途，中国是继续走向繁荣还是走向衰退，取决于下一步的战略选择和行动，取决于如何解决结构问题，尤其是大结构的问题。

中国的经济结构是倾斜的。这种结构的倾斜表现在投资与消费的需求结构上，表现在主要依靠物质资源而不是知识资源的投入上，表现在一、二、三产业的结构上，表现在城乡区域差距的结构上，等等。因为这种倾斜，我们说经济结构是不平衡的、不协调的、不可持续的。

进一步地看，中国经济结构的倾斜虽然有经济本身的原因，如经济发展阶段或条件的限制，但从更大的视野看，这种倾斜源于政治结构的倾斜。投资与消费的结构为什么倾斜？源于权力结构对资源的控制和激励机制。资源投入的要素结构为什么向物质资源倾斜？源于权力结构决定了投资的路径或规定了投资主体的偏好，或限制了知识要素的供给和转换机制的形成。

为什么一、二、三产业结构是倾斜的？这直接与需求结构（如对二产的投入）和供给结构（如三产比重低与创新要素不足相连）相关，而这些当然又直接受制于权力结构。城乡区域结构的倾斜也存在类似的逻辑，它虽然不能排除环境和历史的因素，但显然制度结构（如户口）、政策结构（投入分配政策）等加剧了这种倾斜，从深处看都与权力结构有一定的关系。

所以，中国经济结构的问题当然与历史条件、发展阶段以及外部环境有关，但从中国的情况和深层次的原因看，涉及中国政治结构和社会结构的体制性因素是首要的问题，这也是确定战略时必须考虑的根本问题。

这是本书提出结构性大战略的首要原因。也就是说，提出结构性大战略是为了优化调整经济结构，致力于解决经济结构问题；而要解决经济结构问题，就必须同时解决经济结构与政治结构、社会结构、文化结构的关系问题，也就是大结构问题。换一个角度讲，经济战略、政治战略、社会战略与文化战略等也必须形成结构性的关系。这个意思是说，要解决的问题是大结构，解决问题的战略之间也要形成结构，这是所谓结构性大战略的简单含义。

进一步，从战略学的学理上看，本书提出结构性大战略，与战略学界所说的大战略（grand strategy）实际是相通的，也可以看作是大战略思想的某种运用。

1929年利德·哈特在《历史上的决定性战争》一书中提出："大战略的任务是协调和指导国家的全部力量以达到战争的政治目的，即国家政策所确定的目标。"他认为，大战略与战略有高低之分，"如同战术是战略在较低阶段中的运用，战略也是大战略在较低阶段中的运用"[①]。20世纪60年代以后，大战略不再限于在资源手段上调动和运用国家的所有力量，而且在目标上也不再限于战争的目的，而是服务于国家利益的实现。艾·厄尔指出："战略是任何时候都需要的治国要素。战略不仅仅是战时的概念，也是在所有时期治国的固有要素。现在，仅仅在最有限的意义上才把战略定义为军事指挥官的艺术。在当代世界，战略是控制和使用一个国家或国家联盟的资源——包括武装力量去实现目标的艺术，这一目标是有效地促进其切身利益，并保护这一利益不受现实、潜在或假定敌人的侵犯。"[②] 阿·魏德迈指出，大战略是运用国家力量实现国家政策所规定的目标的艺术和科学。

概括地说，大战略的"大"，一是战略选择手段范围的"大"，包括政治、经济、心理、军事、科技等手段。二是战略目标考量范围的"大"，即所确定的目标不仅是传统的军事安全目标，而且包括经济、政治、社会等方面的发展目标，后者在一般情况下是国家的首要目标。三是战略系统的"大"，即是把大手段与大目标协调起来，经济、政治、社会、文化、安全等方面的战略联为一体，形成综合性、整体性的大战略。

笔者在主编中央党校《战略思维理论和方法》教材时曾指出：总起来看，大战略的大目标、大手段、大协调都涉及"全"和"善"的思想。"全"，是大战略的大系统视野、大全局原则，要求全面把握大战略中各种手段之间、各种

---

① B. H. Liddell Hart, *The Decisive Wars of History——A Study in Strategy*, London: G. Bell & Sons, Ltd., 1929, pp. 150－151.

② Edward Mead Earle, Introduction, *Makers of Modern Strategy: Military Thought From Machiavelli to Hitler*, Edited by Edward Mead Earle with the Collaboration of Gordon A. Craig and Felix Gilbert, Princeton University Press, 1952, p. viii.

路径之间、各种资源之间的关系，全面把握大战略中各种目标之间的关系，全面把握各种手段与目标之间的关系，全面把握效果与代价之间的关系。这是大战略最宽广的战略视野。“善”是大战略的价值评估，它涉及大战略各种手段的价值评估、大战略各种目标之间的价值评估、大战略目标与手段关系的价值评估、大战略效果和代价的价值评估。大战略以最高的国家利益为最高价值点，由此评估什么是最好的战略手段，什么是根本的战略目标，什么是最佳的目标与手段之间的效用关系，什么是最好的战略效果。这是大战略最高的价值定位。大战略的价值评估实际上已经上升到人类生活的根本价值层面，是人类在二战后以大战略的形式反映出来的对价值的一次重估。笔者认为，“全”与“善”的这种有机结合的运用，是大战略的灵魂所在。

在这一意义上，本书所提出的结构性大战略即属于这种类型的战略。结构性大战略不仅仅涉及经济结构的优化调整，更是立足于经济、政治、社会、文化等结构的内在相关性，强调整体结构的优化调整。它要强调的思想是，经济结构的优化调整是战略重点，但这一优化调整必须置于经济、政治、文化、社会等整体结构的优化调整中才能实现，因为就其实质来说，经济结构的问题恰恰与政治结构和社会结构的问题深刻地联系在一起。而且，就发展阶段而言，经济、政治、文化、社会等整体结构的优化调整本身就是这一大战略的目标。

所以，提出结构性大战略不仅是从战略途径的层面上给经济发展开一个方子，而且涉及经济、政治、社会、文化、环境全面发展的问题。作为经济发展的手段，需要全面协调经济、政治、社会、文化、环境诸要素，以使得经济能够持续增长，这是结构性大战略所要求的；同时，结构性大战略还涉及目标设计的层面，即它本身将经济、政治、社会、文化、环境的全面协调发展列为国家目标。这一部分的内容涉及发展观、价值分析和评价，涉及各个相关领域发展趋势的探讨和系统把握，因而是大战略的视野。

本书提出结构性大战略的第二个原因是，即使是从发展阶段来看，经济结构的优化调整乃至经济、政治、文化、社会等整体结构的优化调整在现实层面也已是当务之急，需要作为国家战略力推落实。不含糊地说，解决倾斜性的结构已经刻不容缓。如果不解决这一问题，中国未来的第一步是失去国际竞争力；第二步是失去生产率的提高；第三步是失去经济的增长率，速度滑落。或者就在第二步，会失去社会稳定而导致经济危机乃至更大的危机。从决策和行动的角度看，留下的时间已经有限。

所以，倾斜性的结构也是危机性结构。不能仅看现在数字飞扬，一旦结构坍塌，数字即刻失去。量依附于质，质发生了问题，量无法保持。如同一辆汽车，如果结构无法支撑，速度不仅掉下来，而且甚至可能抛锚。在这一意义上，结构性大战略也是危机处理战略。准确地讲，是战略性危机处理的战略。

本书在第一章通过对中国发展的实际结构分析表明，将结构调整上升为国家战略是必要的、紧迫的。在当前和今后的发展阶段，从全局看，经济、政治、社会等方面的结构已经难以承受目前的发展，粗放式的经济增长战略已经难以为继。以廉价的土地和劳动力与资本要素结合的投资出口导向型的经济增长模式，不仅是经济结构的问题，而且同时还是政治、社会结构的问题；这一模式不仅制约着更高水平的经济增长，而且也使政治结构、社会结构的问题更趋严重。所以，确定结构性大战略是这种战略定位分析的结论。从比较长远的观点看，中国的经济增长能否持续，要看如何选择，关键在于能否实施结构性大战略。

基于这些原因和国内外形势的变化，笔者近年来一直就经济结构及其与政治结构、社会结构等方面的关系发表战略分析意见，强调结构问题的重要，强调解决结构问题的战略意义，甚至不惜在演讲中自称是“结构主义者”。为此，笔者 2010 年 2 月 6 日在美国哥伦比亚大学演讲时提出“结构性战略”概念，把它作为未来中国发展战略的新概括，认为它是中国发展的关键。

此时所说的结构性战略就是本书所说的结构性大战略，因为它包括结构性经济战略、结构性政治战略、结构性社会战略与结构性宏观调控等内容，是以广义的结构调整与优化为发展的主要目标与路径的战略。它不仅强调经济结构的调整和优化，而且强调经济、政治、文化、社会、环境整体结构的调整和优化，强调我们为了解决经济结构和经济发展问题，不能不同时解决更为深层次的政治结构和社会结构问题，强调为了全面协调发展而不能不同时重视经济、政治、社会、文化、环境联为一体的大战略。

从大结构到大战略，其深刻的逻辑依然在于经济结构与政治结构、社会结构和文化结构的深刻关联，以及这种关联的战略定位和意义。

实际上，笔者 2007—2008 年提出和论述的结构性宏观调控，其实质就是将结构性战略思想渗透于宏观调控中，力图使短期调控不仅考虑眼前，而且要更好地考虑结构调整的战略目标，不仅考虑调控机制的短期效果，而且要考虑市场机制的基础性和长远性功效，以取得长期战略与短期调控、市场机制与调控机制最佳结合的效果。

笔者强调，只有实行结构性大战略，才能提高经济增长的质量和效益，解决中国经济发展的根本动力和国际竞争力问题，实现中国经济的可持续发展；也可以说，才能解决战略性危机问题。

此外，结构性大战略也是战略性发展战略。为什么这样讲？结构优化调整的要求，经济、政治、文化、社会广义的结构优化调整，从比较积极的方面看，实际是说，在初步解决了温饱之后的发展阶段，经济、政治、社会、文化、环境其他方面的新要求将被提上日程。新的发展阶段需要有新的目标体系，结构性大战略所包含的经济、政治、文化、社会等方面的整体发展，就包含了这一意蕴。所以，提出结构性大战略在这一意义上是立足于国内发展的新阶段、新趋势，谋求更高层次的发展。如果这一战略落到实处，将使中国经济奠定战略性大发展的基础，使中国经济从中等收入水平向更高水平迈进，并将使中国纳入经济、政治、社会、环境比较协调发展的某种新格局①。

可以综合地说，这一大战略同时面对战略性危机和战略性机遇，是把国家安全与发展联为一体的视野。如果战略取得成功，既可以解决战略性危机，也可以获得战略性发展。如果不能成功，则后果非常严重，可能不是“中等收入陷阱”这一概念所能描述和涵盖的。坦率而言，中国处于极为关键的阶段。要形容一下的话，是很好与很坏的可能性同时存在的阶段。此时此刻，决策极为重要。这是笔者将近年所写所讲熔为一炉、集于一书的原因，也是笔者把这一战略称为大战略的另一个原因。战略学界后来把大战略称为国家战略，中国结构性大战略就是决定未来中国命运的国家战略。

读者应能够注意到，2010 年 12 月中央经济工作会议提出，要以科学发展为主题，以加快转变经济发展方式为主线，坚持把经济结构战略性调整作为加快转变经济发展方式的主攻方向，加快经济结构战略性调整，以更大决心和勇气全面推进各领域改革，推动经济发展方式转变。毫无疑问，这一决策表明，在一定意义上结构性大战略已经上升为国家战略。现在要看更大决心和勇气全面推进各领域改革的实际表现，也就是说，究竟有多大的决心和勇气表现在行动和措施上。箭在弦上，何时发出？本书也是试图为战略的弓箭手助一臂之力。

本书提出结构性大战略的第三个原因，是把这一战略与全球大视野联系起来，与将国内战略和国际战略、发展战略和外交战略融为一体的大战略视野联系起来。

人们常说，天下大势，浩浩荡荡，顺之者昌，逆之者亡。天下大势是什么？本书提出，就是全球发展的结构性取向，包括以下 3 个方面：创新为导向的经济结构变化——创新所带来的产业结构的不断更新和提升；经济社会综合结构的变化——经济、政治、文化、社会等横向结构的整体化、综合化趋势；代际关系结构的战略性变化——全球展开的可持续发展的趋势。这 3 个方面的新变化反映了当代全球结构性发展的大趋势。

---

① 参见段培君：《中国发展的关键：结构性战略》，《沪港经济》2010 年第 3 期。

笔者强调，在当代背景下，世界经济发展日益显示出其主导机制是创新。正是因为不断地创新，新产业不断涌现，从信息技术产业到生物技术产业，到今天的新能源产业，新的经济结构不断带动世界经济向前发展。所以，转变经济发展方式，调整经济结构不仅是中国经济发展到一定阶段的要求，也是整个世界经济发展的主导趋势。

创新不仅是技术和产业层面的，也是经济、政治、社会和文化层面的。国家创新体系包含企业、研究机构、政府、中介组织等要素，实现创新不仅需要着眼于技术和经济层面的变革，而且也必须着眼于政治、文化和社会层面的变革。全球经济、政治、社会、文化的综合性发展与可持续发展方兴未艾。在这一意义上，以经济结构调整优化为重点，实行经济、政治、文化、社会等方面的综合性、整体性优化调整的大战略，是面对天下大势的一种选择。

所以，结构性大战略是研究天下大势、把握全球发展趋势的结果，是顺应全球结构性变化，把国内战略与国际战略、发展战略与对外战略联系起来的战略。说其是大战略，在这意义上是有道理的。

本书对结构性大战略的论述大体分为3个部分：第一部分主要阐述结构性大战略的背景，包括第一章、第二章的内容。第一章分析了中国内部的结构性矛盾，第二章分析了国际结构性发展的取向，说明提出结构性大战略是国内外战略定位分析的结果。第二部分阐述结构性大战略的内涵、主要框架和宏观布局，包括第三章、第四章。第三章是阐述结构性战略的内涵和目标体系，第四章论述了结构性宏观调控的内容。第三部分包括第五章至第七章，分别论述结构性经济战略、结构性政治战略和结构性社会文化战略的内容，提出了双引擎的经济战略、“十”字型的政治战略和双向开放的社会战略等初步设想。

修订本引言：中国转型的逻辑

进入“十三五”以来，结构性改革、转型升级等相关论述明显增多。这从一个侧面表明，中国发展已进入转型的新阶段。笔者在《中国结构性大战略》原作中提出的转型战略框架，包括“双引擎”经济战略、“十字型”政治战略和“双向开放”的社会与文化战略、“三位一体”的宏观调控等，已程度不同地在近年的战略实践中体现出来，其中“双引擎”“双向开放”2015 年以来已见诸国家的战略文献。[①] 中国经济结构的转型有所推进，同时面临问题和风险，特别从大结构的视野看，面临着新的挑战。基于此，有必要对中国转型的逻辑作进一步思考。

一、中国转型的动力逻辑：结构性矛盾

中国在发展过程中出现的结构性矛盾，不仅体现在经济结构上，而且体现在政治、社会、文化、资源环境结构上，体现为整体性的结构问题。结构性矛盾影响了中国发展的可持续性，是中国转型的内在动因。

经济结构的矛盾集中体现在需求结构和供给结构上。在需求结构方面，投资、消费和出口作为拉动经济的三驾马车出现了某种倾斜：投资率过高且投资偏重于高消耗产业。2015 年中国消费率为 51.6%，比改革开放初期 1983 年的 67.4%低 15.8 个百分点，比 2000 年的 63.7%低 12.1 个百分点。与此同时，投资率为 44.9%，比 1983 年的 31.7%高 13.2 个百分点，比 2000 年的 33.9%高 11 个百分点。这一结构性矛盾派生了以下矛盾：其一，以产能过剩为标志的供需矛盾。如 2014 年钢 9 亿吨产能，过剩产能达 2 亿吨；水泥、平板玻璃等也都出现产能过剩。其二，以通货膨胀为标志的金融系统与实体经济的矛盾。1949—2011 年共贷款 55 万亿元，其中 2008—2011 年占约 28 万亿元；广义货币 M2 在 2011 年为 85.16 万亿元，到 2016 年升至 155 万亿元。其三，以成本上升为标志的经济扩张与经济效益下降的矛盾。2011 年农民工月收入 1991 元，2015 年上升为 3072 元。成本差距带来的企业外迁将导致投资驱动力

---

① 参见《中华人民共和国国民经济和社会发展第十三个五年规划纲要》《2015 年国务院政府工作报告》《2016 年国务院政府工作报告》。

的下降。其四，以资源瓶颈和污染为标志的经济系统与环境系统的矛盾。高耗能行业占规模以上工业的比重从 2012 年开始逐年下降，但到 2014 年仍有 28.4%。全社会能源消费总量的一半以上由高耗能行业消费①，环境治理压力巨大。

在供给结构方面，创新驱动力不足，产业结构不合理，高新技术产业产值比重低。高技术产业占我国规模以上工业的比重从 2011 年开始逐年上升，但到 2014 年也只有 10.6%。传统粗放式发展模式不仅使经济发展的后续动力不足，而且隐含危机的可能。增加知识和技术要素的供给，转向创新驱动，实现产业结构优化升级，已是势在必行。

经济结构的问题，如果深层次地观察，与管理体制中的权力结构相关。后者很容易导致收入分配结构的问题，使国家财富中的较大份额不断作为新的资本投入传统行业和金融领域，而不能有效地用于民众消费能力的增长、生活水平的改善和新兴产业的发展。在这一意义上，通过经济和政治体制改革调整相关的权力结构，以有利于需求结构和供给结构的优化调整，是实现中国转型的关键。与此同时，上述结构的倾斜也是产生社会问题的一个根源。因土地等问题引发的上访和群体性事件，因财富和权力结构调整不够而导致的社会阶层固化所带来的不满，都是这方面的反映。所以，客观地看，致力于解决经济、政治和社会文化的结构性矛盾是中国转型的现实动力。

二、中国转型的历史逻辑：全球结构性变迁

中国转型的研究需要着眼于更长远的历史视野。在这一视野中，一方面，是实践的人在活动中改变现实，体现出主观能动性；另一方面，这一活动又受制于具体的物质条件，体现为某种客观逻辑。

波特在论述产业发展时基于这一视野指出了产业上升中的三个阶段，依次为资源驱动、投资驱动和创新驱动。这三个阶段和相应的三种模式大体描述了产业发展的某种历史逻辑。这种逻辑也反映于中国经济发展的进程中。研究全球现代化进程中不同时期、不同区域的发展模式当然比产业的发展模式要复杂得多，但我们仍然可以确认一些基本的结构性变迁趋势。这些趋势笔者在《中国结构性大战略》中分析了以下 3 个方面，而且这 3 个方面近年来又有了新的

① 据第三次经济普查之后的修订数据，2013 年六大高耗能行业的能源消费占规模以上工业能耗的比重达 79.8%，规模以上工业能耗占全部工业能耗的比重为 94.2%，全部工业能耗占全社会能源消费总量的比重为 69.8%。

发展：

（1）创新为导向的经济结构变迁。经济发展的内涵不仅意味着经济规模的增长，更意味着经济结构的优化，而创新是结构优化的关键。熊彼特认为，创新是生产要素的新组合，创新就是经济发展。创新催生了新的产业结构，改变了全球经济的发展方式和产业布局。"在这一意义上，笔者认为转变经济发展方式不仅是中国经济发展一定阶段的要求，也是整个世界经济发展的主导趋势。需要在当代经济发展规律的意义上把握转变经济发展方式的内涵，把转变经济发展方式和创新作为经济增长的主要动力机制。"① 当前，工业 4.0 正以智能革命和能源革命为两翼重塑全球的经济结构。

（2）经济社会综合结构的发展趋势。随着创新的全球辐射和产业结构的全球变化，经济本身也走向全球化、整体化。创新需要研发机构、企业、政府机构与中介组织等形成国家创新体系，全球创新产业链的延伸以及所带来的产学研结构的延伸，正在催生新的交往结构。信息网络深刻改变了人类的生存方式，改变了全球经济运行方式和社会治理模式，正在向大数据的层面跃迁。网络的"群"社会迅速发育，社会组织正在多样化、便捷化发展，形成了新一轮的"全球结社革命"。上述方面的相互作用推动综合性、整体性的经济社会结构的形成。

（3）代际关系结构的战略性变化。当代与后代协调发展已成为全球共识，人类正在努力形成节约资源和保护生态环境的产业结构、增长方式、消费方式，实现经济与人口、资源、环境协调发展。一个典型的表现是，2015 年 12 月 12 日《联合国气候变化框架公约》近 200 个缔约方于巴黎气候变化大会上达成《巴黎协定》，2016 年 4 月 22 日于纽约签署了这一协定，并于 2016 年 11 月 4 日正式生效。这是继 1992 年《联合国气候变化框架公约》、1997 年《京都议定书》之后，人类应对气候变化的第三个里程碑式的国际法律文本，形成了 2020 年后的全球气候治理格局。尽管这之后发生了某种波折，但大的趋势不会改变。

面对全球发展的新趋势和中国的结构性矛盾，粗放式的发展模式为新的发展模式所取代已成必然。

三、中国转型的系统逻辑：结构性大战略

提出结构性大战略是为了解决中国的经济结构问题，而要解决这一问题就

① 段培君：《权宜之计不能脱离基本战略取向》，《沪港经济》2009 年第 7 期。

必须同时解决经济结构与政治结构、社会结构、文化结构的关系问题，也就是大结构问题。换一角度讲，经济战略、政治战略、社会战略与文化战略等也必须形成结构性的关系。这个意思是说，要解决的问题是大结构，解决问题的战略之间也要形成结构，这是所谓结构性大战略的简单含义。所以，结构性大战略的立意就是致力于中国的转型。

进一步的，从战略学的学理看，本书提出的结构性大战略是大战略（Grand Strategy）的某种运用。1929年哈特初步论述了大战略的概念，将实施大战略的价值立足点转到和平和民生的状况要变得更好一些上。这一价值取向在二战以后逐步现实化，表现为以下趋势：一是战略活动范围不断扩展，从军事和政治战略扩展于经济战略、企业战略、科技战略、文化战略等方面，逐步形成了现实的大战略，包含了安全战略、发展战略和外交战略的基本构成。二是这一大战略的结构重心发生变化，发展战略成为大战略的重心所在，发展成为大战略的主要目标和取胜的关键。三是形成了大战略的大系统结构，既要求发展战略、安全战略和外交战略的结构性协调，也要求这一视野下的发展战略、安全战略和外交战略各自内部的协调，还要求大战略实施中的目标和手段（资源）的动态协调。这种协调越来越要求全球性的视野。

中国结构性大战略是大战略的一种运用。它不仅着眼于中国的经济发展，而且着眼于它的整体转型；不仅着眼于中国的发展，而且着眼于全球的发展；不仅着眼于经济结构的优化调整，而是着眼于经济、政治、社会、文化等结构的内在相关性，强调整体大结构的优化调整。它是要解决大战略的重心问题，指向中国大战略的主体部分，研究中国发展战略的大协调问题。它通过现实分析所强调的战略思想是，经济结构的优化调整是战略重点，但这一优化调整必须置于经济、政治、文化、社会等整体结构的优化调整中才能实现，因为就其实质来说，经济结构的问题恰恰与政治结构和社会结构的问题深刻地联系在一起。而且，就新的发展阶段而言，经济、政治、文化、社会等整体结构的优化调整本身就是这一大战略的目标。

所以，结构性大战略是以广义的结构调整与优化为发展主要目标与路径的大战略，包括结构性经济战略、结构性政治战略、结构性社会战略与结构性宏观调控等内容。作为经济发展的手段，需要全面协调经济政治社会文化环境诸要素以使经济能够持续增长。同时，作为目标设计，它将经济、政治、社会、文化和环境的全面协调发展作为国家目标。

四、中国转型的实施逻辑："双引擎""十"字型和"双向开放"

将结构性大战略向操作层面延伸，能够形成具体的实施战略——"双引擎"经济战略、"十字型"政治战略和"双向开放"的社会与文化战略。

"双引擎"经济战略指通过调整需求结构和供给结构而发挥两个动力引擎的作用，使之形成互补效应和新的动能。需求引擎是通过需求结构的调整，将以投资为首要推动的发展引擎转变为以消费为首位的，消费、投资、出口三者具有比较合理结构的发展引擎。供给引擎是通过要素结构的调整，实施创新战略，使经济发展向创新驱动型转变，实现产业结构的优化升级，形成供给端的发展引擎。双引擎战略是以调整需求结构和供给结构为重点，结合其他结构的调整来推动中国经济发展。在双引擎中，供给引擎具有根本性地位。笔者曾于2011年初著文指出："在双引擎战略中，就经济增长的总量和稳定性来说，需求引擎具有特殊重要性，而从未来经济发展的质量、增长的更大空间、国际竞争力等方面看，创新驱动的供给引擎更具有根本性。"①

"十"字型政治战略是要解决经济结构调整中深层次的治理问题。"十"字型战略基于需求和供给结构调整而进行纵向和横向权力结构的调整。纵向方面，进一步改革人财物的管理体制和简政放权，从而能够降低投资率，扩大消费率，通过放权保证经济发展的需求动力；横向方面，加快推进政企分开、政事分开，使专业化、社会化进程与权力分置结合起来，形成企业、事业单位和政府相互独立而又功能互补的格局，进而在国家决策层面上建立起决策权、执行权、监督权既相互制约又相互协调的机制。通过横向分权，确立创新主体，建立国家创新体系，为经济发展提供新的动力。治理结构的改革需要考虑产权制度、财税制度、人才制度、资源管理制度、评价机制等方面的改革。

"双向开放"的社会与文化战略包括两个方面：一是对内开放，即社会财富、公共资源与公共服务的开放与均衡化，使社会财富、公共资源在开放中进一步地流动起来，使得内需得以扩大，需求结构得以改善，效率进一步提高，社会公平、公正程度得以改善。二是对外开放，拓展和优化开放结构，完善内外联动的开放型经济体系，强调技术、经济、制度、思想文化层面都面临更加开放的任务，以实现国家创新体系的整体升级。开放的社会和文化战略不仅是对结构性经济和政治战略的有力支撑，其本身也是社会和文化领域的战略

① 段培君：《全面深刻地把握双引擎战略》，《沪港经济》2011年第1期。

目标。

经济战略、政治战略、社会和文化战略各有不同的内涵和举措，但三者又彼此配套、彼此呼应，共同致力于结构性大战略的目标。“双引擎”战略（结构性经济战略）与“十”字型战略（结构性政治战略）、双向开放战略（结构性社会与文化战略），以及结构性宏观调控，是中国结构性大战略的具体展开。

五、中国转型的协调逻辑：战略与机制的“三位一体”

协调逻辑集中体现于战略和机制以及机制和机制之间。笔者于 2006 年提出的“三位一体”的宏观调控包含两方面的含义：一是在外部关系中宏观调控、结构性战略与市场机制的“三位一体”关系。二是在内部关系中，结构性的调控目标配以结构性调控手段——结构性的货币政策、财政政策和就业政策。这一概念将宏观调控置于“三位一体”的结构中，强调短期宏观调控必须服从于长期战略的要求，必须发挥市场机制的基础性作用。

协调逻辑具有以下三种含义：第一，结合逻辑。宏观调控的短期政策效应与长期战略的结合，宏观调控与市场机制的结合。第二，服从逻辑。宏观调控对总量的调控以及其他措施，不仅需要考虑经济增长和运行的稳定，而且需要着眼于解决中国经济的结构性矛盾，从根本上服务于转变经济发展方式。同时，宏观调控与市场机制的结合须发挥市场机制的基础性作用。第三，渗透逻辑。结构性大战略的思想渗透于宏观调控中。宏观调控应瞄准结构性优化，其手段应具有结构性，如结构性的货币政策、财政政策、就业政策，对不同的调控领域给予不同的调控力度，使调控结果出现结构性特征。

把握上述协调逻辑具有现实意义。其一，有利于把握好战略导向。单纯进行宏观调控并不能实现转变发展方式的目标。其二，有利于着重解决体制机制问题。经济、政治、社会的结构性调整难点在体制机制，因此着力点应是经济体制的改革、市场机制在配置资源中决定作用的发挥和其他体制机制的完善。其三，有利于科学实施宏观调控，在应急调控时更加重视战略导向。

协调逻辑也试图说明市场和调控两种机制的关系：“中国的经济增长离不开市场机制和调控机制的结合。”如果试图取得创新的成功，必须处理两种机制的结合关系。同时，要强调市场机制的基础论：“只有发挥市场机制的基础性作用，结构调整才能有效进行，也就是说，强调了市场机制是结构性大战略取得成效的一个前提。”具体地看，要推进双引擎战略，解决投资与消费失衡和需求结构的调整问题，必须解决产权的落实机制问题。要推进双引擎战略，解决供给方面的创新能力和产业结构优化调整问题，必须解决垄断和价格机制的改革问题。

六、中国转型的价值逻辑："以人为本"

"以人为本"作为中国转型的价值逻辑，突出体现在以下三个方面。

第一，人的价值需求的根本性。马克思指出"人们首先必须吃、喝、住、穿，然后才能从事政治、科学、艺术、宗教等等"的思想。我们应当重视马克思在这句话中揭示的社会一般价值规律：首先是人的价值需求，然后才是以此为前提的"直接的物质的生活资料的生产，从而一个民族或一个时代的一定的经济发展阶段，便构成基础"，并在此基础上逐步实现人的自由而全面的发展。整个思想链条的一个逻辑起点是人的价值需求。"以人为本"的命题深刻地反映了这种社会价值逻辑。党的十八大报告强调的"必须更加自觉地把以人为本作为深入贯彻落实科学发展观的核心立场，始终把实现好、维护好、发展好最广大人民根本利益作为党和国家一切工作的出发点和落脚点，尊重人民首创精神，保障人民各项权益，不断在实现发展成果由人民共享、促进人的全面发展上取得新成效"，是这一根本价值的政策表达。党的十九大报告强调的"永远与人民同呼吸、共命运、心连心，永远把人民对美好生活的向往作为奋斗目标"，也是突出强调了满足"人的价值需求"是中国转型的根本目的。

所以，中国的转型发展，包括所设置的所有国家目标，归根结底是为了实现"以人为本"的价值追求而不是其他。

第二，人的价值需求全面性和价值实践进程的全面化趋势。中国发展进程中从"物质文明建设和精神文明建设两手抓"到"经济建设、政治建设、文化建设""三位一体"，从"经济建设、政治建设、文化建设、社会建设""四位一体"再到"经济建设、政治建设、文化建设、社会建设、生态文明建设""五位一体"的总体布局，以及近期提出的"创新、协调、绿色、开放、共享"的五大发展理念，都反映了价值实践全面化的趋势，体现了"人的全面发展"的客观要求。这一趋势也体现于中国参与和推动经济全球化的态度和行动中。中国提出的让不同国家、不同阶层、不同人群共享经济全球化的好处的观点，以及牢固树立人类命运共同体意识的追求，应是价值实践全面化的外部体现。

第三，中国转型中主体性的新要求。"十三五"规划的指导思想第一条原则即"坚持人民主体地位"，其具体表述是："人民是推动发展的根本力量，实现好、维护好、发展好最广大人民利益是发展的根本目的。必须坚持以人民为中心的发展思想，把增进人民福祉、促进人的全面发展作为发展的出发点和落脚点，发展人民民主，维护社会公平正义，保障人民平等参与、平等发展权利，充分调动人民积极性、主动性、创造性。”这条原则表达了人民主体地位的三层意思：依靠人民、为了人民、人民当家做主。价值目标的实现无疑依赖于人的主体地位的确立。从转型实践看，改革的成效是通过确立生产经营者的主体地位而实现的。不论是以联产承包责任制确立的农民的主体地位，还是城市改革确立的企业主体地位，抑或今天的“全面深化改革”的指向，都需要这种主体地位的历史推进。可以说，“以人为本”是对这种主体性的确认。在中国转型的关键阶段，这种主体性有其特殊内涵和意义。随着新技术革命的发展和创新在全球的推进，人本身在经济社会发展中越来越成为一种特殊推动力。在此意义下，当代经济社会发展规律需要通过“以人为本”进行新的阐述。中国所以把提高自主创新能力、建设创新型国家作为中国发展战略的核心，把供给侧改革作为战略重点，正是出于对这种发展规律的认知。双引擎战略所引出的“创新创业”要求，也体现了人的主体性的历史新逻辑。

综上所述，中国转型中的动力逻辑、历史逻辑、系统逻辑、实施逻辑、协调逻辑和价值逻辑是中国转型逻辑的全面展开，体现了彼此间的深刻联系，反映了中国结构性大战略的深层内涵。

第一章　中国发展的结构性矛盾

之所以要确立结构性大战略，源于中国发展的结构性矛盾。这一矛盾具有两个特点：一是从发展趋势看，进入新世纪以来，它日益成为发展进程中的突出问题，使经济增长难以持续；2008年以来，矛盾更加尖锐。二是结构性矛盾不仅体现在经济结构上，而且体现在政治、社会、文化和资源环境结构上，表现为整体性的结构问题，或者说大结构问题。

一、倾斜的经济结构

倾斜的经济结构体现在多个方面，从全局看集中体现在需求结构与供给结构上。

从需求结构看，投资和消费关系失衡，投资率居高不下，消费拉动力不足。与此相关的是，收入和财富分配结构不合理，城乡区域发展不协调，资源与环境约束强化。

可以从投资与消费、投资与资源、投资与环境和投资与社会4个维度分析中国投资与消费的需求结构是不协调的，难以持续的。

表1—1　按支出法计算的GDP

年份	支出法国内生产总值（亿元）	最终消费支出（第一产业，亿元）	资本形成总额（第二产业，亿元）	货物和服务净出口（亿元）	资本形成率（投资率）（%）	最终消费率（消费率）（%）
2000年	98749.0	61516.0	34842.8	2390.2	35.3	62.3
2001年	108972.4	66878.3	39769.4	2324.7	36.5	61.4
2002年	120350.3	71691.2	45565.0	3094.1	37.9	59.6
2003年	136398.8	77449.5	55963.0	2986.3	41.0	56.8

续表

年份	支出法国内生产总值（亿元）	最终消费支出（第一产业，亿元）	资本形成总额（第二产业，亿元）	货物和服务净出口（亿元）	资本形成率（投资率）（%）	最终消费率（消费率）（%）
2004年	160280.4	87032.9	69168.4	4079.1	43.2	54.3
2005年	188692.1	97822.7	80646.3	10223.1	42.7	51.8
2006年	221651.3	110595.3	94402.0	16654.0	42.6	49.9
2007年	263093.8	128793.8	110919.4	23380.6	42.2	49.0
2008年	306859.8	149112.6	133612.3	24134.9	43.5	48.6
2009年	345023.6	165526.8	164463.5	15033.3	48.0	47.7

资料来源：http://www.stats.gov.cn/tjsj/ndsj/2009/html/C0217e.htm. 国家统计局编：《中国统计年鉴2010》，中国统计出版社2010年版，第55页。

表1—1中国家统计局公布的数据清楚地显示了2000年以来，投资率持续上升，消费率持续下降的情况。从更长的时间段观察，中国最终消费率的变化从改革开放开始，有以下两个阶段性特征：

第一，1978—2001年，最终消费率小幅波动，但平均水平为62.76%。大体波动的情况是：从1978年的62.1%到1992年的62.4%，都在60%以上。其中最高的是1981年的67.1%。从1993年的59.3%到1998年59.6%，在58%～59%之间徘徊。但从1999年又上升到61.1%，2000年和2001年分别为62.3%和61.4%，重新上升到60%以上。

第二，从2002年开始持续下降，导致最终消费率平均水平为52.55%，比前一阶段下降了10个点多。其下降的情况是：2002年下降了近一个点，到59.6%；2003年下降了近3个点，到56.8%，2004年下降了2.5个点，到54.3%；2005年又下降了2.5个点，到51.8%；2006年接着下降了近2个点，到49.9%；2007年下降了近1个点，到49%；2008年下降了0.4个点，到48.6%；2009年又下降了近1个点，到47.7%。实际上，正是在提出要协调发展的同时，消费率却出现连续下降的情形。

与消费率下降形成对比的是投资率的上升，它也有两个阶段性的情况：

第一，1978—2001年，投资率平均水平为36.48%。其波动情况大体为：1978—1992年，投资率虽有起伏，但都在40%以下。其中1978年为38.2%，然后连续下降，1979年为36.1%，1980年为34.8%，1981年为32.5%，1982年为31.9%；然后开始回升并有一点起伏，1983年为32.8%，1984年为34.2%，1985年为38.1%，1986年为37.5%，1987年为36.3%，1988年为37.0%，1989年为36.6%，1990年为34.9%，1991年为34.8%，1992年为36.6%。1993—1995年，投资率上升到40%以上，分别为：1993年为42.6%，1994年为40.5%，1995年为40.3%。但从1996年回调到38.8%，1997年为36.7%，1998年为36.2%，1999年为36.2%，2000年为35.3%，2001年为36.5%。

第二，2002—2009年，投资率平均为42.3%，比前一阶段平均提高了近6个点，基本处于连续上扬的趋势。大体情况为：2002年为37.9%，2003年一下升了3个多点，达到41%。2004年又升了2个多点，达到43.2%。然后3年的时间在42%～43%之间徘徊。到2008年达到43.5%，2009年上升到48%的新高。

2010年如何？根据2010年国民经济和社会发展统计公报显示，全社会固定资产投资278140亿元，比上年增长23.8%，扣除价格因素，实际增长19.5%；社会消费品零售总额156998亿元，比上年增长18.3%，扣除价格因素，实际增长14.8%。根据世界银行的数据，2010年投资率依然是48%。由此看，连续9年的高投入，虽然经济增长保持了高速度，但投资与消费结构明显失衡，带来了一系列的内在紧张，使得经济难以长期持续。

首先，是通货膨胀的压力。高投资伴随货币量的增长和资源的紧张，由此造成通胀压力。改革开放以来，几次通胀压力都与高投资相联系。2011年CPI超过5%的通胀压力显然与9年来连续多年的高投入紧密相连，其调控并非易事，需要与投资消费结构的调整联系起来。中央政府把遏制通货膨胀作为2011年经济工作的首要任务，说明了高投资对经济的直接影响。

其次，是供需紧张。高投资使得产出大于需求，供求失衡，造成投资增长失去最终消费的支持，大量的生产能力过剩，投资回报下降，从而使得投资回落，甚至可能是经济的大起大落。

第三，经济风险增大。投资回报的下跌直接导致银行坏账和金融风险的增加。中国在2006年鉴于钢产量过剩1亿多吨，不惜采取行政措施制止钢铁生产的进一步投入，即是考虑了这种风险。虽然出口有助于投资与消费的某种平衡，但它依赖于国际条件。一旦环境发生变化，出口所支持的投资将立即受到抑制，威胁到整个经济。这在20世纪和这个世纪的金融危机中已经得到确证。

在比较健全的市场机制调节中，投资与消费的资源配置导向某种均衡点，显示了这种关系的某种规律性。全球长期在消费与投资之间的平均比例也说明了投资和消费关系的内在制约性。人为地长期偏离均衡点，必将导致资源配置的失调和经济关系的紧张，使得经济难以持续。因此，投资与消费是一种基本的经济关系。有人仅仅把提高消费率理解为解决分配不公问题，或者仅仅试图从调节收入的技术层面上进行调整，这一视野是狭窄的、非战略性的，不能真正解决发展的问题。

从投资与资源的关系看，在经济增长方式没有改变的情况下，高投资率需要大量的资源投入，由此带来的一个问题是，资源供给难以支持。

表1—2　2000—2010年中国的能源消费及其结构

年份	能源消费总量（万吨标准煤）	煤炭比重（%）	石油比重（%）	天然气比重（%）	水、核、风电比重（%）
2000年	138553	67.8	23.2	2.4	6.7
2001年	143199	66.7	22.9	2.6	7.9
2002年	151797	66.3	23.4	2.6	7.7
2003年	174990	68.4	22.2	2.6	6.8
2004年	203227	68.0	22.3	2.6	7.1
2005年	224682	69.1	21.0	2.8	7.1
2006年	246270	69.4	20.4	3.0	7.2
2007年	265583	69.5	19.7	3.5	7.3
2008年	285000	68.7	18.7	3.8	8.9
2009年	310000	—	—	—	—
2010年	325000	—	—	—	—

资料来源：国家统计局编：《中国统计年鉴2010》，中国统计出版社2010年版，第269页。

表1—2表明，在发展方式没有改变的情况下，高投入与高消耗是一致的，资源使用量随着高投入在持续攀升。与投资率的上升相一致，2000—2001年，我国每年能源消费总量的增加量为4700多万和4600多万吨。2002年该数值上升到8000多万吨，到2003—2008年，每年能源消费总量的增加量达到2亿吨左右。2008年我国能源消费总量达到28.5亿吨；2010年为32.5亿吨，是2000年的14.5亿吨的2.2倍。过去的10年中，平均每年能源消费增加1.86亿吨。

国家能源的供给能力能支持这一指标吗？答案是否定的。有人说，是不是因为中国人太多了，生活消费的能源太多，所以能源消耗特别大。这种疑问是将能源消耗太多归因于消费而不是投资。

那么，从下面的能源平衡表看看能源消费总量的增长究竟用在了什么地方。

表 1—3　综合能源平衡表　　（单位：万吨标准煤）

年份 项目	1990 年	1995 年	2000 年	2005 年	2007 年
能源消费总量	98703	131176	138553	224682	265583
农林牧渔水利	4852	5505	6045	7978	8245
工　业	67578 （占 68%）	96191 （占 73%）	95443 （占 69%）	159492 （占 71%）	190167 （占 71%）
建筑业	1213	1335	2143	3411	4031
邮政业	4541	5863	10067	16629	20643
住宿、餐饮业	1247	2018	3039	5031	5962
其他行业	3473	4519	5852	8691	9744
生活消费	15799 （占 16%）	15745	15965 （占 11.5%）	23450	26790 （占 10%）

资料来源：参见国家统计局编：《中国统计年鉴 2010》，中国统计出版社 2010 年版，第 270 页。

表 1—3 表明，1990 年我国能源消费的总量为 98703 亿吨，其中工业能源消费总量为 67578 亿吨，占 68%；2000 年能源消费总量为 138553 亿吨，工业能源消费总量为 95443 亿吨，占 69%；到 2007 年能源消费总量为 265583 亿吨，工业消费总量为 190167 亿吨，占 71%。

与此形成对比的是，1990 年生活消费能源总量为 15799 亿吨，占能源消费总量的 16%；2000 年生活消费能源总量为 15965 亿吨，占能源消费总量的 11.5%；2007 年生活消费能源总量为 26790 亿吨，占比降为 10%。

上述数据透露的事实是：与工业领域的高投资率相一致，投资于工业的能源比重在上升，而生活消费领域的能源比重在下降。能源使用的增加主要是投资带来的。

所以，不论是总量还是结构都表明，投资与消费关系的失衡与能源总量的失衡和结构问题紧密相连，是同一个问题的两个方面。能源总量供给能力不足直接制约高投资的延续。

从资源角度看，高投资的难以持续还有一个更深的原因，即资源使用的不经济。恰恰在投资率猛增的同时，能源增长快于 GDP 的增长速度。从国家统计局的能源消费弹性系数看，在 2002 年以前，基本上是一个单位的能源增长，有两个单位的 GDP 增长；但是，从 2003 年以后，不要说 1∶2，连续 3 年的情况却是：2003 年的能源增长与 GDP 增长之比为 1.53∶1，2004 年为 1.59∶1，

2005 年为 1.02：1。这种情形可以通过图 1—1 形象地表示出来。

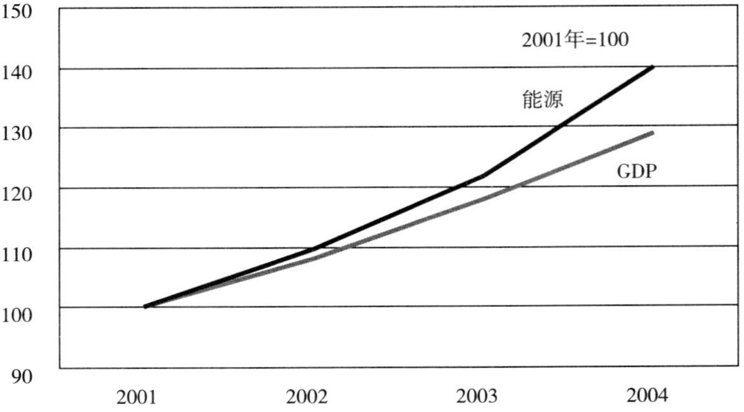

图 1—1　能源弹性系数图示

经过几年降低能耗的努力，到 2007 年和 2008 年能源弹性系数分别降为：0.60：1 和 0.44：1。但是平均看，从 2003 年到现在，仍然是 1：1 的比例关系。电力消费的情况更加明显，从 2000 年开始，电力消费增长与 GDP 增速比为：2000 年的比例是 1.13：1，2001 年是 1.12：1，2002 年是 1.3：1，2003 年是 1.56：1，2004 年是 1.52：1，2005 年是 1.3：1，2006 年是 1.26：1，2007 年是 1.11：1。只有 2008 年的估算数字是 0.62：1。

能源消耗的不经济和难以持续还可以从中国与世界之间的 GDP 与使用资源的比例关系来说明。以 2004 年为例，中国生产的 GDP 占世界的比重为 4.7%，但是使用的石油占 8.2%，原煤占 34.4%，钢铁占 27.7%，铁矿石占 30.8%，水泥占 44.6%。能源使用的不经济和效率低下，表明这样的能源消耗从长期看也是难以持续的。

资源影响经济的可持续还有一个更为基本的视角：随着中国经济的发展，土地正在逐步变为稀缺资源，其价格正在上升。特别是中国的东部地区，依靠土地的增长模式，其运作空间变得越来越有限，而且矛盾也越来越尖锐。从劳动力的情况看，虽然刘易斯拐点的判断还有争论，但一个确定的事实是，劳动力价格在上升，而且这种上升已经对中国的出口连带着投资产生重要影响。还有，中国要素市场的改革，也将在一定程度上带来低成本优势的弱化，使得高投入的不经济趋势日益扩大。因此，从资源比较优势的角度看，高投资的持续是困难的。

换一个视角，从投资与环境的关系看，高投资也是难以持续的。

首先从水污染与高投资的关系看。化学需氧量是氧化剂氧化水中有机污染物时所需的含氧量，以 mg/L 为单位，其值越高，表示水污染越严重。我们注意到，与 2004 年以后投资率达到新高相一致，2004 年和 2005 年的化学需氧量也从 2003 年的 1332.9 万吨上升到 1414.2 万吨和 1428.2 万吨。2006 年和 2007 年在污染治理投资增加 0.12 和 0.13 个百分点的情况下，仍然为 1381.8 万吨和 1320.7 万吨。

二氧化硫的排放情况更加明显地说明了它与高投资的关系。2002 年的排放量为 1926.6 万吨，2003 年增加到 2158.5 万吨，2004 年上升到 2254.9 万吨，2005 年猛增到 2549.4 万吨，2006 年继续高升为 2588.8 万吨。2007 年的排放有所回落，为 2468.1 万吨（下降 0.046 个百分点），2008 年为 2321.2 万吨（下降 0.06 个百分点），但比照这两年环境污染治理投资总额的上升，2006 年污染治理投资总额为 2566 亿元，2007 年猛增到 3368.1 亿元（占 GDP 的比重上升幅度为 0.14%），2008 年又上升为 4490.3 亿元（占 GDP 的比重上升幅度为 0.13%），二氧化硫的排放依然不能说是下降了（如表 1—4 所示）。

表 1—4　中国的污染排放和治理投资

年份	2000 年	2001 年	2002 年	2003 年	2004 年	2005 年	2006 年	2007 年	2008 年
化学需氧量（万吨）	1445.0	1404.8	1366.9	1332.9	1339.2	1414.2	1428.2	1381.8	1320.7
二氧化硫（万吨）	1995.1	1947.8	1926.6	2158.5	2254.9	2549.4	2588.8	2468.1	2321.2
环境污染治理投资总额（亿元）					1909.8	2388.0	2566.0	3387.3	4490.3
占 GDP 比重					1.19	1.30	1.22	1.36	1.49

资料来源：国家统计局编：《中国统计年鉴 2010》，中国统计出版社 2010 年版，第 423、430、451 页。

至于二氧化碳的排放趋势可以看图 1—2，它也显示了随着投资率从 2003 年的升高，二氧化碳排放量也明显增加的趋势。

数据表明，投资率的升高和粗放式的增长与污染或排放是某种程度的正相关关系。环境对污染的容量是有限的，这种高投入、高消耗、高污染的增长方式不可能长期持续。根据世界银行 2003 年的估计，中国环境污染和生态破坏造成的损失与 GDP 的比例高达 15%，相当于 4400 亿元人民币。由煤炭燃烧形成的酸雨造成的经济损失每年超过 1100 亿元人民币。自 20 世纪 90 年代中期以来，中国经济增长中有 2/3 是在环境污染和生态破坏的基础上实现的。

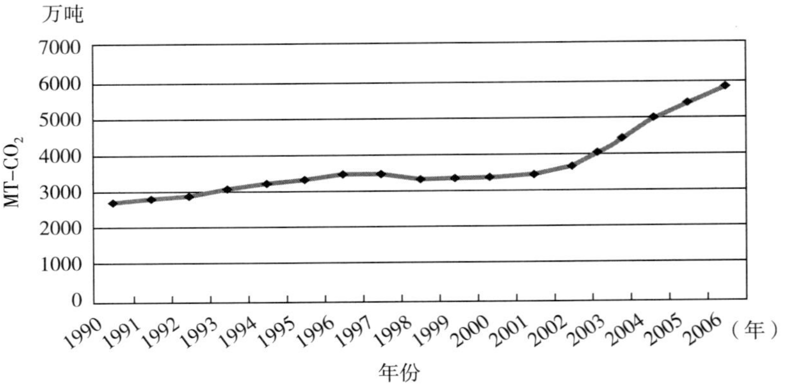

图 1—2　中国 CO_2 排放量

应当说，从酝酿和实施中国的发展规划以来，在保护环境方面我国出台了多项有力度的措施。但是从近期环境的情况看，按照环境保护部的说法，生态环境的形势依然严峻。根据相关数据，2010 年全国地表水国控监测断面中，Ⅰ—Ⅲ类水质比例为 51.9%，劣Ⅴ类水质断面比例为 20.8%。2010 年，全国近岸海域为轻度污染，一、二类海水比例占 62.7%。环保重点城市空气污染物年均浓度达到国家环境空气质量二级标准的城市比例为 73.5%。全国酸雨（pH 年均值低于 5.6）面积约 120 万平方公里，约占国土面积的 12.6%。总的评价是，2005—2009 年全国生态环境质量总体保持在“一般”水平，未发生明显变化。2009 年全国生态环境状况指数值（EI）为：

EI＝0.25×生物丰度指数＋0.2×植被覆盖指数＋0.2×水网密度指数＋0.2×土地退化指数＋0.15×环境质量指数

与 2008 年相比增加 0.5，与 2005 年相比增加 0.9。EI 值总体呈上升趋势。

所以，从投资与环境的关系看，要使生态环境可持续，还是必须解决高投入、高消耗、高污染的增长模式问题。只有投资率与消费率必须保持在合理的比例关系，因而能源的使用也相应控制在一定的水准，才有希望保证人的生存根基不受根本性的破坏。有学者这样推算，如果单位 GDP 能耗降低比率，“十三五”定为 15%左右，未来 10 年每年能源消费总量增加量限定在 1 亿吨以下，GDP 增长速度在“十三五”定为 6%左右，那么到 2020 年，二氧化碳排放总量可以控制在 84 亿吨左右。如果不控制能源消费总量，那么经济增长速度在“十三五”期间可能会达到 7%～8%，在这样的情况下即使在“十三五”期间单位 GDP 能耗降低 20%，2020 年二氧化碳排放量也将达到 90 多亿吨。

也就是说，环境问题仍然解决不了。如果说，环境是涉及“以人为本”的硬约束，那么粗放式高投入就是不可持续的。

最后，我们转向投资与社会、与人的关系维度。这与投资与环境的维度相似，也涉及到价值和规律相结合的问题。

与高投资率相伴随的是低消费率，也就是满足人的生活需求和社会需求的花费相对下降。本来，包括投资在内的经济活动归根结底是为了改善人的生活，消费率的持续下降当然直接影响经济主体的选择；同时，也因为对人本身的投资相对下降，人与其他经济要素的配置结构不协调，更为一般地说，人与物的关系结构不协调，所以经济向更高水平的发展不可避免地将遇到瓶颈。

表 1—5 清楚地显示，教育、卫生和社会保障支出占全国财政支出的比重在 2007—2010 年间一直没有超过 30%的情况。

表 1—5　公共支出占全国财政支出情况　　（单位：亿元）

年份	全国财政支出	公共财政支出	公共支出占财政支出比重	教育支出	卫生支出	社会保障支出
2007 年	49781.35	14559.44	29.2%	7122.32	1989.96	5447.16
2008 年	62592.66	18571.40	29.7%	9010.21	2757.04	6804.29
2009 年	76299.93	22038.41	28.9%	10437.54	3994.19	7606.68
2010 年	89575.00	26276.00	29.3%	12450.00	4745.00	9081.00

资料来源：中央和地方财政主要支出项目（2007 年），参见国家统计局编：《中国统计年鉴 2008》，中国统计出版社 2008 年版；中央和地方财政主要支出项目（2008 年），参见《中国统计年鉴 2009》，中国统计出版社 2009 年版；2009 年全国财政支出决算表，中华人民共和国财政部网站，http://yss.mof.gov.cn/2009nianquanguojuesuan/201007/t20100709_327128.html；2010 年财政收支情况，中华人民共和国财政部网站，http://gks.mof.gov.cn/zhengfuxinxi/tongjishuju/201101/t20110120_421479.html.

造成这种情况的原因在于，如表 1—6 所示，2000 年以来财政支出中有 30%用于建设投资，军费政费和其他支出也要占到 30%多，所以用于公共消费的开支就只能如此。

表 1—6　国家财政按功能性质分类的支出　　（单位：亿元）

年份	支出合计	经济建设	社会文教	国防费	行政管理	其他支出
2000 年	15886.50	5748.36	4384.51	1207.54	2768.22	1777.87
2001 年	18902.58	6472.56	5213.23	1442.04	3512.49	2262.26
2002 年	22053.15	6673.70	5924.58	1707.78	4101.32	3645.77

续表

年份	支出合计	经济建设	社会文教	国防费	行政管理	其他支出
2003 年	24649.95	6912.05	6469.37	1907.87	4691.26	4669.40
2004 年	28486.89	7933.25	7490.51	2200.01	5521.98	5341.14
2005 年	33930.28	9316.96	8953.36	2474.96	6512.34	6672.66
2006 年	40422.73	10734.63	10846.20	2979.38	7571.05	8291.47

资料来源：国家统计局编：《中国经济年鉴 2007》，中国统计出版社 2007 年版。

经济发展的不可持续不仅源于需求结构的问题，而且也源于供给结构的问题。从更加长远的视野看，供给结构的问题更带有战略性和威胁性。目前的供给结构表明，中国的创新驱动力明显不足，产业结构不合理。如果供给结构不能得到有效的优化调整，令人担心的不仅是经济的不可持续，而且是危机的潜伏和可能发生。如果供给结构的优化调整得不到活力机制的支持和改革开放不断释放的制度支持，则创新驱动以及产业优化调整将会落空，中国经济的发展将进入新的瓶颈。

通过表 1—7 和图 1—3，我们可以得到以下判断：

表 1—7　高技术产业主要经济指标（2002—2008 年）

	2002	2003	2004	2005	2006	2007	2008
从业人员年平均人数（万人） Annual average employment（10000 persons）	424	477	587	663	744	843	945
工业增加值（亿元） Value added of industry（RMB ￥100 million）	3769	5034	6341	8128	10056	11621	14001
工业总产值（亿元） Production（RMB ￥100 million）	15099	20556	27769	34367	41996	50461	57087
利税总额（亿元） Texes and profits（RMB ￥100 million）	1166	1465	1784	2090	2611	3353	4024
主营业务收入（亿元） Sales revenue（RMB ￥100 million）	14614	20412	27846	33922	41585	49714	55729

资料来源：国家统计局、国家发展和改革委员会、科学技术部编：《中国高技术产业统计年鉴》，中国统计出版社 2009 年版。

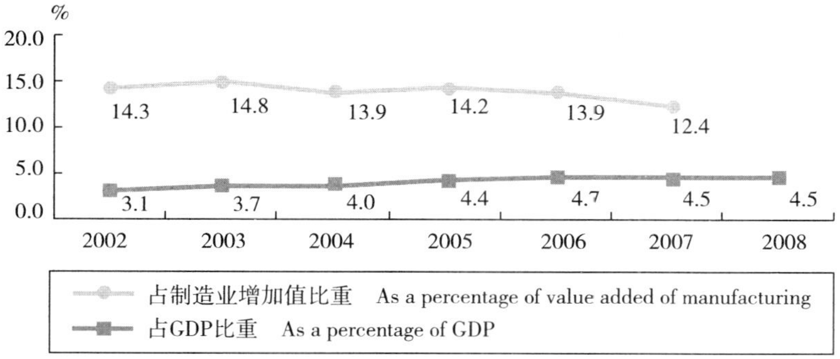

图 1—3　高技术产业增加值占制造业增加值及 GDP 的比重（2002—2008 年）

资料来源：国家统计局、国家发展和改革委员会、科学技术部编：《中国高技术产业统计年鉴》，中国统计出版社 2009 年版。

第一，中国创新能力不足，技术要素供给力度不够，因而高技术产业对中国经济的支撑力量有限，具体表现为高技术产值占国内生产总值的比例不高。

2002 年高技术产值为 15099 亿元，占当年国内生产总值 120350.3 亿元的 12.5%；

2003 年高技术产值为 20556 亿元，占当年国内生产总值 136398.8 亿元的 15.1%；

2004 年高技术产值为 27769 亿元，占当年国内生产总值 160280.4 亿元的 17.3%；

2005 年高技术产值为 34367 亿元，占当年国内生产总值 188692.1 亿元的 18.2%；

2006 年高技术产值为 41996 亿元，占当年国内生产总值 221651.3 亿元的 18.9%；

2007 年高技术产值为 50461 亿元，占当年国内生产总值 263093.8 亿元的 19.2%；

2008 年高技术产值为 57087 亿元，占当年国内生产总值 306859.8 亿元的 18.6%。

2002—2007 年，中国高技术产值占国内生产总值的比重上升，2003 年上升了 2.6 个百分点，接着上升的幅度减慢，依次为 2.2 个百分点，0.9 个百分点，0.7 个百分点，0.3 个百分点，然后到 2008 年又下降了 0.6 个百分点。这表明，中国创新能力有所增强，但速度缓慢，后劲不足。整体看，通过创新而形成的高技术产业对中国经济的支撑贡献不到 1/5 的比重，最高比重为 19.2%，都在 20%以下。

第二，高技术产业的缺乏，赢利能力不足，具体体现为税收和利润占高科技产业产值的比重也是低的。

2002 年利税总额为 1166 亿元，占当年高技术产值 15099 亿元的 7.7%；

2003 年利税总额为 1465 亿元，占当年高技术产值 20556 亿元的 7.1%；

2004 年利税总额为 1764 亿元，占当年高技术产值 27769 亿元的 6.4%；

2005 年利税总额为 2090 亿元，占当年高技术产值 34367 亿元的 6.1%；

2006 年利税总额为 2611 亿元，占当年高技术产值 41996 亿元的 6.2%；

2007 年利税总额为 3353 亿元，占当年高技术产值 50461 亿元的 6.6%；

2008 年利税总额为 4024 亿元，占当年高技术产值 57087 亿元的 7.0%。

整体看，2002—2008 年的利税总额占高技术产值的比重都在 8%以下，而且经历了缓慢下降又逐步回升的过程。所以，供给结构的要素情况表明，科学技术要素对经济的直接支持不仅低于 1/5，而且其效益回报也比较低。

第三，高技术产业的发展势头弱于制造业的发展势头，其附加值在国内生产总值中的比重处于徘徊状态，显示创新的发展势头不足。

进一步看，高技术产业的附加值占国内生产总值的百分比也是低的，从 2002 年的 3.1%到 2008 年的 4.5%，都在 5%以下。

图 1—3 的数据显示，2002—2008 年高技术产值的附加值占制造业附加值的比重依次为 14.3%，14.8%，13.9%，14.2%，13.9%，12.4%，处于徘徊甚至下降的趋势。也就是说，高技术产业的发展不如制造业的发展势头。同时，高技术产业附加值占 GDP 的比重依次为 3.1%，3.7%，4.0%，4.4%，4.7%，4.5%，4.5%，也反映了高技术产业缓慢上升乃至徘徊的情形。

创新能力的不足，或者缩小范围说，技术要素供给的不足，特别是技术向产业转化的能力不足，不仅表现在高技术产业对经济的支撑力、转化效率和发展趋势上，而且也表现在第一、第二、第三产业结构上。

表 1—8 显示，第三产业占国内生产总值的百分比自 2001 年以来几乎没有改变，从 2001 年的 40.5%到 2008 年的 41.8%，7 年的时间上升了 1.3 个百分点。第三产业的调整可以说是调而不动。造成这种情况的重要原因是，由于创新能力弱，高技术产业发展不够，所以为创新和高技术发展服务的第三产业发展乏力。产业结构的情况直接反映了经济供给结构中的问题。

表 1—8　国内生产总值构成（按当前价格计算）　　（单位：%）

年份	国内生产总值	第一产业	第二产业	工业	建筑业	第三产业
2000 年	100.0	15.1	45.9	40.4	5.6	39.0
2001 年	100.0	14.4	45.1	39.7	5.4	40.5
2002 年	100.0	13.7	44.8	39.4	5.4	41.5
2003 年	100.0	12.8	46.0	40.5	5.5	41.2
2004 年	100.0	13.4	46.2	40.8	5.4	40.4
2005 年	100.0	12.1	47.4	41.8	5.6	40.5
2006 年	100.0	11.1	47.9	42.2	5.7	40.9
2007 年	100.0	10.8	47.3	41.6	5.8	41.9
2008 年	100.0	10.7	47.4	41.5	6.0	41.8

资料来源：国家统计局编：《中国统计年鉴 2010》，中国统计出版社 2010 年版，第 39 页。

经济供给结构令人忧心之处，不仅在于它直接影响经济的可持续发展，而且还在于它可能导致以危机的形式反映发展中国家经济的不可持续，其后果尤其值得警惕。保罗·克鲁格曼对东亚经济体情况的分析可以提供某种启示。

二、深层次的权力结构问题

经济结构问题与体制机制和政治结构问题密切相关。甚至可以说，经济结构的突出问题恰恰与关于人财物的权力结构及其运行机制联系在一起。问题表现在经济结构上，深层次的重要原因在于权力结构。

以经济需求结构为例来研究其背后的政治结构问题。为什么投资率持续攀升，而消费率一路下滑？这与财权、土地权、人事决定权的结构直接联系在一起。

首先，政府在国民收入分配方面拥有主导控制权，因而使政府财政收入和收入增长率一路上扬，造成居民消费率下降，同时使政府具有高投资的资本。政府在预算内的投资是以这一高收入为基础的。

表 1—9 国家财政收入和支出及其增长率

年份	国家财政收入（亿元）	国家财政支出（亿元）	国家财政收入增长率（%）	国家财政支出增长率（%）
2000 年	13395.23	15886.50	17.0	20.5
2001 年	16386.04	18902.58	22.3	19.0
2002 年	18903.64	22053.15	15.4	16.7
2003 年	21715.25	24649.95	14.9	11.8
2004 年	26396.47	28486.89	21.6	15.6
2005 年	31649.29	33930.28	19.9	19.1
2006 年	38760.20	40422.73	22.5	19.1
2007 年	51321.78	49781.35	32.4	23.2
2008 年	61330.35	62592.66	19.5	25.7

资料来源：国家统计局编：《中国统计年鉴 2010》，中国统计出版社 2010 年版，第 286 页。

从表 1—9 可以看到，政府财政收入增长率从 2000 年的 17%已经升到了 2007 年的 32.4%（2008 年美国金融危机的影响是一个特殊的情况）。越来越多的财政资源转移到政府手中，特别是中央政府手中。按照政府总理温家宝的报告，中国的 GDP 在 2007 年达到 24.66 万亿元，比 2002 年增长 65.5%，平均每年增长 10.6%，而政府财政收入总额达到 5.13 万亿元，比 2002 年增长了 171%，平均年增长率为 32.4%，近 3 倍于国内生产总值的增长。

表 1—10 表明，2007—2008 年，投资资金来源增长幅度为 21.3%，而其中国家预算内资金增长为 35.8%，中央和地方政府事业单位等自筹资金的增长幅度为 29.7%，高投资与政府财力的增长直接相关，而政府财力的增长又与政府对财政收入的主导控制权联系在一起。

表 1—10 投资资金结构 （单位：亿元，%）

指标	2007 年	2008 年	2008 年增长率
投资总额	137323.9	172828.4	25.9
投资资金来源（亿元）	150803.6	182915.3	21.3
国家预算内资金	5857.1	7954.8	35.8
国内贷款	23044.2	26443.7	14.8
利用外资	5132.7	5311.9	3.5

续表

指标	2007年	2008年	2008年增长率
自筹资金	91373.2	118510.4	29.7
其他资金	25396.4	24694.4	－2.8

资料来源：国家统计局编：《中国统计年鉴2010》，中国统计出版社2010年版，第157页。

表1—11　人均国民生产总值与人均国民收入（按当前价格计算）

年份	人均国民生产总值（元）	国民生产总值（亿元）	城镇居民家庭人均年可支配收入（元）	城镇居民家庭人均年可支配收入增长率（%）	农村居民家庭人均年纯收入（元）	农村居民家庭人均年纯收入增长率（%）
2000年	7858	99214.6	6280.0	80	2253.4	29
2001年	8622	109655.2	6859.6		2366.4	
2002年	9398	120332.7	7702.8		2475.6	
2003年	10542	135822.8	8472.2		2622.2	
2004年	12336	159878.3	9421.6	76	2936.4	24
2005年	14053	183217.4	10493.0		3254.9	
2006年	16165	211923.5	11759.5		3587.0	
2007年	19524	257305.6	13785.8		4140.4	
2008年	22698	300670.0	15780.8	70	4760.6	21

资料来源：参见国家统计局编：《中国统计年鉴2010》，中国统计出版社2010年版，第38、342页。

由于政府收入的增加，城镇居民家庭人均年可支配收入占人均国内生产总值的比重从2000年的80%下降到2008年的70%，农村居民家庭人均年纯收入占人均国内生产总值的比重从2000年的29%下降到2008年的21%（如表1—11所示）。显然，在这样一个收入分配结构中，以个人消费作为经济拉动的第一动力是不现实的。

表 1—12　按支出法计算的国内生产总值结构与居民消费比重

年份	居民消费支出（亿元）	农村居民消费支出（亿元）	城镇居民消费支出（亿元）	政府消费支出（亿元）	居民消费支出比重（%）	政府消费比重（%）	农村居民消费比重（%）	城镇居民消费比重（%）	资本形成比重（%）	存货增加比重（%）
2000 年	45854.6	15147.4	30707.2	15661.4	74.5	25.5	33.0	67.0	97.1	2.9
2001 年	49213.2	15791.0	33422.2	17665.1	73.6	26.4	32.1	67.9	94.9	5.1
2002 年	52571.3	16271.7	36299.6	19119.9	73.3	26.7	31.0	69.0	95.8	4.2
2003 年	56834.4	16305.7	40528.7	20615.1	73.4	26.6	28.7	71.3	95.6	4.4
2004 年	63833.5	17550.6	46282.9	23199.4	73.3	26.7	27.5	72.5	94.1	5.9
2005 年	71217.5	19228.2	51989.3	26605.2	72.8	27.2	27.0	73.0	95.9	4.1
2006 年	80476.9	21106.7	59370.2	30118.4	72.8	27.2	26.2	73.8	95.5	4.5
2007 年	93602.9	23912.6	69690.3	35190.9	72.7	27.3	25.5	74.5	94.4	5.6
2008 年	108392.2	27206.4	81185.8	40720.4	72.7	27.3	25.1	74.9	94.5	5.5

资料来源：国家统计局编：《中国统计年鉴 2010》，中国统计出版社 2010 年版，第 56 页。

政府对财力的控制还表现在政府消费上。从表 1—12 看，居民消费比重从 2000 年的 74.5%下降到 2008 年的 72.7%，农村居民消费比重从 2000 年的 33%下降到 2008 年的 25.1%，而政府消费比重则从 2000 年的 25.5%上升到 2008 年的 27.3%。

其次，高投资率还与官员的委任型权力结构和评价机制密切相关。由于地方党委和政府负责人是上级委任或提名在先，办理相关选举程序在后，因而形成了首先对上级负责的机制。同时，上级机关选拔负责人，由于实际上着重看经济增长率和财政收入，客观上形成了哪里 GDP 高哪里就出官员的格局。这样，就驱动各地官员争相进行高投资，以尽快增加 GDP 总量，尽快升迁。所以，高投资率在这一意义上是现行权力结构运行机制的结果。

从技术操作层面看，如果评价标准不做调整，高投资率是难以降下来的，似乎 GDP 评价标准是主要原因。但实际上，这种看法并没有抓住问题的要害。因为在粗放式发展阶段，可以把 GDP 这种量的增长指标作为统一标准，而在结构优化调整阶段需要把结构这种质摆在首要的位置时，问题恰恰是，在上级决定官员升迁的背景下，在 GDP 和财政收入等硬指标以外确定一个全面发展的统一标准是困难的，因为各地的情况和发展目标不可能相同，提拔经济区域与生态旅游区域的官员就难以有一个可比较的标准。所以，从根本上看，还是要调整这种委任型的权力结构，更多地考虑用脚投票的方式，把权力和标准的掌握主要交给该区域的民众，因为他们最了解该区域以人为本和全面发展的情况。改变这种权力结构和运行机制，高投资的驱动力也会随之改变，因为民众会根据综合利益和感受来选择官员，而这些恰恰取决于结构优化调整和发展方式转变的情况。

还有，需要特别注意的是，粗放式的高投资与财权结构和土地权的结合直接相关。可以说，当前地方政府在经济和政治运行方面的进展和问题都与土地有关。土地是回答地方粗放式高投资奥秘的关键要素。

这一情形与地方政府在土地治理结构中的特殊权力有关。20 世纪 80 年代关于城市的土地归国家所有的法律规定，90 年代在分税制改革中关于地方政府可以获得土地收益的政策，为地方政府大规模使用土地奠定了权力基础。

土地的使用对于地方政府而言是一石多鸟。

第一，大规模地使用土地，是保持高投资态势的基础条件。没有土地，就没有与资本结合的条件。高投资率本身就是土地的高使用率。土地使用完了就进一步地拆迁。总之，高投资要依靠土地。

第二，获得土地财政收入，既可以得到进一步高投资的资本，又可以平衡中央政府与地方政府收入与支出的关系。

图 1—4、图 1—5 表明，自 2000 年以来，中央财政收入一直高于地方财政收入，而同时地方政府的支出却越来越多地高于中央财政支出。政府养了太多的人员，地方财政承受了太多的支出，地方政府的财政权力和责任不对称的结构需要土地收入予以平衡。

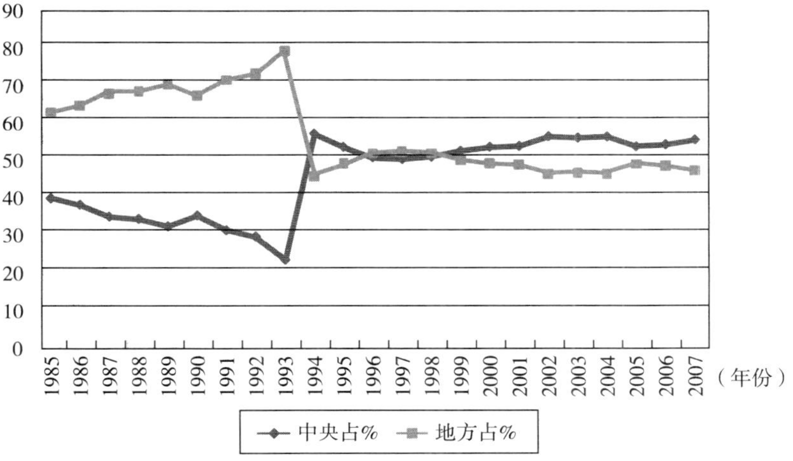

图 1—4　中央政府与地方政府的财政收入比重

资料来源：段培君：《中国结构性大战略》，上海远东出版社 2010 年版，第 21 页。

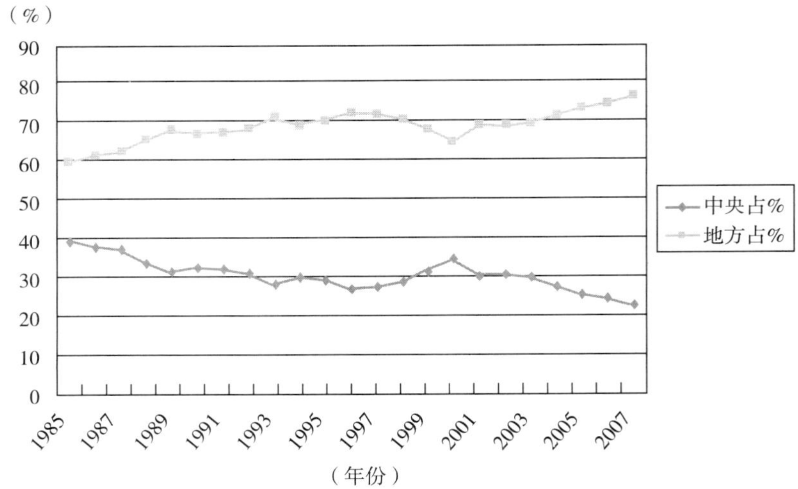

图 1—5　中央政府与地方政府财政支出比重

资料来源：段培君：《中国结构性大战略》，上海远东出版社 2010 年版，第 21 页。

通过图 1—6 可以看出，2005 年以来售卖土地收入在地方政府收入中所占比例已经越来越高。根据国土资源部 620 个房地产开发项目的调查，土地价格占住房价格的 15%～30%，平均水平为 23.2%。全国工商联调查的 81 个房地产项目中，土地成本占直接成本的比例可高达 58.2%，而且项目的 49.42%的

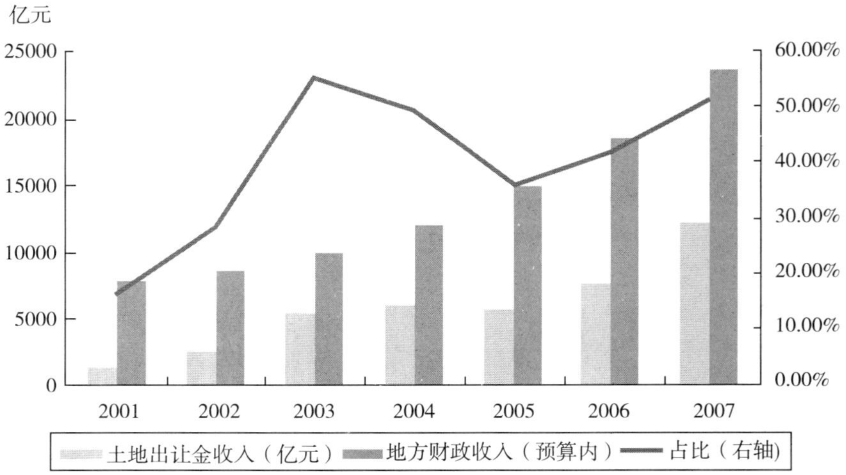

图 1—6　出售土地占地方政府收入的比重

资料来源：段培君：《中国结构性大战略》，上海远东出版社 2010 年版，第 22 页。

开支（包括土地成本和税收）都用于政府，项目总收入的37.36%也归入政府账目。虽然不同的统计数据来源之间有差异，可以肯定的是，通过使用其土地的管理权限，政府确实是房地产开发项目的主要受益者之一。这种利润分配激励机制，客观上刺激了对房地产的投资过热和加强了地方政府操纵土地的粗放型发展模式。

同时，这种结构和机制推动房地产投资过热、驱动房价飙升，使得通常的住房消费困难，很多人已无法解决他们的住房问题（如表1—13所示），不利于人民生活水平的改善。

表1—13　2008年住房困难户需求调查

项目	住房需求
居住棚户区中的家庭户数	11480000
城市居住棚户区中户数	7440000
国有工矿棚户区户数	2380000
林区和垦区棚户区户数	1660000
低收入住房困难户数	6810000
中等偏下收入住房困难户数	4670000
到2012年要解决的低收入家庭住房户数	15400000

资料来源：段培君：《中国结构性大战略》，上海远东出版社2010年版，第22页。

所以，关于土地的控制权力和收入分配的权力，其中隐藏着粗放式增长方式的秘密，隐藏着投资与消费结构不平衡的秘密。如果这些权力结构不做相应的改革，实现扩大消费，取代投资驱动型粗放式发展模式的目标是不可能实现的。

还需要更深入地分析在物的控制权背后的对人的控制权问题。上述关于收入分配和土地使用中的问题表明，民众恰恰没有足够的权利来控制政府的权力，反映了政治治理结构的某种不合理。

一个典型的事例是，拥有土地使用权的村民或居民对土地用途的改变，以及这种改变中土地的定价和利益回报，缺少足够的话语权。其原因在于，这些村民或居民对于决定土地用途和定价的官员缺少制约的权利。中国村级选举自1988年以来一直在进行，根据抽样调查（如表1—14所示），选民参与率较高。然而，村级选举无法控制或监督比村级更高的官员，如在财政和土地治理方面具有更多更大权力的乡镇级和县级官员。

表 1—14　中国农村选举村民选举参与状况及其地区差异

	样本数（个）	选举投票率（%）
所有样本	1918	89
江苏	335	94
四川	333	92
陕西	249	82
吉林	375	94
河北	272	78
福建	354	89

资料来源：段培君：《中国结构性大战略》，上海远东出版社 2010 年版，第 23 页。

村民或城镇居民没有足够的权力来影响土地利用和财政方面的决策。土地如何使用、土地拆迁如何定价，其基本权力在县市官员。由于地方政府是收益方之一，所以在定价时总有利益倾向，而村民或居民在土地或收入问题上与本地官员发生分歧冲突时，因为没有其他有效的制约机制，因而往往通过上访或群体性事件表达他们的不满（如图 1—7 和表 1—15 所示）。

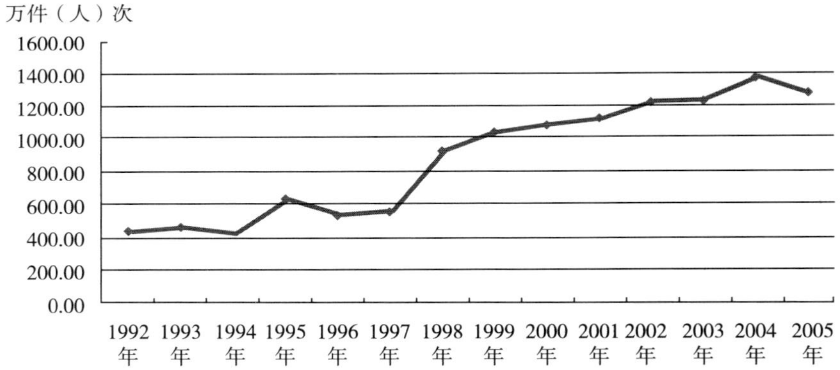

图 1—7　1992—2005 年全国县级以上信访机构受理信访总量

表 1—15　1993—2007 年群体事件数量

年份	数量（件）	增长率（%）
1993 年	8700	—
1994 年	10000	15
1995 年	11000	10

续表

年份	数量（件）	增长率（%）
1996 年	12000	9
1997 年	15000	25
1998 年	25000	67
1999 年	32000	28
2000 年	40000	25
2001 年	n/a	12
2002 年	50400	12
2003 年	58000	15
2004 年	74000	28
2005 年	83600（87000）①	13
2006 年	＞90000	7.6
2007 年	＞100000②	11

资料来源：段培君：《中国结构性大战略》，上海远东出版社 2010 年版，第 24—25 页。

根据国家信访局的有关分析，2000—2006 年全国信访总量 1000 万件（人）中，上访的问题主要集中在劳动社保、城镇房屋拆迁、农村土地征占、企业改制、涉法涉诉、军队退役人员、环境保护、干部作风这 8 个方面，约占信访总量的一半。很明显，包括与土地使用有关的上访占据前三位。这表明，社会的不稳定与土地的征用和拆迁联系在一起，与权力的专断和粗放式的高投资联系在一起。或者比较抽象地说，社会关系结构的不稳定，恰恰是与政治权力结构和经济需求结构的问题联系在一起。从本质上看，社会稳定问题在于这种结构的不合理。于是有了一些地区“忙完了拆迁忙维稳，忙了维稳再搞拆迁”的这样一种不协调的循环关系，甚至是出现紧张的官民关系，维持稳定的社会成本持续上升。

国土资源部公布的 2011 年上半年 12336 国土资源违法违规线索和信访受理情况，更加具体地反映了近期土地使用中的权力滥用和缺少制约的突出情况。

---

① 2005 年的另一个数据 87000 和 2006 年的数据来自《领导决策信息》2008 年第 36 期。

② 2007 年数据来自涂小雨：《群体性事件善后处置要把握的几个原则》，人民网，http://theory.people.com.cn/GB/40537/9374701.html.

情况一：土地使用违法在反映问题的总量中占多数，并呈上升态势。2011年上半年，部、省、市、县四级12336国土资源违法举报中心共受理线索38469个，比去年同期上升13%。其中，反映土地领域违法违规的25346个，约占66%。部、省两级信访机构共受理群众来信17937件，来访10478起，38503人次。其中，反映土地领域问题的来信12582件，约占70%；来访7384起，27816人次，分别约占70%和72%。省、市、县三级12336国土资源违法举报中心共接听违法举报电话28411个，比去年同期上升15%。其中，反映土地领域违法违规的21722个，约占76%，比去年同期上升10%；省级国土资源主管部门受理群众来信13161件，来访8028起，28694人次。其中，反映土地领域问题的来信9403件，约占71%；来访6106起，22683人次，分别约占76%和79%。国土资源部12336违法举报中心共接听举报电话10058个，比去年同期上升9%。其中，属于国土资源领域违法违规的线索3801个，约占38%，比去年同期上升53%（其中，举报土地领域违法违规的3624个，比去年同期上升51%；举报矿产资源领域违法违规的177个，比去年同期上升124%）。举报土地领域违法违规的3624个线索中，反映违法占地的2465个，约占68%；反映违法转让土地的697个，约占19%；反映破坏农用地的317个，约占9%；反映违法批地的5个，约占1%。国土资源部对于国土资源领域违法违规线索，作为重大违法违规线索办理的45个，约占1%；作为一般违法违规线索转交地方办理的3645个，约占96%；确认无效的111个，约占3%。

情况二：到国土资源部集体上访次数明显上升，情绪激动。国土资源部受理集体来访分别占来访起数与人次的28.3%和65%，同比增加57.5%和62.8%。尤其是5月下旬以来，集体来访增势明显。群众情绪激动，在部机关门前聚集频繁发生。违法占地依然是群众集中反映的重点问题。[①]

上述分析和情况表明，社会不稳定的根源在于经济和权力结构方面的问题。要真正地维持稳定，必须解决这些结构问题。进一步地看，政治性的权力结构问题又是经济结构问题的深层制度原因。解决这些经济结构问题，必须进行深层次的体制改革。结构性的体制机制问题已经带来官僚主义、腐败和社会的不稳定，酝酿着某种新的危机，从这一视角去解决社会稳定问题已经刻不容缓。

同时，上述分析和情况也表明，经济、政治与社会结构问题是有机联系

---

① 参见《2011年上半年12336国土资源违法违规线索和信访受理情况》，国家自然资源部网站，http://www.mlr.gov.cn/zwgk/zytz/201107/t20110729_912070.htm.

的。要解决哪一方面的结构问题，必须立足于它们之间的系统联系，实施结构性大战略。应当看到，在特定的历史条件下，上述经济结构与政治结构方面的问题是同一种发展方式的内在两面。经济结构的不合理与政治结构的不合理即人财物（土地）权力结构的不合理连为一体。如果进行经济结构调整，就必须进行政治结构调整；如果进行经济体制改革，就必须进行政治体制改革。系统性的问题必须进行系统性的改革，这正是提出结构性大战略的立意所在。在这一意义上，结构性大战略也是结构优化调整的系统战略。

历史地看，当前彼此相关的结构问题也说明，原有的粗放式发展模式在总体上已经走到尽头，应当诉诸结构性大战略，在实践进程中实现发展方式的转变。这是结构性大战略的历史定位和使命所在。

三、金融危机影响的背后

美国金融危机对中国经济最大的直接冲击是对出口的影响（如图 1—8 所示），它直接挑战了中国投资出口导向型的发展模式，客观上对中国的经济需求结构的合理性提出了质疑。由于这种冲击，中国经济发展的可持续性面临严峻的局面。

从另一个角度看，在金融危机对中国出口的影响中，非创新和劳动密集型企业受到的冲击最为突出。换言之，中国经济发展的供给结构也受到了冲击。

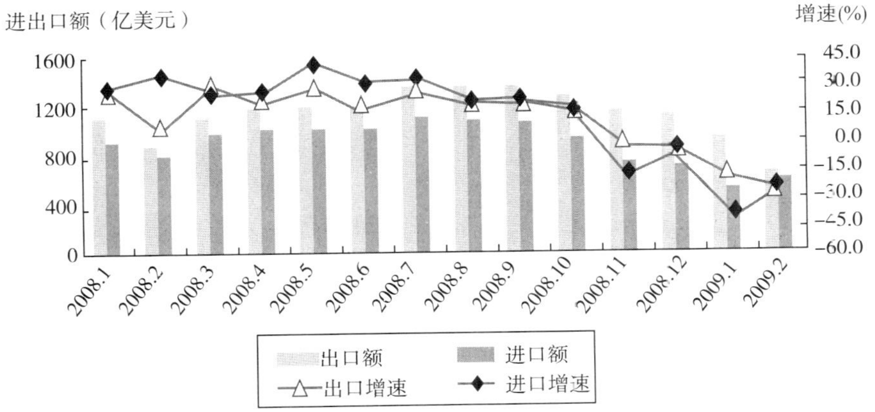

图 1—8　2008 年 1 月至 2009 年 2 月中国进出口的月度变化

资料来源：China industrial reaction under the impact of the international financial crisis, industry research institute of the Chinese Academy of Social Sciences, *China Industry Economy*, No.4 (April 2009), p. 3.

金融危机的这些影响不仅说明了世界经济环境的复杂性，同时也反映了中国经济原有结构的某些弱点，表明了原有发展方式的不可持续。

2009年中国经济通过投资和中央政府的政策获得了8%的增长速度。然而，结构性问题更加严重。从表1—16可以看到：2008年资本形成率43.5%，2009年已经上升到48%。与此同时，最终消费率从2008年的48.6%下降到2009年的47.7%，净出口率已经从2008年的8.9%下降到2009年的4.3%。

表1—16 2007—2009年按支出法计算的GDP （单位：亿元）

年份	支出法国内生产总值（亿元）	最终消费支出	资本形成总额	货物和服务净出口	资本形成率（投资率）（%）	最终消费率（消费率）（%）
2007年	263093.8	128793.8	110919.4	23380.6	42.2	49.0
2008年	306859.8	149112.6	133612.3	24134.9	43.5	48.6
2009年	345023.6	165526.8	164463.5	15033.3	48.0	47.7

资料来源：国家统计局编：《中国统计年鉴2010》，中国统计出版社2010年版，第55页。

表1—17中三大需求对国内生产总值增长的贡献率和拉动的数据所反映的问题就更加明显。2009年资本形成的贡献率从2008年的45.1%已上升到92.3%，其拉动的百分点从2008年的4.1个达到了8个。然而，货物和服务净出口贡献率从9.2%下降到－44.8%，它拉动的百分点已从2008年的0.8个降到－3.9个。与资本形成和净出口形成对比的是，2008—2009年最终消费支出的贡献率从45.7%～52.5%，拉动的百分点从4.1个到4.6个。经济需求结构中投资率过高的这种情形是难以为继的。

表1—17 2001—2009年三大需求对国内生产总值增长的贡献率和拉动（按不变价格计算）

年份	最终消费支出		资本形成		净出口	
	贡献率（%）	贡献（百分比）	贡献率（%）	贡献（百分比）	贡献率（%）	贡献（百分比）
2000年	65.1	5.5	22.4	1.9	12.5	1.0
2001年	50.0	4.1	50.1	4.2	－0.1	0.0
2002年	43.6	4.0	48.8	4.4	7.6	0.7
2003年	35.3	3.5	63.7	6.4	1.0	0.1
2004年	38.7	3.9	55.3	5.6	6.0	0.6

续表

年份	最终消费支出		资本形成		净出口	
	贡献率（%）	贡献（百分比）	贡献率（%）	贡献（百分比）	贡献率（%）	贡献（百分比）
2005年	38.2	4.0	37.7	3.9	24.1	2.5
2006年	38.7	4.5	42.0	4.9	19.3	2.2
2007年	40.6	5.3	39.7	5.1	19.7	2.6
2008年	45.7	4.1	45.1	4.1	9.2	0.8
2009年	52.5	4.6	92.3	8.0	−44.8	−3.9

资料来源：参见国家统计局编：《中国统计年鉴2010》，中国统计出版社2010年版，第57页。

另外，根据中国2010年统计年鉴，2009年第三产业占国内生产总值的43.4%，比2008年的41.8%高了1.6个百分点，但没有大的改变，依然远远低于世界60%的平均水平，显示了产业结构的不平衡，同时从创新和供给结构的角度看，也暴露了原有模式的不足。

面对金融危机，美国除在战术层面上采取了各种控制措施，包括金融监管、增发货币等，同时在战略层面上试图“创建一个新的能源经济”，打造“岩石上的房子”，为美国经济创造新的发展机遇，巩固和占领未来经济发展的制高点，保持对世界经济的领导。由此，全球的创新也进入了新能源产业的发展阶段。

比较全面地观察中国经济乃至整个的发展结构，观察国际金融危机对中国经济结构的影响，笔者的两个基本看法是：

第一，国际金融危机“从深层次看，它也是中国发展方式的某种危机”，“已经暴露出‘三高一低’发展模式的问题，暴露出经济增长需要新的动力结构，暴露出经济结构调整应当是我们解决经济增长问题的根本路径”①。既然是危机的情形，调整结构就刻不容缓；既然经济结构调整是解决经济增长问题的根本路径，则在战略层面上应当明确实施结构性战略，而不能仅仅从策略层面考虑宏观调控。所以，笔者强调，4万亿元投资，应将结构优化调整纳为基本目标。

第二，笔者在2008年底发表的文章《金融危机带来新的战略机遇》中强调，当前国内外经济情势多变，特别是美国金融危机和国内经济出现的新情

① 段培君：《4万亿投资：应将产业结构优化调整作为基本目标》，《沪港经济》2009年第1期。

况，对我们是一种挑战。然而我们更要注意的是，这一危机也给我们带来了新的机遇，需要从战略高度把它作为中国经济转型和进一步发展的契机，主动将其纳入战略进取的视野，做到风浪迭起，有势可驭；经纶在我，顺势而进。立足点不是消极应对，而是战略进取。

关于战略进取，笔者从经济结构调整和转变发展方式的角度论述了以下四个方面的机遇，实际上强调了实施结构性大战略面临的机遇：

首先，面临转变经济发展方式的新机遇。由于国际金融危机和经济衰退，出口拉动遇到新的瓶颈，每年20％的出口增长速度难以持续。投资率显著偏高，结构不合理，能源使用效率低下，污染严重，特别是投资回报递减，增量资本产出率（ICOR）达到5甚至以上，此种投资驱动也难以为继。与此同时，改变消费比重偏低的努力似乎有了一点成效，中国的消费2008年9月比去年同期增长17.9％，高于此前的13％～14％。所以目前的情况是，中国经济的结构性矛盾所带来的压力前所未有，解决这一矛盾的动力前所未有，而实践上也出现了解决这种矛盾的某些有利条件。总的来看，虽然面临的问题多样且多变，但实现科学发展的战略导向没有变，加快转变经济发展方式、完善市场经济体制作为实现未来经济发展目标关键的基本判断没有变。现在比任何时候都要把握好战略导向，在这个视野下提出应对当前经济问题的具体对策。宏观调控对总量的调控以及其他措施，必须与这一导向联系起来，而不是与此相背离。宏观调控新措施的出台，必须慎重评估其性质和可能的实践结果，不可因为通货膨胀率的大幅回落、储蓄率高就采取简单一刀切的保增长政策。解决经济偏热或可能的偏冷都不能采取一刀切的办法，而应当实施结构性的宏观调控。

其次，面临进一步深化改革的历史新机遇。解决深层次的结构矛盾需要深化改革。一些改革的措施需要在经济发展较为宽松的时候出台，这在策略思想上有一定道理。但这一思想不能推广于所有的改革措施，以致贻误战机。现在来看，解决深层次的经济结构问题，必须致力于解决政府职能定位、土地资源使用、官员管理与评估体系、法治、公共财政、金融体制等问题，也就是必须深化改革。不改革，无法转变经济发展方式；而转变经济发展方式的新机遇同时也带来了改革的新机遇。改革开放是中国发展的根本动力，是解决民生问题的根本措施。我们应当从这样的高度把握当前改革的新机遇，进一步完善市场经济体制，积极探索政治体制改革，全面规划，抓住重点，有所突破。当前，可积极落实相关改革措施，扩大战果，并展开其他相关改革。从国际视野看，当前需抓住改革国际金融货币体系的有利时机，结合国内发展情况进一步谋划，在完善国际金融组织体系，提升新兴国家及发展中国家的知情权、话语权和规则制定权，加快推进多元化国际货币体系建设方面提出具体设想付诸实施。

再次，面临进一步推动创新战略成为核心战略的新机遇。国际金融危机的出现为国际间的技术合作提供了新的可能，有利于实施创新与开放一体化战略；同时也有利于国内区域与行业在创新战略方面进行新的布局，实现某些突破。应在这一时期力争经济较发达地区如长江三角洲、珠江三角洲、京津渤海湾经济带向某种程度的创新型经济转变，力争一些有基础的行业在创新方面更上一层楼。同时，落实创新战略的某些特殊政策在一定意义上正是扶持中小企业的政策、鼓励经济发展的优惠政策。国务院关于《实施〈国家中长期科学和技术发展规划纲要（2006—2020年）〉的若干配套政策》提出了允许企业按当年实际发生的技术开发费用的150%抵扣当年应纳税所得额，支持创业风险投资企业的发展、建立支持自主创新的多层次资本市场等60条措施。这些应尽快制定实施细则。

最后，面临实施城乡一体化战略的新机遇。党中央提出了形成城乡经济社会发展一体化新格局的战略要求，并提出了城乡发展规划一体化、城乡产业布局一体化、城乡基础设施建设一体化、城乡公共服务一体化、劳动就业和社会管理一体化的具体要求。当前努力转变经济发展方式、经济发展由主要依靠投资、出口拉动向依靠消费、投资、出口协调拉动转变的趋势，特别是增加消费、刺激内需的方针和实施土地改革的措施，对于实施城乡一体化战略提供了前所未有的新机遇。需要认真抓住这一战略机遇，积极拓展相关的战略空间。

总之，我们既面临着严峻的挑战，也面临着新的发展机遇。在当代条件下，挑战总是与机遇共存，发展战略即风险应对战略，两者是统一的。需要在战略上保持清醒，立足长远，把握全局，抓住机遇，顺势而进。①

之后，笔者也多次强调，鉴于美国在危机处理中发展新能源产业的战略举措，中国需要把握全球发展大势，全面布局，调整和优化经济结构刻不容缓。

---

① 参见段培君：《金融危机带来新的战略机遇》，《沪港经济》2008年第12期。

评注：经济结构的优化调整和存在的问题

经济结构的优化调整和存在的问题需要通过数据展现。首先更新需求结构方面的数据，集中于投资和消费的关系上，如表1—18所示。

表1—18　按支出法计算的GDP　（单位：亿元）

年份	支出法国内生产总值（亿元）	最终消费支出（第一产业）（亿元）	资本形成总额（第二产业）（亿元）	货物和服务净出口（亿元）	资本形成率（投资率）（%）	最终消费率（消费率）（%）
2000年	100577	63668	34526	2383	34.3	63.3
2001年	111250	68547	40379	2325	36.3	61.6
2002年	122292	74068	45130	3094	36.9	60.6
2003年	138315	79513	55837	2965	40.4	57.5
2004年	162742	89086	69421	4236	42.7	54.7
2005年	189190	101448	77534	10129	41.0	53.6
2006年	221207	114729	89823	16655	40.6	51.9
2007年	271699	136229	112047	23423	41.2	50.1
2008年	319936	157466	138243	24227	43.2	49.2
2009年	349883	172728	162118	15037	46.3	49.4
2010年	410708	198998	196653	15057	47.9	48.5
2011年	486038	241022	233327	11688	48.0	49.6
2012年	540989	271113	255240	14636	47.2	50.1
2013年	596963	300338	282073	14552	47.3	50.3
2014年	647182	328313	302717	16152	46.8	50.7
2015年	696594	359516	313070	24007	44.9	51.6

资料来源：参见国家统计局编：《中国统计年鉴2016》，中国统计出版社2016年版，第77页。

需要与读者说明的是，表1—18中自2000年以来的数据已经被国家统计局全部更新，也就是与表1—1的数据已经不同，并非仅仅补充了2010年以后的数据。投资率和消费率大体都调整了1～2个百分点，而出口的比重变化相对不大。

尽管如此，并没有影响笔者之前对投资和消费的变化趋势和基本关系的判断。总的来看，从2000年到2015年，消费率从63.3到51.6，下降了11.7个百分点，而投资率从34.3到44.9，上升了10.6个百分点。此消彼长10个百分点以上，反映了15年的时间里需求结构内部变化的基本趋势。这是对表1—18的第一点分析。

第二点分析：在这基本趋势里面，自2010年起，消费率从48.5逐年回升，到2015年达到51.6；投资率自2011年起大体下降，从48下降到2015年的44.9，基本上反映了近5年来调整需求结构的努力有了一定的成效。

尽管如此，投资率偏高、消费率偏低，投资和消费关系失衡的问题依然存在。这是第三点分析。这一分析的依据是，2015年的投资率是44.9，比金融危机后4万亿投资效果显现的2009年的46.3仅低1.4个百分点，可见2015年的投资力度。

当然，这样分析还有其他理由。比如横向比较，如表1—19所示，世界中等到中上收入水平的国家，投资率约为31，比中国约低14个百分点；消费率为69，比中国约高17个百分点。

表1—19 2013年世界三大需求构成

	投资率	消费率	净出口率
世界	22.28	77.59	0.13
高收入国家	20.42	79.14	0.44
中低收入国家	31.04	70.27	−1.31
中等收入国家	31.17	69.82	−0.99
中上收入国家	31.56	68.26	0.18
中下收入国家	25.45	78.64	−4.09
低收入国家	26.07	88.32	−14.39

注：根据世界银行发展指标数据库数据整理。

可能有人会提出横向比较不足以说明问题，需要具体分析自身的情况，这当然有道理。那就通过实际情况的三个窗口来具体观察。

第一个观察窗口是：投资率高所伴随的货币增发速度提升，以及由此带来的通胀压力。表1—20说明，4万亿投资时的2008年，M2/GDP为1.5131，而2016年则达到2.0831。这样，1990年至2015年中国M2总量增长91倍，与此同时中国城镇居民人均可支配收从1510.2元升至31790.3元，增长了

21.05倍，农村居民人均纯收入从686.3元升至10772元，增长了15.7倍。[①]

表1—20 M2/GDP历史数据

年 份	M2指标值（亿元）	GDP绝对额（亿元）	M2/GDP
2016年末	1550100.00	744127.00	2.0831
2015年末	1392300.00	676708.00	2.0575
2014年末	1228374.81	635910.00	1.9317
2013年末	1106524.98	588018.76	1.8818
2012年末	974148.80	534123.04	1.8238
2011年末	851590.90	473104.05	1.8000
2010年末	725851.79	401512.80	1.8078
2009年末	610224.52	340902.81	1.7900
2008年末	475166.60	314045.40	1.5131
2007年末	403442.20	265810.30	1.5178
2006年末	345603.60	216314.40	1.5977
2005年末	298755.70	184937.40	1.6154
2004年末	253207.70	159878.30	1.5838
2003年末	221222.80	135822.80	1.6288
2002年末	185007.00	120332.70	1.5375
2001年末	158301.90	109655.20	1.4436
2000年末	134610.30	99214.60	1.3568
1999年末	119897.90	89677.10	1.3370
1998年末	104498.50	84402.30	1.2381
1997年末	90995.30	78973.00	1.1522
1996年末	76094.90	71176.60	1.0691
1995年末	60750.50	60793.70	0.9993
1994年末	46923.50	48197.90	0.9736
1993年末	34879.80	35333.90	0.9871
1992年末	25402.20	26923.50	0.9435
1991年末	19349.90	21781.50	0.8884
1990年末	15293.40	18667.80	0.8192

① 参见国家统计局编：《中国统计年鉴2016》，中国统计出版社2016年版。

第二个观察窗口是：投资率偏高使产出大于需求，供需失衡，产能过剩，如 2014 年钢的产能为 9 亿吨，过剩 2 亿吨。由此带来投资回报下降、银行坏账和金融风险的增加。近期对系统性金融防控的加强，此是其中的重要因素。

第三个观察窗口是：高投资率致使能源紧张，环境压力增大。图 1—9 表现的是平均每天能源的消费从 2005 年到 2012 年的递增，图 1—10 表现的是 2000 年到 2012 年污染治理投资的增长。前者表明能源使用的攀升趋势，后者既表明党的十八大以来治理环境方面的力度加大，同时也表明环境的治理任重道远。

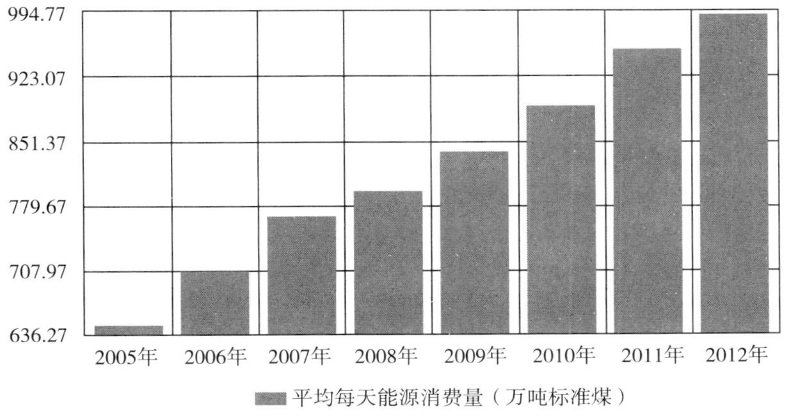

图 1—9　2005—2012 年平均每天能源消费量的变化情况

资料来源：根据国家统计局网站数据整理，进一步的数据可参见国家统计局编：《中国统计年鉴 2016》，中国统计出版社 2016 年版，第 292 页。

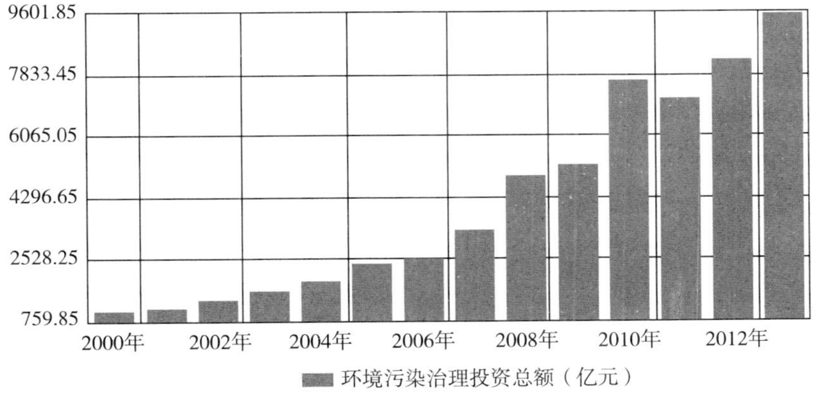

图 1—10　2000—2012 年环境污染治理投资总额情况

资料来源：根据国家统计局网站数据整理，进一步的数据可参见国家统计局编：《中国统计年鉴 2016》，中国统计出版社 2016 年版，第 271 页。

综上，通过需求结构的数据更新和分析，能够得到如下的判断：近年来消费率上升、投资率下降，结构调整有新的进展，但要形成新的需求引擎，即通过需求结构的调整将依靠投资拉动转变为以消费拉动为首，使消费、投资、出口形成比较合理结构，从而形成新的动能。然而，摆在我们面前的任务依然艰巨。解决这一问题，不仅要认识投资与消费的资源配置导向某种均衡点的某种规律性，而且尤其要解决影响这种配置的体制机制问题。

其次，需要更新供给结构方面的数据。如本书提出的，供给结构的问题更带有战略性，也在这一意义上，供给引擎更具有根本性。

需要先看到，与新的供给要素增加紧密相关的产业结构出现了积极调整的迹象。第三产业占国内生产总值的百分比自 2001 年以来经多年徘徊，终于在 2010 年前后逐步跃迁，到 2013 年首次超过第二产业（如图 1—11 所示），并于 2015 年首次达到 50.2%的比重（国家统计局于 2012 年对《三次产业划分规定》进行了修订，将 A 门类“农、林、牧、渔业”中的“05 农、林、牧、渔服务业”，B 门类“采矿业”中的“11 开采辅助活动”，C 门类“制造业”中的“43 金属制品、机械和设备修理业”等三个大类调入第三产业[①]，这对统计数据有一定的影响，但该影响不是主要的）。这说明中国经济开始向金融密集、知识密集、科技密集、人力资本密集的生产性服务业和高质量、多元化、精细

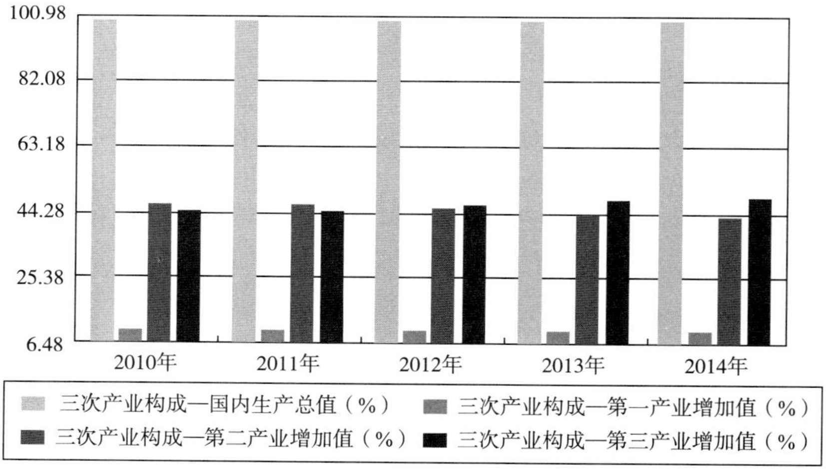

图 1—11　2010—2014 年三次产业构成国民生产总值的变化情况

资料来源：根据国家统计局网站数据整理。

① 参见国家统计局设管局：《三次产业划分》，国家统计局网站，http：//www.stats.gov.cn/tjsj/tjbz/201301/t20130114_8675.html.

化的生活性服务业转变，表明中国创新要素的提供和整合在第三产业发展中有了积极的影响。这种影响可以视作创新能力的某种提升。

当然，对这种提升的估计仍需谨慎。表1—21说明，横向地比较，中国第三产业的比重比中等收入的国家还低5个百分点，而距高收入国家则低了20多个百分点。这说明，走向比较发达的经济体、进一步提升创新驱动的能力还有比较长的路要走。

表1—21　1995—2015年中国高技术产业基本情况

行业	1995	2000	2005	2010	2014	2015
生产经营情况						
企业数（个）	18834	9758	17527	28189	27939	29631
主营业务收入（亿元）	3917.1	10033.7	33921.8	74482.8	127367.7	139968.6
利润（亿元）	178.0	673.6	1423.2	4879.7	8095.2	8986.3
出口交货值（亿元）	1125.2	3388.4	17636.0	37001.6	50766.2	50923.1
科技活动及相关情况						
R&D机构数（个）	2138	1379	1619	3184	4763	5572
R&D人员全时当量（万人年）	5.8	9.2	17.3	39.9	57.3	59.0
R&D经费（亿元）	17.8	111.0	362.5	967.8	1922.2	2219.7
新产品开发经费支出（亿元）	32.3	117.8	415.7	1006.9	2350.6	2574.6
专利申请数（件）	612	2246	16823	59683	120077	114562
有效发明专利数（件）	410	1443	6658	50166	147927	199728
固定资产投资情况						
施工项目数（个）		2734	7095	10723	18403	20028
#新开工项目数		1640	4460	7117	12039	14122
全部建成或投产项目数（个）		1282	3158	6011	11914	14100
投资额（亿元）		563.0	2144.0	6944.7	17451.7	19950.7
新增固定资产（亿元）		421.0	1464.0	4450.4	11790.7	14307.5

注：本表生产经营情况的数据口径为规模以上工业企业，科技活动及相关情况的数据口径为大中型工业企业；2011年起固定资产投资统计起点由50万元提高至500万元。

资料来源：国家统计局编：《中国统计年鉴2016》，中国统计出版社2016年版，第652页。

通过表1—21和国家统计局国内生产总值的数据，我们可以得到与此相近的以下判断：

第一，高技术产业对中国经济的支撑力量有提升，但依然有限，具体表现为主营业务收入占国内生产总值的比重有提升，但仍然不高。2005 年高技术产业主营业务为 33921.8 亿元，占当年国内生产总值 187318.9 亿元的 18.1%；2010 年高技术产业主营业务为 74482.8 亿元，占当年国内生产总值 413030.3 亿元的 18%；2014 年高技术产业主营业务为 127367.7 亿元，占当年国内生产总值 643974 亿元的 19.8%；2015 年高技术产业主营业务为 139968 亿元，占当年国内生产总值 685505.8 亿元的 20.4%。整体地看，通过创新而形成的高技术产业对中国经济的支撑贡献近两年仅达 1/5 左右的比重。

第二，高技术产业的赢利能力有提高，但依然不足，具体体现为其利润占高科技产业主营业务的比重也是低的。2005 年利润为 1423.2 亿元，占当年高技术产业主营业务 33921.8 亿元的 4.2%；2010 年利润为 4879.7 亿元，占当年高技术产业主营业务 74482.8 亿元的 6.6%；2014 年利润为 8095.2 亿元，占当年高技术产业主营业务 127367.7 亿元的 6.4%。2015 年利润为 8986.3 亿元，占当年高技术产业主营业务 139968 亿元的 6.4%；从整体看，2014—2015 年的利润占高技术产值的比重都在 7%以下。

所以，确如“十三五”规划所判断的，中国的创新能力仍然不足。这是供给侧方面突出的短板，也是本书提出供给引擎的基本背景。正如党的十九大报告所指出的，解决这一问题，必须深化供给侧结构性改革，加快建设创新型国家，形成建设现代化经济体系的战略支撑，不断增强我国经济创新力和竞争力。

第二章 全球发展的结构性取向

中国选择结构性大战略，除了金融危机的影响以外，还具有更为宽广的全球背景。从发展趋势看，向新型产业文明转变中出现的一系列新结构反映了全球发展的结构性取向，成为中国选择结构性战略的外部背景。全球发展的结构性取向，可以从以下三个方面的结构变化观察。

一、创新为导向的经济结构变迁[①]

经济结构的变化在经济发展中的地位开始似乎并不重要。经济发展被认为就是经济增长，一种量的增长，通常指在一个较长的时间单位一个国家人均产出（或人均收入）水平的持续增加。总产出通常用国内生产总值（GDP）来衡量。对一国经济增长速度的度量，通常用经济增长率来表示。设 ΔYt 为本年度经济总量的增量，Yt－1 为上一年度所实现的经济总量，则经济增长率（G）就可以用下面的公式来表示：

$$G = \Delta Yt / Yt - 1。$$

然而，这种着眼于量的增长来把握经济发展的模式后来被认为是不够的，甚至不能被理解为真正意义上的发展。如熊彼特在《经济发展理论》第二章中所说："仅仅是经济的增长，如人口和财富的增长所表明的，在这里也不能称作是发展过程。因为它没有产生在质上是新的现象，而只有同一种适应过程，像在自然数据中的变化一样。"[②]

没有新的质，就没有经济发展。那么，什么是新的质呢？

熊彼特认为，这种新的质指的是创新，归根结底，是新的经济结构的出现。因为有了创新，有了新的质，所以才有发展。在这一意义上，创新＝经济

---

① 本节部分内容选自段培君：《能源经济：创新发展进入第三阶段》，《沪港经济》2010 年第 1 期。

② 〔奥地利〕约瑟夫·阿洛伊斯·熊彼特著，何畏译：《经济发展理论》，商务印书馆 1990 年版，第 51 页。

发展。熊彼特阐述创新是“企业家对生产要素的新组合”，包括以下5个方面：（1）引进新产品和产品的新质量。（2）引进新技术或采用新的生产方法。（3）开辟新市场。（4）开辟和利用原材料供应的新来源。（5）实现企业的新组织。显然，这五项新东西代表了新的技术结构、产品结构、企业结构乃至产业结构的出现。

所以，经济结构的变化成为经济发展的基本要素，甚至是更为重要的方面。在这种意义上，经济发展通常被理解为包含三个方面的内容：（1）经济量的增长，即一个国家或地区产品和劳务的增加，它构成了经济发展的物质基础。（2）经济结构的改进和优化，即一个国家或地区的技术结构、产业结构、收入分配结构、消费结构等经济结构的变化。（3）经济质量的改善和提高，即一个国家和地区经济效益、经济稳定程度的提高等。

人们很快就注意到，没有经济结构的优化调整，经济量的增长也是难以持续的，经济质量的改善也是困难的。更进一步地，经济结构优化调整显示了新的内涵和意义。笔者试图从世界的客观经济发展过程来阐述这一点，并将它与中国结构优化调整和发展方式的转变联系起来，强调中国在这种结构性变化中应有的选择：

世界经济发展日益显示出其主导机制是创新。它催生了新的产业结构，改变了全球的经济结构与发展方式。需要在创新发展的背景下把握转变经济发展方式的时代内涵，把转变经济发展方式和创新作为中国未来经济增长的主要动力机制。

从全球视野看，当代创新发展经历了三个阶段。

第一阶段：信息技术产业。美国1977年提出“信息经济”，到2000年形成以信息技术产业为核心的“新经济”，美国的产业结构和经济发展动力结构调整，带动美国经济持续10年的增长，全球产业结构和经济发展动力结构发生变化。

第二阶段：生物技术产业。生物技术产业销售额在一段时间里每5年翻一番，增长率高达25%左右。美国作为生物技术产业的引领者，开发的产品和市场销售额一度占全球的70%以上。美国生物技术研究开发费用1年多达380亿美元，仅次于军事科学。2003年美国生物技术产业的收入首次超过了IT产业，形成了新的经济格局。许多国家竞相把发展生物技术产业作为战略重点，生物技术产业发展迅速。

第三阶段：新能源产业。以金融危机为背景和契机，美国以新能源产业为核心，通过新能源开发、发展节能汽车与绿色建筑产业、投入新能源的基础设施建设，重建美国经济基础。首先，是新能源开发。美国《2009年恢复与再投资法》涉及预算7890亿美元，其中约500亿美元用来提高能效和扩大可再生能源生产。在未来3年内，美国计划可再生能源产量翻一番。此外，未来10年将投入1500亿美元，资助替代能源的研究。计划到2025年，可再生资源发电量比例将达到25%。其次，是发展节能汽车产业与绿色建筑产业。用40亿美元的联邦政府资金支持汽车制造商组装新的节能汽车，到2015年实现美国混合动力汽车销量达到100万辆，2012年前实现美国联邦政府购买的车辆中一半是插电式混合动力车或电动汽车。美国将50亿美元用于增强家庭住房的越冬防寒性能计划，45亿美元用于联邦政府建筑提高能效，为200万低收入家庭修缮房屋和75%的联邦建筑进行节能改造。《美国清洁能源安全法案》要求2012年后新建成建筑的能效要提高30%，2016年后提高50%。最后，是新能源的基础设施建设。美国用45亿美元用于改造智能电网，63亿美元用于提高州一级能效，新建或维护3000英里的输电线路，为美国家庭安装4000万部“智能电表”。

美国新能源产业对美国和世界经济将产生重要影响，并成为中国经济结构调整的重要外部背景。中国不仅需要考虑国内发展方式转变的要求，而且需要把握全球发展大势，尽快布局，在经济结构调整方面迈出关键步伐。

第一，转变发展方式，将发展新能源产业作为产业结构调整、转向创新驱动的关键切入点。笔者在2008年底提出，不仅要把保增长、扩内需，而且要把调结构作为4万亿投资的基本目标。同时也提出应把握创新型机遇，扩大创新型内需，落实创新型政策，加速创新型改革。在扩大创新型需求方面应提出双重布局：区域方面，力争将经济较发达地区如长江三角洲、珠江三角洲、京津渤海湾经济带向某种程度的创新型经济转变；行业方面，应使钢铁、汽车、造船、石化、轻工、纺织、有色金属、装备制造和电子信息等重点产业的振兴与《国家中长期科学和技术发展规划纲要（2006—2020年）》相衔接，努力体现创新是中国发展战略核心的要求。现在中国经济回升趋稳，结构调整任务更加凸显。中国区域结构优化调整在沿海地区特别在珠江三角洲有一定的成效。在全球结构调整的背景下，需要在行业方面有新的突破，形成维度互补的战略格局。在这一背景下，新能源产业有特殊意义。它事关创新驱动、资源节约与环境友好的全局，应作为产业调整的重点，加快发展。按照2020年的规划目标，预计中国可再生能源总投资将超过3万亿元以上，全国水电装机规模达到3亿千瓦左右，风电装机总规模在2010年突破2000万千瓦，核电核准总装机容量2540万千瓦，规划容量超过4000万千瓦。到2012年，全国要推广6万辆节能与新能源汽车，其中各类混合动力汽车将占95%以上。当前，在上述规划的基础上应全方位地进行战略与战术筹划，使经济增长点向高端产业转移，向创新驱动转移，在这样的进程中实现一、二、三产业协调发展。

第二，调整经济发展的动力结构与收入分配结构，重点扩大消费需求。2009年前三季度在中国经济7.7%的增长中，投资占7.3个百分点，消费占4个百分点，出口是负3.6个百分点。经济增长依赖投资拉动，难以长期持续。从前几年的情况看，中国居民的最终消费率持续下降，在2006年首次下降至50%以下。根据有关资料，过去5年间，中央财政增长30%以上、企业利润为15%，而居民收入增长仅为8%。2009年消费需求虽有改善，但未改变大格局。为此，需要有大手笔的动作，千方百计增加消费者收入，发挥消费对经济的拉动作用。最重要的是改革，改革财税体制与收入分配结构，改变居民收入增长缓慢的状况，特别是改善低收入群体的收入状况。此外，还要采取积极的就业政策和创新鼓励政策，鼓励大学生和研究生自主创业，鼓励中小企业和民营企业增强竞争力，放宽市场准入，发挥市场在配置资源方面的基础作用，创造更多的就业机会与收入渠道。

一言以蔽之，中国经济发展的根本途径是转变发展方式，进行结构调整，而这样做的关键是创新与改革。

二、经济社会综合结构的发展趋向

全球发展的第二个趋势是经济、政治、文化、社会等横向结构的发展越来越整体化、综合化。

就经济而言，随着创新的全球辐射和产业结构的全球变化，经济本身也走向全球化、整体化。以全球经济系统而言，2000年联合国贸发会议投资报告显示，跨国公司的经营活动占据全球生产的40%、国际贸易的60%、国际投资的90%、技术贸易的60%、技术转让的80%、研究开发的90%。根据2008年联合国贸发会议投资报告，2007年全球7.9万家跨国公司建立了79万家国外分支机构，其外国直接投资存量超过15万亿美元。以跨国公司为纽带，形成了新的经济网络，在全球经济资源的配置中发挥了首要的作用。

更重要的是，创新需要研发机构、企业、政府机构与中介组织等形成国家创新体系，形成新的社会结构性特征，由此带来了以知识、人才、管理、市场为要素的经济结构新特征，以及制度和文化方面的新特征。社会表现出更加明显的系统化趋势，更快的分化和整合速度。信息网络成为信息传播和知识扩散的主要载体，深刻地改变了人类的生存和交往方式，改变了全球经济运行方式和社会管理模式。社会组织的“爆炸式”发展，形成了所谓的“全球结社革命”。

人们再也不能无视这样的事实，经济发展必须有制度的、文化的、社会的因素介入，即使是经济发展也必须有综合的、整体的视野。戴维斯和诺尔斯在《制度变革与美国经济增长》（1971 年）一书中提出制度创新理论，将制度变革引入经济增长过程。他们认为，所谓“制度创新”是指经济的组织形式或经营管理方式的革新，例如股份公司、工会制度、社会保险制度建立等，都属于“制度创新”。这种组织和管理上的革新是历史上制度变革的原因，也是现代经济增长的原因。

芝加哥大学的教授科斯（1991 年）从学理的角度论证了制度要素对于经济发展的重要性。他从产权制度的角度提出：假设交易费用为零，资源配置的效率结果与产权制度的安排无关；在交易费用为正的情况下，产权制度的界定或安排就会对资源配置的效率发生作用。美国经济学家诺斯（1993 年）则从西方经济史的发展得出结论：有效率的经济组织是经济增长的关键，经济增长的决定因素就是制度及其创新。

所以，经济的发展不能不内含制度的发展。也可以更广泛地说，经济发展与制度发展是一个过程的两个方面，需要有整体的、综合的视野。

进一步地，这一整体的、综合的视野也包含文化和社会的发展。因为诺斯说：文化信念是制度结构的基本决定因素。制度不是由政策而是由文化所决定的。文化通过对制度的影响而对经济增长发挥作用，存在一种文化的推动力。也就是说，制度的发展不能离开文化的发展。再进一步地，科利尔（1998 年）把“社会资本”看作是社会内部的规范与文化的一致，即支配人们互动的规范和价值观的一致，建立在该社会之中的各项制度的一致。当社会资本是能够产生外部性并能促进市场之外的互益集体行动的社会互动时，它就具有经济效益。

这样，如托达罗所指出：“发展不纯粹是一个经济现象。从最终意义上说，发展不仅仅包括人民生活的物质和经济方面，还包括其他更广泛的方面。因此，应该把发展看为包括整个经济和社会体制的重组和重整在内的多维过程。”①

不仅经济发展的内在过程表明了这样的综合化过程，而且从人类价值取向的目标层面看，发展也体现了经济、政治、社会、文化等方面的综合发展过程，或者说人的全面发展过程。

从联合国所代表的全球性实践看，它的“第一个发展十年（1960—1970

① 〔美〕托达罗著，印金强、赵荣美译：《经济发展与第三世界》，中国经济出版社 1992 年版，第 50 页。

年）”开始时，当时的秘书长吴丹概括地指出：“发展＝经济增长＋社会变革。”在联合国的“第二个发展十年（1970—1980 年）”报告中进一步扩展指出：社会发展已不再是单纯的经济增长，社会制度和社会结构的变迁以及社会福利设施的改善具有同等重要的地位，经济发展应与这些方面保持均衡。

1979 年，佩鲁应联合国教科文组织“基多研究综合发展观专家会议”要求写的《新发展观》进一步强调了经济社会的综合发展，提出了一切为人的发展，把人的全面发展作为评价发展的尺度和发展目的，认为发展应该是“整体的”“综合的”和“内生的”，发展应以人的价值、人的需要和人的潜力的发挥为中心，旨在满足人的基本需要，促进生活质量的提高和共同体每位成员的全面发展。

1990 年联合国开发计划署用收入水平、期望寿命指标和教育指数作为全面综合发展的度量，即以下的指标体系：

（1）预期寿命指数＝（LE－25）/（85－25）

（2）教育指数＝（2/3）×ALI＋（1/3）×GEI

成人识字率指数（ALI）＝（ALR－0）/（100－0）

综合粗入学率指数（GEI）＝（CGER－0）/（100－0）

（3）GDP 指数＝［log（GDPpc）－log（100）］/［log（40000）－log（100）］

LE：预期寿命

ALR：成人识字率

CGER：综合入学率

GDPpc：人均 GDP

其中，寿命通过预期寿命来衡量，知识通过成人识字率和受教育的平均年数来测量，生活水平通过购买力测量，将实际人均国内生产总值调整为当地生活费用的水准（购买力平价 PPP）。

人类发展指数的意义在于，它是经济增长、社会进步、环境和谐的综合反映，是经济社会综合结构变化的反映。根据《2010 年人类发展报告》，从过去 40 年数据可得的国家的分析可以得出，人口预期寿命总体上从 1970 年的 59 岁上升到 2010 年的 70 岁，儿童入学率从 55%提高到 70%，人均国内生产总值翻了一番，超过 1 万美元。过去 40 年里，大多数发展中国家在健康、教育和基本生活水平方面取得了巨大进步。该研究报告由于对象涉及 135 个经济体，涵盖 92%的世界人口，因而反映了全球经济社会综合结构发展的实际情况。

值得一提的是，在报告中挪威、澳大利亚和新西兰指数排名位居前三，尼日尔、刚果（金）和津巴布韦排名最后，而中国指数为0.663，高于世界平均水平0.624，表明中国在这一结构性变化中的实际地位。特别是它的提升速度：过去40年人类发展指数提升最快的10个国家是阿曼、中国、尼泊尔、印度尼西亚、沙特阿拉伯、老挝、突尼斯、韩国、阿尔及利亚和摩洛哥。自1970年以来，人类发展指数进步最快的地区是东亚，其中以中国和印度尼西亚为首。

阿马蒂亚·森在他的《以自由看待发展》中文版序言中指出了中国发展与这种经济社会综合结构变化之间的关系："社会进步与经济发展之间的互补性，本书的主题之一，在中国的经验中得到了很好的说明。""远在实行经济改革之前，中国就一直是在当代世界——特别是通过教育扩展、医疗保健体制转变和土地改革上的重大进步——促进社会变革的一个先行者。"

但是，他接着强调，中国还必须正视其他的互补性，"包括文化和经济、政治参与与经济进步，以及技术进步及其社会运用之间的相互作用。本书论证，发展是一个相互依赖的过程，而且经济的成功不可能与社会、政治和文化的成就相分离"。"发展可以看作是扩展人们享有的真实自由的一个过程。"①

面对经济社会结构综合化、整体化的过程，中国结构性大战略正当其时。

三、代际关系结构的战略性变化

1962年，美国女海洋生物学家莱切尔·卡逊出版了《寂静的春天》一书。春天是鲜花盛开、百鸟齐鸣的季节，可是我们的后代能够一直享受这种春天吗？卡逊独到地指出：从某一个时候起，春天里将不再听到燕子的呢喃、昆虫的嗡嗡飞动，田野将变得寂静无声。卡逊提出了春天是否可持续的问题。

1972年，美国学者巴巴拉·沃德和雷内·杜博斯在《只有一个地球》中指出，地球所拥有的自然资源是有限的，如果不加节制地开采，必将加速地球上矿产资源的枯竭，造成一系列生态灾难，给人类生存带来严重的威胁。人类目前无法移居到第二个适合的星球上。该书实际提出了地球这一人类生存的处所是否可持续的问题。

1972年，罗马俱乐部发表著名的研究报告《增长的极限》，认为全球系统中的5个因子按照不同的方式发展：人口、经济按照指数方式发展，人口、经济所依赖的粮食，资源和环境按照算术方式发展，由此人口爆炸和经济失控必

① 〔印〕阿马蒂亚·森著，任赜等译：《以自由看待发展》，中国人民大学出版社2002年版，第19—20页、"导论"第1页。

然引发和加剧粮食短缺、资源枯竭，造成全球环境污染日益严重，而且随着人口和资本的指数增长，必然带来经济社会的全面崩溃。该报告提出了增长方式和经济社会是否可持续的问题。

所有这一切，都提出了我们的后代能否持续生存和发展的问题。这是全球可持续发展战略提出的背景。

罗马俱乐部报告明确提出了“持续增长”和“合理的持久的均衡发展”概念。1972 年，在斯德哥尔摩举行的联合国人类环境研讨会正式讨论了可持续发展概念。1978 年，国际环境和发展委员会首次在文件中正式使用了可持续发展概念，将其定义为：在不牺牲未来几代人需要的情况下，满足我们这代人的需要。1987 年，世界环境与发展委员会出版《我们共同的未来》报告，将可持续发展定义为“既能满足当代人的需要，又不对后代人满足其需要的能力构成危害的发展”。1992 年 6 月，联合国在里约热内卢召开的“环境与发展大会”通过了以可持续发展为核心的《里约环境与发展宣言》，提出了 27 条实现可持续发展的原则，要求必须公正合理地满足当代和世世代代的发展与环境需要。

对代际关系形成全球战略性调整框架的，是 1992 年里约地球问题首脑会议上通过的《21 世纪议程》。它是可持续发展领域全球行动的总计划，包括 2500 多项各种行动建议，涉及可持续发展的国际合作，消除贫穷，改变消费形态，保护大气层、森林、生态系统，促进可持续的农业和农村发展，保护大洋和各种海洋，保护淡水资源，改进有毒废弃物的安全管理等方面内容。这一详细的行动计划，试图改变世界的非持续的经济增长模式，对当代和后代的关系将产生深远影响。

联合国采取步骤将可持续发展思想运用于关于人口、社会发展、妇女、城市和粮食安全的政策和计划。1992 年联合国成立了可持续发展委员会，监督并报告《21 世纪议程》和其他地球首脑会议协议的执行情况，支持和鼓励各国政府、商界、工业界和其他非政府组织在可持续发展方面积极行动，帮助协调联合国范围内的环境和发展活动。在 2000 年联合国千年首脑会议上，约 150 名世界领导人商定了一系列有时限的指标，包括把全世界收入少于 1 天 1 美元的人数减半、把不能取得安全饮水的人数减半的措施。

为了实现环境的可持续，1992 年 6 月 4 日，里约热内卢召开的“环境与发展大会”通过了《联合国气候变化框架公约》，以应对全球气候变暖给人类经济和社会带来的不利影响。1997 年 12 月，在日本京都由联合国气候变化框架公约参加国会议制定的《联合国气候变化框架公约的京都议定书》，为各国的二氧化碳排放量规定了标准，确定在 2008—2012 年间，全球主要工业国家的工业二氧化碳排放量比1990年的排放量平均要低5.2%。

鉴于全球气候变暖的严峻事实和后果，需要加大对气候变暖趋势的控制力度。根据联合国政府间气候变化专门委员会气候变化评估报告，全球变暖已是不争的事实（见美国宇航局1979年和2007年拍摄的北极冰层，如图2—1所示），这一现象可能90%源于人类的活动。1970—2004年，全球温室气体排放量增加了70%。预测本世纪末全球气温可能上升1.1～6.4摄氏度，海平面上升18～59厘米。如果气温上升1.5摄氏度以上，全球20%～30%的物种将面临灭绝；如果上升3.5摄氏度以上，40%～70%的物种将面临灭绝。

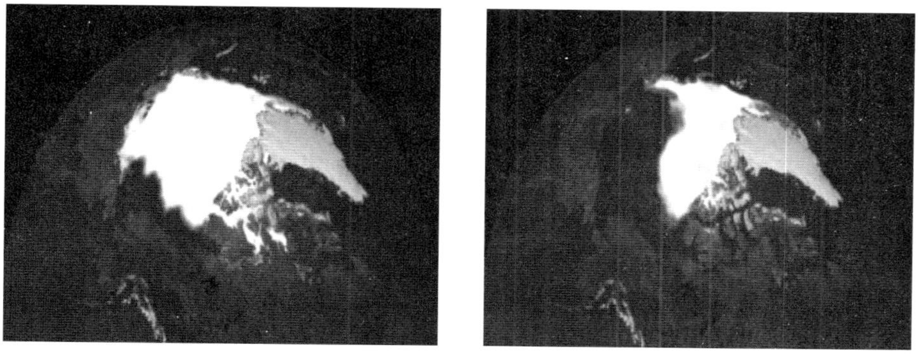

图2—1 美国宇航局拍摄北极冰层图

为此，《联合国气候变化框架公约》第十五次缔约方会议暨《京都议定书》第五次缔约方会议于2009年12月7日至18日在丹麦首都哥本哈根达成《哥本哈根协议》，维护《联合国气候变化框架公约》和《京都议定书》确立的“共同但有区别的责任”原则，坚持了“巴厘路线图”的授权，最大范围地将各国纳入了应对气候变化的合作行动，在发达国家实行强制减排和发展中国家采取自主减缓行动方面迈出了新步伐，提出了将全球平均温升控制在工业革命以前2℃的长期行动目标。

总的来看，全球性的环境治理正在可持续发展理念、法律、政策、组织和各种活动的层面上展开，以努力形成节约能源资源和保护生态环境的产业结构、增长方式、消费模式，从而向实现经济与人口、资源、环境协调发展，当代与后代协调发展的目标前进。

上述经济结构、经济与社会的综合结构、代际关系结构的新变化，反映了当代全球结构性发展的大趋势。中国积极应对这种结构性的发展取向，实施结构性大战略，既是对中国发展阶段定位分析的结果，也是对全球发展趋势分析把握的结果。

评注：工业 4.0 的智能革命和能源革命

在这一章中笔者强调，世界经济发展日益显示出其主导机制是创新。它催生了新的产业结构，改变了全球的经济结构与发展方式。为此，书中首先描述了截至 2011 年以创新为导向的经济结构变迁的一些情况，分了三个阶段进行说明：信息技术产业、生物技术产业和新能源产业。

这里，从工业 4.0 所涉及的两个革命为上述观点和情况作一点补注。

首先是智能革命。信息技术产业的跨界行动成规模化，它通俗地被称为“互联网＋”，笔者 2014 年曾把它称为“整合型创新”；继之，这一趋势导向“大数据”产业乃至“物联网”；进一步的趋势是在此基础上的“智能网”，包括所有广义的终端、网络运行和计算的智能化，以此为基础的实体经济的智能化再造。

“互联网＋”是已经和正在发生的事实。如“互联网＋媒体”，改变了媒体的结构和命运。互联网的新闻传播速度使纸媒的影响力下降，纸媒必须与互联网进行某种形式的结合。随着自媒体的出现和影响越来越大，原有专业化媒体的地位受到挑战，媒体的运营结构进一步改变。“互联网＋娱乐”也是如此。现在的游戏不是过去少年儿童玩的实体玩具，而是网上游戏。网络游戏行业（端游、页游、手游等）近 5 年复合增长率为 21.7％，保持快速增长态势。2016 年中国游戏实际销售收入达 1655.7 亿元，增长 17.7％，游戏用户规模达到 5.66 亿人①。全球网络游戏市场规模已从 2007 年的 78.97 亿美元增长至 2011 年的 167.96 亿美元，增长了 1.13 倍，年均复合增长率为 20.76％。还有“互联网＋电信”或“互联网＋物流”。随着微信的出现，电信行业发生了巨大变化，中国移动、中国联通的市场政策被迫调整。这个平台还扩展到商业和物流，带来了物流业的迅速发展；又延伸到付款模式上，微信支付在中国扩展很快。由于市场大，研发的费用很快平摊，所以应用速度加快。

“互联网＋机械制造”有特殊意义。以 3D 打印机为例，美国一些学者对美国经济原本不乐观，认为劳动力成本高，制造业空心化。随着 3D 打印机的出现，学者们这两年的态度转向比较乐观。原因是：如果把生产 3D 打印机的成本再降下来，制造企业返回美国就有了新的理由，因为廉价劳动力有了替代

① 参见《2017 年中国网络游戏行业发展趋势及市场规模预测》，中国产业信息网，http://www.chyxx.com/industry/201702/494498.html.

的可能。如果实现了这一点，则将带来全球制造业布局的战略性变化。

“互联网＋银行”近期也受到特别关注。除了支付方式的变化，互联网还带来金融业本身的结构性变化。如余额宝的出现，导致资金转移，金融本身的结构发生变化，表内资本和表外资本的比例发生变化。这一方面带来了利益、活力、便利和效益，同时也带来了一些挑战。

这一整合进程正在向所有可能的领域扩展，带来了数据的多方面的变化，以至导向所谓的“大数据”产业乃至“物联网”的方向。

数据的变化包括四个方面：

第一，数据体量（Volume）巨大，包括采集、存储和计算的量都非常大。大数据的起始计量单位至少是P（1000个T）、E（100万个T）或Z（10亿个T）。最小的基本单位是bit，按顺序给出所有单位：bit、Byte、KB、MB、GB、TB、PB、EB、ZB、YB、BB、NB、DB，它们按照进率1024（2的十次方）来计算。1PB就等于100万个GB，相当于50个国家图书馆的馆藏信息量的总和。

第二，速度快时效高（Velocity），关于速度的量也大。搜索引擎要求几分钟前的新闻能够被用户查询，个性化推荐算法尽可能要求实时完成推荐。这是大数据区别于传统数据挖掘的显著特征。

第三，数据类型繁多（Variety），类型的量也大。数据是有根据的数字编码，包括结构化、半结构化和非结构化数据，表现为网络日志、音频、视频、图片、地理位置信息等。多类型的数据对数据的处理能力提出了更高的要求。

第四，价值大（Value）。虽然数据价值密度相对较低，但只要合理利用数据并对其进行正确分析，也会带来很高的价值回报。

这四个方面的“大”，即国际数据公司（IDC）关于大数据的定义：满足4V（Variety，Velocity，Volume，Value，即种类多、流量大、容量大、价值高）指标的数据称为大数据，如图2—2所示。

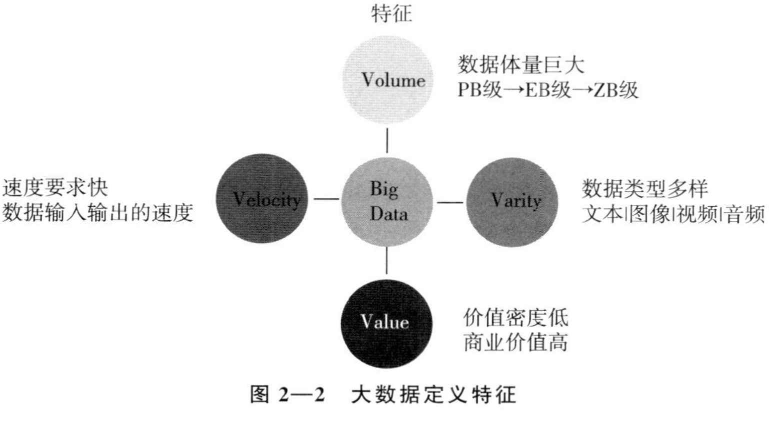

图2—2　大数据定义特征

大数据的出现，一方面，凸显数据的财富特性。在传统的价值观念中，土地、材料、能源、劳动力等看得见摸得着的实体才视为财富的象征，而数据只是一种符号，但在大数据时代，数据自身也成为财富；另一方面，大数据带来新的产业布局、商业模式和投资机会。根据 IDC 预测，2018 年全球大数据技术和服务市场的年复合增长率达 26.4%，规模达 415 亿美元，是整个 IT 市场增幅的 6 倍。根据《2015 年中国大数据交易白皮书》，2014 年中国大数据市场 767 亿元，同比增长 27.83%。2017 年，中国工信部实施工业互联网重大专项工程，建设 10 家左右国家级工业互联网平台和一批行业互联网平台。

2017 年 11 月 26 日，中共中央办公厅、国务院办公厅印发了《推进互联网协议第六版（IPv6）规模部署行动计划》。IPv6 主要在 IPv4 的基础上提升了地址长度，解决了 IP 资源不够的问题。① 该计划的目标是，到 2018 年末 IPv6 活跃用户数达 2 亿，在互联网用户中的占比不低于 20%。到 2020 年末，IPv6 活跃用户数超过 5 亿，在互联网用户中的占比超过 50%。到 2025 年末，我国 IPv6 网络规模、用户规模、流量规模位居世界第一位。IPv6 的应用将高效支撑物联网的快速发展，窄带物联网芯片、信息传感器等新技术新产品的不断推出，物联网以基础软硬件、互联网技术联合掀起智能电子产品的浪潮，智能可穿戴设备等快速发展，智能网也将随之而出。

能源革命可以从两个方面看：一是可再生能源快速发展，冲击传统能源行业。国际能源署（IEA）《可再生能源 2017》报告指出，2016 年可再生能源占全球新增发电能力的 2/3，远超燃煤发电和燃气发电增长量，光伏新增速度首次超过其他能源。它也预测，未来 5 年，全球可再生能源发电能力将增加约 1000 吉瓦，相当于全球燃煤电厂能力一半。根据全国工商联新能源商会编辑的《2016—2017 中国新能源产业年度报告》，截至 2016 年底，我国光伏发电新增装机容量 3454 万千瓦，累计装机容量 7742 万千瓦，新增和累计装机容量均为全球第一；全年新增太阳能集热系统总量 3952 万平方米，市场总保有量达到 4.6 亿平方米；全年新增风电装机 1930 万千瓦，累计并网装机容量达到 1.49 亿千瓦，占全部发电装机容量的 9%；生物质发电累计装机 1214 万千瓦；太阳能光热发电的总装机容量达到 2.8 万千瓦；地热能发电累计装机 2.6 万千瓦。

---

① IPv6 具有更大的地址空间。IPv4 中规定 IP 地址长度为 32，最大地址个数为 2^{32}；而 IPv6 中 IP 地址的长度为 128，即最大地址个数为 2^{128}。与 32 位地址空间相比，其地址空间增加了 $2^{128}-2^{32}$ 个。这种大数据的扩展使得世界的一切现象关系有希望都可用数据来表征，在这一意义上使人想到了毕达哥拉斯的话：“万物是数。”

二是新技术对原有能源结构的影响。由于页岩新技术的出现和运用，2015年5月，美国页岩气产量达到了最高峰，为456亿立方英尺/天（折合12.9亿立方米/天）。美国页岩气产量增长超过20倍——从2006年仅为其天然气总产量的1%，到2010年增长至美国天然气总产量的20%。新技术的这一运用，改善了美国国内的石油供给，同时随着伊朗核问题的解决、中东石油的供给增加，由此全球石油的供给情况发生变化，带来了这两年石油价格的下跌。

上述信息技术和新能源两个方面的新发展，综合起来就是我们通常所说的工业4.0。如果说“工业1.0”是蒸汽机时代，“工业2.0”是电气化时代，“工业3.0”是信息化时代，那么“工业4.0”就是利用基于信息物理融合系统的智能革命和基于可再生能源、清洁能源等新能源使用的能源革命。

从智能革命的方面看，“工业1.0”和“工业2.0”，不论是将热能转化为机械能还是将机械能转化为电能，都是人类体力的放大，其生产力的提高主要依靠资源能源要素的投入；而从“工业3.0”到“工业4.0”是人类智力的放大，生产力的提高主要依靠信息等要素，向智能化迈进。从能源革命的方面看，“工业1.0”和“工业2.0”主要使用化石能源，而“工业3.0”到“工业4.0”是尽力减少或不使用这类能源。一方面，以更低能耗、更清洁的方式使用化石能源，减少化石能源在经济生产和消费中所占的比重，促进非化石能源、可再生能源、清洁能源的大幅上升，提高资源使用的效率；另一方面，通过信息智能资源的使用大幅提高生产的效率。这两个方面的实质都是促使经济增长与不可再生资源要素的脱钩，实现发展方式的革命性转变和生产力的大提高。所以，“工业4.0”的实质就是改变发展方式，其具体的一个成效就是经济结构的转型。

第三章　结构性大战略的内涵

结构性大战略是以广义的结构优化调整为主要目标与路径，以经济结构调整为主轴，以解决相关政治结构和体制机制问题为着眼点的整体性战略。这句话包括以下三层意思：

第一，这一战略是把结构调整作为主要目标同时也作为实施路径。鉴于中国和全球的发展趋势，特别是鉴于中国进入了新的阶段和面临的结构问题，需要把结构优化调整作为其发展的主要目标，使其发展的质与量统一起来。同时，也需要把结构优化调整作为其主要的实施路径，因为唯其如此，中国的经济发展才能解决可持续的问题。

第二，这一战略是大战略的结构，它既包括经济、政治、文化、社会、环境整体结构的优化调整，也包括经济、政治、文化、社会各领域结构的优化调整，在本书中它已经涉及结构性总体战略布局，结构性经济战略、政治战略、社会战略等内容。

第三，这一战略是以经济结构的优化调整为主轴，以解决相关政治结构和体制机制问题为着眼点，将政治、文化、社会、环境结构优化调整联为一体来解决发展问题的战略。它不仅具有大战略的宏观视野，而且也具有其特定的战略重心和深层指向。

上述内容，笔者已经在近几年以不同形式进行了阐述。下面将这些阐述以初步的框架整理如下。

一、中国发展的关键：结构性战略①

笔者2010年2月6日在美国哥伦比亚大学演讲时使用了上述标题。提出“结构性战略”的新概念，既是对笔者以往发表在《沪港经济》等刊物上的战略思想的一次小结，也是对未来中国发展战略的新概括。它当然需要更多的发

① 本节内容参见段培君：《中国发展的关键：结构性战略》，《沪港经济》2010年第3期。

挥，本文只是初步的说明。

笔者曾在《沪港经济》2008 年第 6 期和第 9 期上发表《结构性宏观调控势在必行》等文章，提出了结构性宏观调控的概念，指出它主要包含宏观调控、转变经济发展方式与完善市场经济体制的“三位一体”结构性关系，以及结构性的宏观调控目标和结构性的调控手段——结构性的货币政策、财政政策和就业政策。这一概念强调了“两个结合”的思想：即宏观调控的短期政策效应与长期战略的结合；宏观调控和市场机制的结合。文章强调：“宏观调控不仅应当注意短期政策效应，而且应当注意与长期战略和发展机制的衔接。即宏观调控对总量的调控措施必须与解决经济的结构性矛盾结合起来，与转变经济发展方式结合起来，同时也必须与改革和完善市场经济体制紧密结合起来。”不难明白，这一概念是以结构性战略为前提，实质是将结构性战略思想渗透于宏观调控中，以取得长期战略与短期调控、市场机制与调控机制最佳结合的效果。这“两个结合”的思想已经体现在 2009 年中央经济工作会议总结的“在复杂经济环境中推动经济社会又好又快发展的重要经验”中。

2008 年以来，笔者在《沪港经济》上发表的一系列以经济结构优化调整、转变发展方式为导向的文章，如《转变经济发展方式的战略导向》《4 万亿投资：应将产业结构优化调整作为基本目标》等。其一以贯之的思想属于结构性经济战略的范畴。这些文章强调了“经济结构升级与转变发展方式是中国经济发展的根本出路”，“扩大创新型需求是转变经济发展方式、调整优化经济结构的重要突破口”，“创新型改革是加快发展方式转变和结构调整的基本条件”，对经济发展的动力结构、要素结构、产业结构、城乡结构、区域结构、效益结构等提出了战略调整的设想。特别是针对国际金融危机，笔者认为“从深层次看，它也是中国发展方式的某种危机”，“已经暴露出‘三高一低’发展模式的问题，暴露出经济增长需要新的动力结构，暴露出经济结构调整应当是我们解决经济增长问题的根本路径”，应“努力实现新型的经济增长”。笔者判断，美国在危机处理中发展新能源产业的举措，“形成了中国经济结构调整的重要外部背景。中国不仅需要考虑国内发展方式转变的要求，而且需要把握全球发展大势，尽快布局，在经济结构调整方面迈出关键步伐”。我们能够注意到，国际金融危机使我国转变经济发展方式问题更加凸显出来，转变经济发展方式已刻不容缓，要以优化经济结构、提高自主创新能力为重点，不断在经济发展方式转变上取得实质性进展。可见，结构性经济战略已经成为中国发展的战略重点。

除了结构性经济战略，还有与之相联系的结构性政治战略。笔者在同样的专栏文章中提出了把解决经济结构与政治结构问题联系起来的思路，认为“转变经济发展方式，实现科学发展需要改变粗放式的投资驱动模式，消解这种模式赖以生存的政府对资源的集中控制或垄断，这其中涉及对土地、财政、能源等资源的管理体制。转变经济发展方式需要从侧重依赖土地、劳动力资源转向侧重依赖知识资源，从投资驱动转向创新驱动，而这一转变以人才资源的解放和合理配置为前提”。因此，“能否深入改革人财物的管理体制关系到能否转变经济发展方式、实现科学发展，关系中国经济发展的全局与长远。这一改革实质是权力结构的调整，在更大程度上属于政治体制改革的范畴”。结构性政治战略着眼于形成合理的政治结构，既符合以人为本的要求，也符合经济与政治全面协调发展的要求。这也是一种科学执政、民主执政、依法执政的思路。

结构性经济和政治战略，也要求与之相适应的结构性社会战略。笔者2009年以来的文章认为，结构性社会战略包含外向与内向两个方面。从外向的方面看，“建设创新型国家要求技术、资本、人才和产业形成更高水平的开放性结构。技术与经济的层面、制度的层面和思想文化的层面都面临更加开放的任务，这些任务用一个比较完整的概念说，就是构建开放社会”，其目标是构建和谐世界；从内向的方面看，公共资源与服务应当在开放的社会结构中实现均衡化流动，构建和完善相应的社会保障体系、公共卫生服务保障体系和文化教育体系，构建和完善基层群众自治机制，政府与社会组织在政策制定等方面的衔接机制，人大、政协与社会组织的有序结构，其目标是构建和谐社会。

结构性经济战略、政治战略、社会战略和结构性宏观调控综合起来并加以扩展提炼，就是本书提出的结构性战略。结构性战略是以广义的结构调整与优化为发展的主要目标与路径的战略。它包括经济结构的调整和优化，包括经济、政治、文化、社会、环境整体结构的调整和优化。在操作层面上，它是以经济结构的调整优化为中轴，将政治、文化、社会、环境结构调整优化联为一体的战略。只有实行这一战略，才能提高经济增长的质量和效益，解决中国经济发展的根本动力和国际竞争力问题，实现中国经济的可持续发展；只有实行这一战略，使中国的经济、政治、文化、社会、环境形成全面协调的发展，才能真正实现以人为本的发展。

二、为什么中国发展的战略应是结构性战略①

提出中国发展战略应是结构性战略，是要强调，中国的未来发展必须解决

① 本节内容参见段培君于2010年4月16日在《哈佛中国评论》（Harvard China Review）年度会议上的主题演讲。

面临的深层次问题，也就是结构性问题。

近几年，中国经济、政治和社会领域出现的主要问题，联系起来看，都是结构性问题的某种反映。在经济领域，2008 年美国金融危机对中国冲击最大的领域是出口，也就是冲击了中国经济发展的动力结构。再仔细分析的话，中国非创新型的劳动密集型企业受冲击最大，或者说，经济发展的要素结构也受到了冲击，反映了我们原有结构的某种弱点。当前，人们广为关注的房地产问题，从深层次来看，涉及到资本和权力的结构，关联到投资与消费、产业之间的结构，也是结构性问题。在政治领域，腐败现象、上访问题、群体性事件，不同程度地反映了政治体制运行的有效性受到了挑战，反映了其中的权力结构问题。这从官员角度有诸多的表达，像事权财权不对称、无限责任有限权力等。在这些表象的说法后面实际反映的是宝塔型的权力结构及其功能问题。

在思想领域，对中国 30 多年发展经验的不同认识也反映了对结构性问题的不同态度。有观点认为，中国的发展是靠权力集中的体制。按照这一观点，中国的主要经验就不是改革高度集中的计划经济体制，进一步改革的方向也不应是建立社会主义市场经济体制。还有的观点认为，中国发展的主要经验虽是改革，但只是渐进式改革。按照这种观点，党的十一届三中全会新路线的确立、农村联产承包制的全面推广与人民公社体制的结束、1992 年确立市场经济体制等改革进程中的质的飞跃，都很难得到合理的解释。更重要的是，如果以此作为范式来推进改革，中国结构性问题的解决就受到了限制。所以，不同的认识实际与结构性问题相关联，也是结构性问题的特定反映。

所以，诸多现象都反映了结构性问题，因而解决结构性问题就成为战略的首要问题。这就是结构性战略提出的背景。

从中国的历史进程看，经济结构的优化调整成为战略的主要目标渐渐成为人们的共识。2003 年以来中国提出科学发展的战略思想，在经济上提出又好又快发展的要求。所谓快，是指人均国内生产总值到 2020 年比 2000 年翻两番。所谓好，是指优化结构、提高效益、降低消耗、保护环境。也可以说，是指经济结构的好，包括经济发展的动力结构、城乡结构、区域结构和效益结构，而效益结构，可以理解为经济效益、社会效益、资源效益与环境保护效益的结合。

2005 年中国又提出建设创新型国家，将创新战略提升为国家战略。之后，笔者曾在 2006 年进一步强调，应将创新战略作为中国面向未来的核心战略。中国的决策文献 2007 年确认，建设创新型国家是国家发展战略的核心，是提高综合国力的关键。这样，从另外一个角度调整优化要素结构、产业结构与效益结构也成为中国的选择。

近年经济发展的情况表明，不仅要以经济结构的优化调整作为主要目标，而且要作为经济发展的主要路径。

经过一段时期的发展，中国经济总量列世界第三，进出口总额在一段时期里排世界第三，对世界经济的贡献率列世界第二。但是，由于“三高一低”（高投入、高消耗、高污染、低效益）的发展方式，经济发展的动力结构和效益结构存在长期不可持续的问题。这种问题在外来危机影响下暴露得更加明显。

在上述思路下，笔者曾建言：应将结构优化调整作为4万亿元投资的基本目标。现在中央政府通过投入和调控措施，实现了保8%的经济增长目标，但是结构性问题却依然突出。2009年前三季度中国经济的增长中，投资占7.3个百分点，消费占4个百分点，出口是负的3.6个百分点。同时，根据全国经济普查数据显示，中国第三产业占比为41.8%，世界平均水平为60%，表现出动力结构和产业结构的不协调。

从国际背景看，当代创新继信息技术产业和生物技术产业后，正在进入第三阶段，即新能源产业阶段。金融危机后，美国努力“创造一个新的美国能源经济”，打造所谓的“岩上之屋”，形成美国新的经济增长点，通过占领未来经济增长的制高点来牢牢握住世界经济的主导权。中国的经济发展，不仅要解决可持续的问题，还需要积极应对美国的战略调整，提高国际竞争力。所以，经济结构的调整优化刻不容缓。

怎样优化调整结构，实施结构性战略？笔者认为，经济结构的优化调整是哑铃型战略，政治结构的优化调整是“十”字型战略，社会结构的优化调整是双向开放战略。

“哑铃型”战略是说，中国经济面对如此多的结构问题，应该以调整动力结构和要素结构为重点，把这两者作为哑铃的两端，结合其他结构的优化调整来推动发展。

哑铃的一端是经济动力结构的调整，将以投资为首要推动的发展模式转变为把消费放在首位的发展模式，形成消费、投资、出口比较合理的动力结构。消费与投资要密切结合，实现增投资、促发展与扩消费、惠民生相得益彰，而落脚点是扩消费、惠民生。

哑铃的另一端是要素结构的调整，让经济发展从主要依靠增加物质资源消耗转向主要依靠科技进步和创新，通过技术创新、制度创新和文化创新使经济发展向创新驱动转变。有了要素结构的优化调整，新的产业结构才会出现，才会有传统产业的改造和升级，特别是才会有战略性产业的出现，带动经济的战略性成长。

经济结构的优化调整需要政治结构的优化调整作为配套，所以，相对于哑铃型的经济战略，需要提出“十”字型的政治战略。这个战略以政治结构的优化调整为主要目标和路径，主要是人财物管理的权力结构和社会治理的权力结构的优化调整。“十”字型战略的含义是，“十”字型的“丨”方面是人财物管理权力结构的纵向放权，“一”的方面是社会治理权力结构的横向分权。前者侧重于经济结构调整中的动力结构而提出，后者主要是为调整要素结构而提出。

“十”字型战略的“丨”方面，目标是要以消费占首位的，消费、投资和出口相协调的动力结构取代粗放式的投资驱动模式。为此，要扩大消费，消解投资驱动模式赖以生存的政府对资源的集中控制或垄断。

扩大消费，需要改革财政分配格局与支配财政分配的权力格局。近些年来，财政资源越来越向政府，特别是中央政府转移。以 2007 年为例，国内生产总值达到 24.66 万亿元，比 2002 年增长 65.5%，年均增长 10.6%，而全国财政收入达到 5.13 万亿元，增长 1.71 倍，年增长 32.4%，约为 GDP 增长的 3 倍。从支出结构看，全国财政支出 49781.35 亿元，中央本级支出 11442.06 亿元，对地方税收返还和转移支付 18137.89 亿元，中央财政支出占全国支出的 59.02%。与此同时，居民收入占 GDP 的比重下降，2006 年居民收入占 GDP 比重由 1978 年的 56%下降到 45%，工资总额由 17%下降到 10.6%。显然，在这样的财政结构下企望通过扩大消费来拉动经济不大现实，财税分配的结构不仅需要改革，而且形成这种结构的权力结构也需要改革。目前将财政权力集中于各级财政行政部门的格局，不利于经济结构的优化调整。

要扩大消费，消解粗放式的投资驱动模式，需要改革土地资源的管理体制。从土地资源的管理看，国土资源部和全国工商联的调研表明，政府通过土地管理权的使用变为房地产的主要收益方之一，这一利益机制客观上强化了房地产的投资驱动，刺激地方政府通过经营土地进行粗放式的扩张发展；同时，也使房价飙升，住房消费难。如果不对土地资源管理体制进行改革和调整，扩大消费和消解粗放式投资驱动的目标就不可能实现。

人才、人力资源的管理也需要下放于人才市场，而不是向某个机构集权，才能体现市场在配置资源方面的基础性作用，才能有利于把蛋糕做大，从根本上解决扩大消费的问题，从而有利于动力结构的改善和经济的持续发展。

“十”字型战略的“一”方面是社会治理权力结构的横向分权。这个分权是按照社会化的原则推进政企分开、政资分开、政事分开、政府与市场中介组织分开，减少政府对微观经济运行的干预，减少政府对事业单位、中介组织的不适当干预，使得政府、企业、事业单位、中介组织按照各自的活动规律自主地发展，形成功能互补的良性结构，使得国家创新体系得以建立，要素结构得以改善。从人才资源管理的情况看，国企和高等学校的主要领导者依然主要通过委任机制和行政级别进行管理。这一体制，一方面使国企和高校的法人主体地位无法真正确立，不能真正形成产学研政介相结合的国家创新体系；另一方面，使高校研究者的主体地位受到限制，扭曲了创新激励机制。因此，社会分工的功能结构不能合理化，企业家和知识劳动者难以真正成为创新主体，从投资驱动转向创新驱动也难以实现。

所以，“十”字型的政治战略，其根本落脚点是推动生产力的解放，推动创新主体、科学发展主体的解放，关系到中国经济发展的全局与长远。

哑铃型的经济战略需要双向开放的社会战略作为保证。双向开放是指进一步地对内开放与对外开放，目标指向社会结构的优化调整。

对内开放是社会财富、公共资源与公共服务的开放与均衡化，使社会财富、公共资源在开放中进一步流动起来，在流动中趋向均衡，反对由于垄断和特权导致的封闭、壅滞和不公，以及由此带来的消费困难。社会保障体系的完善，公共卫生服务保障体系的完善，城乡、区域教育的均衡发展，政府职能的转变与公共资源向社会组织的转移等，都是以资源、财富的开放流动为前提。所以，对内开放的目标是使消费者能够有更大的消费空间，民生有更大的改善，从而推动消费拉动和经济的持续发展，同时有利于社会公正，推动和谐社会的建设。

对外开放是指中国的对外关系要有新的推进，在器物层面、制度层面和文化层面形成更高水平的开放性结构。建设创新型国家要求技术、资本、制度和产业形成更高水平的开放性结构。中国全面协调发展的目标，要求经济、政治、文化和社会方面具有彼此协调的开放水平。现在中国的开放正进入构建开放社会的阶段，技术、经济、制度、思想文化等方面需要建立全方位的整体开放体系。在这个基础上，中国经济发展的要素结构和产业结构有望进一步优化。

上述的结构性经济战略、政治战略、社会战略加上结构性的文化战略、结构性的总体战略布局和结构性的宏观调控等机制，就是所谓的中国发展的结构性战略。中国的结构性问题已经到了非解决不可的时候。如果过去说，不改革开放就没有出路，那么现在可以说，不实施结构性战略也没有出路。

三、深化总体战略布局的结构性关系

结构性总体战略布局是结构性大战略的重要组成部分。它的提出是要说明，经济、政治、文化、社会与生态环境建设存在总体的结构性关系，因而经济、政治、文化、社会和环境等领域的各战略也应形成一总体的结构性关系。

这一总体的结构性关系不仅需要通过各个战略的内涵予以阐发，通过经济战略与政治战略、政治战略与社会战略、社会战略与环境战略等各个战略之间的关系予以阐发，也需要通过全书的大战略视野予以把握。这样的全面要求需要通过下面的各有关章节的具体论述才能实现。这里，首先从实践进程本身说明总体战略布局的要素发展，并在此基础上提出这些要素的结构性关系问题。

总的来看，中国从 1978 年以来，总的战略布局大体经历了以下过程：开始强调“物质文明建设和精神文明建设两手抓”，然后是“经济建设、政治建设、文化建设”“三位一体”，到“经济建设、政治建设、文化建设和社会建设”“四位一体”，再到“经济建设、政治建设、文化建设、社会建设、生态文明建设”“五位一体”。这一过程的特点是：一是总体战略布局的要素越来越多，体现了实践的全面化进程。二是各战略要素之间的关系越来越要求系统化、形成某种结构性的关系，以取得最佳的战略效果。

1982 年，党的十二大报告中提出“全面开创社会主义现代化建设的新局面”的任务，包括要“大力推进社会主义物质文明和精神文明的建设，继续健全社会主义民主和法制，认真整顿党的作风和组织，争取实现国家财政经济状况的根本好转，实现社会风气的根本好转，实现党风的根本好转”，在大的思路上提出了现代化经济建设、政治建设和文化建设的任务，但在实践中重点强调了物质文明与精神文明建设两手抓的布局。当时对这两者关系的说明是：互为目的，互为手段，相互促进，是在目的论的框架中说明两者的结构性关系。

之后，总体战略布局的提法经历了下述的演变：党的十三大报告中使用了“经济、政治、文化等多方面的现代化建设”的提法，党的十四大报告提出“围绕经济建设这个中心，加强社会主义民主法制和精神文明建设”，到党的十五大报告明确了经济建设、政治建设和文化建设三位一体的布局，党的十六大重申“经济、政治、文化全面发展的目标”。2005 年提出了和谐社会建设，总体战略布局发展为经济建设、政治建设、文化建设、社会建设“四位一体”。

这一阶段总体战略布局中要素之间的结构关系主要在两个层面展开：

第一个层面：从横向关系看是中心与非中心的关系，即经济发展为中心，其他要素如政治发展和文化发展是围绕中心而展开的。

第二个层面：从纵向关系看，开始阶段经济、政治和文化被视为中国特色社会主义事业的组成部分；继之，作为全面建设小康社会的基本目标，是这一目标体系的组成部分；到 2005 年以后，经济、政治、文化和社会发展被视为科学发展观统领下的经济社会发展全局的组成部分。

整体来看，对总体战略布局中的结构性关系有一定的阐述，但感到阐述不够充分、不够具体、不够深入。

2006年笔者提出：由于我国已经进入将“生态环境建设”作为基本任务的历史阶段，所以可考虑将“生态环境建设”纳入总体布局，从“四位一体”转向“五位一体”，实现“经济建设、政治建设、文化建设、社会建设与生态环境建设”全面发展。

在这一建议中，笔者试图论述总体战略布局有进一步扩展的必要，尤其从经济、政治、文化、社会和环境等要素的结构关系，包括横向的战略制约关系、纵向的战略思想关系，以及大战略的角度进行一定的说明。

关于横向的战略制约关系，即经济、政治、文化、社会和资源环境要素之间的战略制约关系，笔者在建议的第一部分《我国已经进入了将“生态环境建设”作为基本任务的历史阶段》中试图给予逻辑的梳理：

国家在提出“全面建设小康社会”目标时以国情的定位分析为基础，认为在这一发展阶段“生态环境、自然资源和经济社会发展的矛盾日益突出”，因而需要将生态环境建设作为“全面建设小康社会”的四个基本目标之一。之后，关于“十一五”规划的建议增加了“我国土地、淡水、能源、矿产资源和环境状况对经济发展已构成严重制约”的具体判断，确定了要“把经济社会发展切实转入全面协调可持续发展的轨道”的目标，提出了如下对策：“把节约资源作为基本国策，发展循环经济，保护生态环境，加快建设资源节约型、环境友好型社会，促进经济发展与人口、资源、环境相协调。推进国民经济和社会信息化，切实走新型工业化道路，坚持节约发展、清洁发展、安全发展，实现可持续发展。”

上述论述逻辑是：基于生态环境、资源与经济社会的特定关系而确定总体战略布局的新结构，其实质是一种横向关系的说明。该建议就此概括说：

“通过对历史阶段的定位分析和形势分析，我们已经逐步明确了生态环境问题的重要性、紧迫性和全局性，逐步将生态环境建设确定为这一历史阶段的基本任务，逐步将这一任务具体化并体现于相应的战略体系中。将‘生态环境建设’纳入战略总体布局既符合这一阶段的发展趋势，也反映了这一阶段生态环境所面临的严峻局面和特殊要求，体现了我们战略分析的基本指向。”

关于纵向的战略思想关系，即经济、政治、文化、社会及资源环境之间的战略关系与战略思想之间的纵向内在关联，笔者在建议的第二部分试图通过科学发展观的理论体系与新的总体战略布局的关系给予说明：

“把‘生态环境建设’纳入总体战略布局直接体现了‘以人为本’的要求。同时，把‘生态环境建设’纳入总体战略布局既体现了‘全面’的要求，也体现了‘可持续发展’的要求，后者直接要求落实于生态环境建设。还有，‘五个统筹’包含‘统筹人与自然和谐发展’，进行生态环境建设正是它的直接体现。从逻辑上看，现有的‘经济、政治、文化和社会四项建设’的总体战略布局与‘五个统筹’在覆盖面上不够一致。只有把‘生态环境建设’纳入总体战略布局，使之成为‘经济建设、政治建设、文化建设、社会建设和生态环境建设’的结构，才能与‘五个统筹’的要求衔接起来。”

战略总体布局应当体现科学发展观的整体内涵与功能定位。总体战略布局作为发展模式和发展战略的基本组成部分，应当从整体上体现科学发展观的内涵和要求。比较全面的总体战略布局是建立比较全面合理的综合评价体系的基础。如果总体战略布局考虑不周，缺少了生态环境建设这一维度，则综合评价体系将无法科学地确定生态环境的指标要求。从科学发展观的指导作用看，它除了统领经济社会发展全局，也应当统领生态环境建设的工作。经济社会发展能够包含一部分但不能完全覆盖生态环境建设的内容。科学发展观作为指导思想，应当辐射到经济社会环境发展的各个方面。

所以，结论是：总体战略布局的关系统领于科学发展的战略思想，应将“以科学发展观统领经济社会发展全局”的提法扩展为“以科学发展观统领经济社会环境发展全局”，或简称为“以科学发展观统领发展全局”，使科学发展观的内涵与其指导作用相一致。

最后，笔者从大战略的特定视野，即发展战略的全球视野以及与国际战略的关系说明了新的总体战略布局的必要，说明了总体战略布局的结构性关系还应当从全球战略的宽广视角予以把握：

“当今世界发展的一个重要趋势是环境问题全球化和环境战略全球化。将生态环境建设纳入国内发展战略总体布局，符合全球发展的这一大趋势，有利于在战略上赢得主动权。环境危机已经表现为全球化的特征。温室效应、臭氧层破坏、酸雨、全球气候变暖，两极冰川融化，海平面不断升高。危机涉及所有的国家和地区，需要全球携起手来共同应对。综合近阶段各方面信息可以看到，全球对环境问题的关注将进一步加强，生态环境建设在全球事务中的地位将进一步上升。因此，从全球发展和国内发展相结合的视野看，把生态环境建设纳入总体战略布局，既符合国内发展的需要，也符合全球生态环境治理发展的大趋势。”

中国的全球战略是和平发展，其目标是努力创造和平的国际环境发展自己，同时也为世界的和平与和谐作出贡献。环境和谐是世界和谐的一个部分，能否处理好中国的环境问题关系到中国的全球目标能否实现；另外，环境问题也已经成为国际关系中的重要政治问题。从国际政治的角度看，把“生态环境建设”明确列入总体战略布局，进一步提升环境战略的地位，加大内外宣传和贯彻的力度，不仅对落实科学发展观有利，对我国的国际地位也是有利的。

建议最后对上述三方面的论述进行了总结：

“总起来看，‘生态环境建设’纳入总体战略布局是以科学发展观统领发展全局的需要，是完善我国国家战略体系的需要，也是实现我国国内战略和全球战略目标的需要。”

上述对总体战略布局的结构性关系的说明，说到底，是从战略和战略思想两个层面展开的。这种说明，还可以进一步上升到价值的层面上进行。笔者在2008年的文章《改革开放与当代中国发展模式的价值建构》中试图说明总体战略布局与价值体系之间的关系：

“由于‘经济建设、政治建设、文化建设和社会建设’的总体战略布局，从而形成了目前的‘富强民主文明和谐’的基本价值体系，体现了‘人的全面发展’的要求和‘以人为本’的丰富内涵。”

基本价值建构全面化的推进，一方面，是价值目标体系的建构；另一方面，是实践推进的客观效果，两者构成了发展的坐标系。

基本价值全面化的推进显示了进一步体系化的特点。在目标体系方面上提出了“全面建设小康社会”的概念，在实践层面上比较系统地展开了主要价值目标的内涵。“全面建设小康社会的目标，是中国特色社会主义经济、政治、文化全面发展的目标。”其内涵的展开除了经济、政治、文化以外，还包括“生态良好的文明发展道路”。基本价值的目标设计立足于人的全面发展，体系化的趋势从理论扩展到战略层面。

从2003年以来，价值建构全面化进程出现以下新特点：

第一，基本价值继续扩展，提出了和谐社会的价值目标。随着价值目标体系的变化，总体战略布局也发生了变化，由“三位一体”发展为“四位一体”，再到“五位一体”。

第二，价值建构的全面化不限于目标体系的构建，上升为科学发展观的形态。全面协调可持续成为新的发展阶段价值建构的一般原则。价值建构的全面性进一步体系化，提出了核心命题——“以人为本”，将所有的基本价值——富强、民主、文明和和谐——立足于“以人为本”。

“以人为本”作为价值依据，展开为全面协调可持续的价值原则，富强民主文明和谐的价值目标，以及经济建设、政治建设、文化建设和社会建设的实践结构，体现了价值建构的层次化，形成了比较完整的价值体系。这从理论和战略的层面上反映了中国现代化价值建构全面化的进程进入了一个新阶段。

总的来看，改革开放以来，不管在价值建构的实践层面上经历了怎样的曲折，价值建构全面化的进程是一个客观趋势。社会的主流意识趋向于“以人为本”的认知，国家意志确立了“富强、民主、文明、和谐”的价值体系。它表明，现代化进程是人的全面发展的过程，是“以人为本”在经济、政治、文化和社会需求方面得到满足的过程，是基本价值逐步实现的过程。

四、把握转变发展方式的战略导向①

在把握总体战略布局结构性关系的前提下，需要进一步把握结构性经济战略的主轴地位，实现转变发展方式的战略导向。这一点说起来容易，落实起来差距不小。其中，除了历史条件、体制机制的原因外，战略的认知也是一个重要原因。笔者在 2008 年 1 月的一篇文章中，对能否把握好转变经济发展方式的战略导向感到忧虑，所以强调理解和把握这一战略导向的重要性，强调宏观调控不是解决投资过热的根本性途径，根本出路在于改革能否深化、转变经济发展方式能否取得实效，强调只有促进经济发展方式加快转变，加快向创新驱动转变，增强消费对经济增长的拉动作用，在改革体制机制上取得新突破，才能从根本上解决投资过热和通货膨胀的问题，实现以进促稳。该文的主题实际是阐述结构性经济战略的重要性，并用进攻与防御、稳中求进与以进促稳这样的战略语言来进行说明。以下是该文的基本内容。

党的十七大报告用非常明确的语言说明了未来经济工作的主攻方向：“实现未来经济发展目标，关键要在加快转变经济发展方式、完善社会主义市场经济体制方面取得重大进展。”进一步理解和把握这一战略导向具有十分重要的意义，它关系我国经济发展的下一步走向，关系能否继续保持经济发展中的主动权。

从道理上说，以“转变经济发展方式”为战略导向是不难理解的，因为这是贯彻落实科学发展观的要求。科学发展观的基本要求是全面协调可持续发展。在经济发展领域，它要求既要考虑经济的总量增长，也要考虑经济结构的优化；既要考虑经济的产出，也要考虑资源的节约；既要考虑经济效益，也要考虑生态环境的改善。所以，“转变经济发展方式”是科学发展的题中应有之义。

从我国发展战略的基本结构来看，“转变经济发展方式”也具有一定的现实基础。自科学发展观提出以来，我国已经提出了一系列新的战略，包括自主创新，消费、投资与出口协调拉动，资源节约、环境友好，区域总体发展战略

① 本节部分内容参见段培君：《转变经济发展方式的战略导向》，《沪港经济》2008 年第 1 期。

以及与这些战略相配套的一些改革战略。这些战略实施的整体效应已经超出了经济增长的范畴而体现为经济发展。特别是确立自主创新为国家战略，把它作为产业结构调整和转变经济发展方式的中心环节，实际已经突出体现了它在经济发展方面的意义。继续积极落实这些战略，必将对未来的经济发展产生积极作用。

现在的问题是，如何把“转变经济发展方式”的战略导向落实到经济工作的具体部署上。

首先要进一步明确的一点是：如何将战略进攻与战略防御有机统一起来。从一定的意义上说，可以把落实“转变经济发展方式”的战略措施视为战略进攻，而把防止经济出现过热等现象的特定宏观调控措施视为战略防御。一攻一防，构成了当前经济发展战略的显著特征。它对于经济发展具有十分重要的意义，缺少或者忽视任何一个方面，都不能保证我国经济的顺利发展。

但是，我们必须进一步研究两者的具体关系。2009 年经济工作的布局是：坚持好字优先，着力转变经济发展方式和完善社会主义市场经济体制，更加注重改善民生和促进社会和谐，推动国民经济又好又快发展。也就是说，战略的主攻方向是着力转变经济发展方式和完善社会主义市场经济体制，推动国民经济又好又快地发展。与此同时，切实加强和改善宏观调控，防止经济增长由偏快转为过热，防止价格由结构性上涨演变为明显通货膨胀。

这叫“稳中求进”，“求进”是目的，在求进中保持“稳”。

从长远看，我们还有一个“以进促稳”的问题。这有两个重要原因。

第一，只有促进经济发展方式加快转变，加快向创新驱动转变，增强消费对经济增长的拉动作用，在改革体制机制上取得新突破，才能有助于从根本上解决投资过热和通货膨胀的问题。宏观调控是重要的，但宏观调控不是解决投资过热的唯一途径，甚至也不是根本性的途径。解决问题的根本出路还在于改革能否深化、转变经济发展方式能否取得实效。要看能否实现以下三个结构性的转变：经济发展动力结构由主要依靠投资、出口拉动向依靠消费、投资、出口协调拉动转变，进一步地，向创新驱动转变；产业结构由主要依靠第二产业带动向依靠第一、第二、第三产业协同带动转变；资源结构由主要依靠增加物质资源消耗向主要依靠科技进步、劳动者素质提高、管理创新转变。

第二，从现阶段的经济发展的实际情况看，经济方面的能量需要合理引导，通过改革和发展，更多地导向创新驱动和消费拉动。这既是求进，也是促稳，是以进促稳。根据有关统计资料，近年我国居民消费率明显偏低，投资率显著偏高。工业增长持续攀升，工业投资增长仍然高于第三产业的增长。工业对经济的贡献率和占当年 GDP 的比重都比较高，而高技术产业占工业的比重仍然偏低。结合我国资源消耗的情况分析，我国经济仍然呈现明显的资源要素驱动特征。加上要素价格扭曲等因素，出口产品的竞争力强，形成了经常项目和资本项目持续双顺差局面。存在于中国境内的经济能量如何引导已经成为经济发展的一个重要问题。我们不仅要加强宏观调控，实施稳健的财政政策和从紧的货币政策，而且尤其要从战略上紧紧把握"转变经济发展方式"的导向，深化财税、价格、投资体制改革，把两个方面统一起来，努力把全社会的发展积极性引导到科学发展上来。

五、权宜之计和策略不能脱离基本的战略取向①

以下文字强调的依然是战略导向，只是背景变了：发生了金融危机。在金融危机的背景下，战略导向尤其不能以重复以往发展模式的办法来实现经济增长，而应进行结构调整，实现新型的经济增长；强调应从战略上把握机遇，努力开拓创新。这样既能克服当前危机，经济结构优化调整和转变经济发展方式也能上台阶，中国经济又好又快发展由此打下历史性基础；强调如果只是应对眼前危机不计长远，将后患无穷。

所以，这里的着眼点是实施结构性战略，尤其是在危机时刻，不能忘却战略的基本取向。

在科学发展中实现经济增长，这个提法看似平常，但在当前的背景下具有特殊的战略意义。一个值得注意的事实是，面对金融危机的影响，又好又快发展的声音有所弱化，似乎为了保增长，又好又快的科学发展要求可以退居第二位。科学发展一般情况下是必须遵循的重大战略思想，但在金融危机应对的特殊情况下似乎未必如此。

这是一个错误的短视的战略观点。笔者认为，越是在金融危机的背景下，越应当坚持又好又快的科学发展；因为金融危机所引发的，正是我国经济发展方式的危机，而解决这一问题的根本之道恰恰是科学发展。越是在危机时刻，越是要求领导者有坚定的战略取向，有临危不惧的战略勇气，有高超的导向艺术。在具体操作时，权宜之计是需要的，应当统筹战略与策略的关系；但是，权宜之计和策略不能脱离基本的战略取向。切忌把战略与策略对立起来，把又好又快对立起来，以重复以往的发展模式来实现经济增长。这在一部分地区一部分单位的投资活动中已经有所显现，需要引起足够的重视。

---

① 本节部分内容参见段培君：《权宜之计和策略不能脱离基本的战略取向》，《沪港经济》2009年第7期。

在科学发展中实现增长，需要明确经济增长是科学发展的重要方面，而不是游离于科学发展目标之外的东西，在科学发展的整体目标中把握增长的目标，使转变发展方式取得重大进展。在优化结构、提高效益、降低消耗、保护环境的基础上，实现人均国内生产总值到2020年比2000年翻两番，这是强调速度和结构质量效益相统一、经济发展与人口资源环境相协调的目标体系。追求经济增长与追求经济结构优化调整、追求经济质量与效益的提高、追求转变发展方式与创新、追求生态环境的良性发展是统一的，不能把速度目标与其他目标割裂开来强调，而应当在整体体系中确定其重要地位。

之所以如此，是因为我们追求的增长是“以人为本”的增长，是应当从更高层面的经济观来把握的增长。从人与自然关系的视角看，如果经济增长损害了更大的生态圈平衡，则不仅“以人为本”的价值目标难以实现，而且经济资源将在更大的范围内配置失衡，导致更高层次意义上的不经济后果。所以，必须把追求生态环境的良性发展作为经济发展的内在方面来看待。

在科学发展中实现增长，也需要从手段的层面上来把握。在实际操作中需要把经济增长与转变发展方式、与经济结构调整和创新这些发展的途径有机结合起来。即使从经济增长的角度看，影响经济增长的方面除了劳动力、自然资源和资本外，也涉及经济结构的优化和创新。没有创新，资本的不断积累就会面临边际效益的递减，也不会有新的产业部门出现。自主创新通过生产方式的突破性转变有助于生产效率的提高，它所推动的劳动力知识技能的提高和技术装备水平的现代化也间接提升了劳动力和资本对经济增长的贡献。所以，应当从上述方面的有机结合中实现经济增长。

在当代背景下，世界经济发展日益显示出其主导机制是创新。在这一意义上，波特强调竞争优势的重要性强过比较优势。也是在这一意义上，笔者认为转变经济发展方式不仅是中国经济发展一定阶段的要求，也是整个世界经济发展的主导趋势。因此，需要在当代经济发展规律的意义上把握转变经济发展方式的内涵，把转变经济发展方式和创新作为经济增长的主要动力机制。

从战略上把握机遇努力开拓创新，既能帮助克服当前危机，经济结构优化调整和转变经济发展方式也将上台阶，中国经济又好又快发展将打下历史性基础；如果只是应对眼前危机不计长远，则将失去历史性机遇，后患无穷。当此多事之秋，需把握创新型机遇，扩大创新型内需，落实创新型政策，加速创新型改革，统筹兼顾，实现扩大内需的战略组合效应，努力实现新型的经济增长。

六、结构性大战略与房地产转型[①]

以下文字看似谈房地产问题，但强调的是结构性战略的大视野和这一视野对于解决房地产问题的意义。笔者认为，房地产的整体发展要朝着有利于结构优化调整、金融安全、可持续发展的方向转变，论述的是房地产领域的结构性大战略。

中国新一轮房地产市场调控措施在国庆前夕再次出台，包括全面暂停第三套房贷、首套房贷款比例提升、加快推进房产税改革试点、购首套普通住房契税下调等。其中具有战略意义的是涉及税制改革的部分。这里所以指出战略意义的部分，是说房地产的发展要着眼于战略的视野，形成战略性的方案。具体说，应在中国结构性战略的大视野下，实现房地产发展的战略转型。

越来越多的人认识到，房地产发展事关中国经济和社会发展的前途。人们广泛关注的一些房地产问题，如房价节节攀高、“地王”现象、“蜗居”现象等，从深层次看，不是一个行业的问题，而是涉及中国发展的全局，反映了投资与消费、产业结构之间、土地与权力、民众与政府的结构关系问题，需要从结构性战略的视野进行透视。

房地产发展不实现战略转型，经济发展的动力结构无法调整。结构性经济战略以调整动力结构和要素结构为重点，将以投资为首要推动的发展模式转变为消费占首位的消费、投资、出口比较合理的动力结构，而房地产泡沫性发展将直接阻碍这一转变，遏制住房消费需求的满足和消费市场的真正启动，导致房地产自身市场的萎缩和结构性危机的到来，使房地产自身发展不可持续，也影响到整个经济的可持续发展。

房地产发展不实现战略转型，经济发展的要素结构无法调整。结构性经济战略将要素结构调整为由主要依靠增加物质资源消耗转向主要依靠科技进步和创新，而房地产泡沫性发展将资本聚集于房地产，妨碍了要素结构调整、特别是创新所要求的资本支持，也妨碍了其他行业的正常发展。

房地产发展不实现战略转型，社会结构无法承受。房价的飙升将引发贫富的对立情绪，购房难所造成的社会压力会在广大人群里制造反对派，具有发酵效应。这既是经济问题，也是政治和社会问题。

因此，房地产发展必须进行战略转型。否则，结构性战略无法落实，经济

---

① 本节部分内容参见段培君2010年5月10日在麻省理工学院经济与人才论坛（MIT Economics and Talent Forum）的演讲，整理稿《实现房地产发展的战略转型》，《沪港经济》2010年第11期。

发展的可持续与国际竞争力的提高，以人为本的要求都无法落实或推进。

中国房地产发展必须在以下方面实现战略转型：

房地产发展的主要目标从侧重提升 GDP 转向侧重改善民生，将改善民生与经济增长、消费与投资尽可能地统一起来。现在已经确定，中央决定解决低收入住房困难户的住房问题，住房和城乡建设部确定在全国开建各类保障性住房。这表明，政府将在住房低保方面发挥作用。需要在干部考评机制方面加强对地方官员在改善民生、特别在解决住房低保方面的考核，减少或降低地方政府官员在追求粗放式发展方面的驱动力。

房地产发展的机制从完全依赖市场转向依赖市场基础作用，同时也发挥政府调控作用的方向转变。强调发挥政府在解决住房低保方面的重要作用，决不意味着房地产问题应主要运用社会政策而非经济政策来解决，不意味着在房地产领域市场机制不再起到基础性的资源配置作用。房地产的问题仍然要依靠经济办法来解决。即使是建设保障性住房，也要充分发挥市场机制的作用。问题在于对市场如何进行规范和引导。目前采取的增加土地供应，在保障性住房、棚户区改造住房和中小套型普通商品房供地要达到住房供地总量 70%的基础上再供应大户型高档住房建设用地的规定，就是这方面的一个举措。

房地产的发展动力要从投资驱动转向消费拉动，遏制投资性需求，向消费型需求市场转变。根据有关数据，2009 年前期的购房有 40%～70%是投资型购房。这导致房地产销售额大幅增加，进一步拉高房价。所以，要实行结构性宏观调控，使宏观调控的目标和手段产生结构性效应，提高居民收入和购买力，启动不同层面的住房消费市场，开辟新的投资渠道，使中国的内需能够持续地发挥经济驱动作用。

房地产的资本供应结构要从投资型向消费型转变，在贷款政策等方面要导向消费性购房和培育消费型市场。通过分析消费资本的供给结构，2009 年上半年个人消费贷款有 70%用于房贷，而银行房贷比重为 20%～30%，创造其总收入的 1/4，且该比例连续上升。从 2009 年以来出现的国企“地王”现象又暴露了国企资本大量进入房地产市场的问题。所以，应实行银行贷款差别化政策，提高首付比例，控制投资买房和炒房。同时，系统制定相关的金融政策。

房地产的财政收入结构从土地型转向资产型，财政收入从土地出让金后移为住宅资产累进税，促成房地产企业和地方政府“离婚”，遏制房价快速上涨。据有关统计，地方政府财政收入的 50%来源于土地出让金，目前房价中 15%～30%来自于地价成本。地方政府的财政收入应该由土地出让金后移为资产累进税，增加住宅资源持有环节成本，既可以消除房地产企业的暴利，地方政府又不会失去收入来源，同时使房地产市场回归消费导向，在居民收入方面也起到一定的再分配作用。

房地产的整体发展应朝着有利于结构优化调整、金融安全、可持续发展的方向转变。2009 年约有 2.5 万亿投资金融机构的投资进入基础设施环节，而相对较高的房屋空置率也反映了不可忽视的金融风险存在。通过对房价收入比和租售比的分析，房价也远高出安全的比例。这说明目前房地产行业存在泡沫，需要调整。这往往是经济危机的爆发点，值得高度重视。

评注：房地产转型方案的再分析

结构性大战略是以广义的结构优化调整为主要目标与路径，以经济结构调整为主轴，以解决相关政治结构和体制机制问题为着眼点的整体性战略。它的重要性通过近年总体战略布局的协调和结构性改革的地位可以看到。

这里，通过对比本章结构性大战略视野中提出的房地产转型方案与近期房地产方面的政策变化，做一点以小见大的补注说明。

在本章中提出的中国房地产发展必须在六个方面实现战略转型，是在大战略视野中提出的具有相对系统性的方案。这六条是笔者2010年5月在麻省理工学院的一个论坛演讲时提出的。

其中第三条是“房地产的发展动力要从投资驱动转向消费拉动，遏制投资性需求，向消费型需求市场转变”。这一条用现在通俗的话说，就是“房子是用来住的、不是用来炒的”，使房子回到消费品而不是投资品这一基本定位上。

这一定位与第一条直接相关即“房地产发展的主要目标从侧重提升GDP转向侧重改善民生，将改善民生与经济增长、消费与投资尽可能地统一起来”。

生产的目的是改善民生，所以房地产的主要目标应是侧重改善民生。也因为如此，就有了现在的“保障性住房”的目标追求。2015年，全国开工建设保障性住房740万套，其中棚改580万套，为历年之最。湖北、山东、河南、贵州等7个省的全年棚改任务超过30万套。当然，长久的改善民生必须以经济增长为基础，消费品的满足也须以投资为条件，所以本条中又强调了必须将改善民生与经济增长、消费与投资尽可能地统一起来。

为了实现第一条、第三条的要求，需要有第四条的保证：“房地产的资本供应结构要从投资型向消费型转变，在贷款政策等方面要导向消费性购房和培育消费型市场。”

近期实施的首套房、二套房贷款利率上浮，严格监管消费贷款并上浮消费贷款利率等措施，是力图将投资性的热钱堵在门外，拦截以消费贷款为路径的投资者，进一步挤出以投资为目标的购房者。所以，这些是实现第四条的具体举措。由此可判断，第四条的建议也具有某种前瞻性。

第二条强调：“房地产发展的机制从完全依赖市场转向依赖市场基础作用，同时也发挥政府调控作用的方向转变。”

这一条是住房制度改革的基本原则。如该条建议中所述，一方面，要“强调发挥政府在解决住房低保方面的重要作用”；另一方面，在房地产领域市场机制要发挥“基础性的资源配置作用”。“即使是建设保障性住房，也要充分发挥市场机制的作用。”提高棚改货币化安置比例，建立租购并举的住房制度，把符合条件的外来人口逐步纳入公租房供应范围，基本是围绕这一思路提出的措施。2016 年政府工作报告中所指出的推进城镇保障性安居工程建设和房地产市场平稳健康发展，也大体上体现了这一诉求。党的十九大报告中强调的“加快建立多主体供给、多渠道保障、租购并举的住房制度，让全体人民住有所居”，是从供给侧角度提出的制度改革思路。

第五条试图通过分配制度做文章：“房地产的财政收入结构从土地型转向资产型，财政收入从土地出让金后移为住宅资产累进税，促成房地产企业和地方政府‘离婚’，遏制房价快速上涨。”

这一条的实施以不动产登记制度的确立为基础条件。该登记制度是《中华人民共和国物权法》确立的一项物权制度。《不动产登记暂行条例》于 2015 年 3 月 1 日实施。2016 年 1 月 21 日，国土资源部公布《不动产登记暂行条例实施细则》。2017 年 9 月 20 日，国土资源部发布《国土资源部住房城乡建设部关于房屋交易与不动产登记衔接有关问题的通知》（国土资发〔2017〕108 号），但这一过程还在进行中。同时，这一条的实施还涉及土地制度等基础工作，甚至涉及更为根本的财产透明等问题，所以它的路径还比较长。

当前对结构性改革、金融风险和可持续发展的重视，表明了这一条的重要。更重要的是，这一条强调的是大战略的视野，既涉及房地产的整体发展，也涉及发展战略与安全战略的统一，后者在当前更具有战略方法论的意义。

这六条完整地看，从房地产领域的主要目标、发展机制、发展动力、金融政策、财政政策到国家战略中的定位，体现了该转型方案的整体性和系统性，反映了结构性大战略的研究视野和分析框架。

第四章　结构性宏观调控

结构性宏观调控是笔者自2006年以来提出的一个概念，它是将结构性大战略思想渗透于宏观调控中，反映了结构性大战略视野下的宏观调控概念。它体现于宏观调控的外部关系和内部关系中。其外部关系指宏观调控、结构性战略与市场机制的“三位一体”关系；内部关系指结构性的宏观调控目标和结构性的调控手段——结构性的货币政策、财政政策和就业政策——之间的关系。

外部关系强调了“两个结合”的思想，即宏观调控的短期政策效应与长期战略（转变发展方式）的结合；宏观调控与市场机制（改革和完善市场经济体制）的结合。①

内部关系强调宏观调控目标在“魔力四边形”的基础上有了新的结构性含义，即有利于“又好又快发展”，突出优化结构、提高效益、降低消耗和保护环境。调控手段强调运用结构性的货币政策、财政政策、就业政策等使其形成结构性功能效应，以促成结构的优化调整。

一、宏观调控应有战略思维②

对宏观调控提出的战略思维是指，其一，宏观调控不仅应当注意短期政策效应，而且应当注意与中长期战略的衔接。宏观调控对总量的调控以及其他措施，必须与解决中国经济的结构性矛盾联系起来，着眼于解决中国经济的结构性矛盾，使宏观调控与转变经济发展方式紧密结合起来，并且从根本上服务于转变经济发展方式。其二，宏观调控须与长期的发展机制结合起来，进一步完善市场经济体制。

宏观调控要发挥有效作用，必须改革现有的经济体制，进一步完善市场经济体制。宏观调控必须与改革相结合，与完善市场经济体制相结合。从当前来

① 参见段培君：《结构性宏观调控势在必行》，《沪港经济》2008年第9期。

② 本节部分内容参见段培君：《宏观调控要有战略思维》，《沪港经济》2008年第6期。

看，加强宏观调控，实行从紧的货币政策和稳健的财政政策是必要的，它对于改善经济运行的状况具有重要的意义。但笔者认为，形成当前的经济问题有其深层次原因，要从根本上解决问题，仅靠宏观调控措施又是不够的。宏观调控、转变经济发展方式与完善市场经济体制应当构成“三位一体”的战略组合关系，以为我国经济实现又好又快发展提供基本保证。

从更深的层面看，这是处于转型期的发展中国家必须处理好的宏观调控短期政策、经济结构调整中长期战略和市场经济体制，建立完善三者之间的关系，或者说，三个层面之间的政策关系。

首先，宏观调控不仅应当注意短期政策效应，而且应当注意与中长期战略的衔接，特别是当经济运行显示其深层次结构问题时。中国经济目前的问题从直接表现看是货币过量供应（流动性过剩）、投资和贸易顺差增长过快这样的总量问题。而透过这些总量问题，反映出中国经济的结构性矛盾，特别是动力结构的矛盾。投资拉动、消费拉动与出口拉动之间呈现失衡状态。投资的比重越来越高，达到45%到接近50%的水平。消费的比重偏低，2000—2006年，中国的最终消费率占GDP的比重从62.3%下降到49.9%。这种情况也体现在三产结构上。2002—2006年中国第三产业占GDP的比重从41.7%下降到39.5%，越来越偏离“十一五”提出的43%的增长目标。第二产业增长持续攀升，体现了投资拉动型的增长特点。从出口拉动看，中国净出口率从35.3%上升到42.5%，导致国际贸易和国际收支的双顺差、外汇储备的大量积累，央行被迫释放等量货币，由此成为流动性过剩的直接原因。因此，宏观调控对总量的调控以及其他措施，必须与解决中国经济的结构性矛盾联系起来。进一步说，必须着眼于解决中国经济的结构性矛盾，使宏观调控与转变经济发展方式紧密结合起来，并且从根本上服务于转变经济发展方式，以有效发挥作用。

其次，从现有情况看，宏观调控必须与完善市场经济体制的改革紧密结合起来。宏观调控的作用受限于现有经济体制的状况。当前货币政策与汇率政策之间存在的两难选择，从一个方面反映了这种情形。尽管中央银行实行从紧的货币政策以减少流动性过剩，但由于外汇管理制度使得外汇储备的增加等价于基础货币的投放，所以货币政策的作用空间受到限制。从更深层次看，货币要素由于受到要素市场、金融市场乃至整个市场发育状况的限制，因而关于货币调节的政策功能有明显局限。土地的流动性低，流动性不能与土地要素有效融合，使得那些可以流动的土地价格以及以此为基础的房产价格扭曲。流动性也不能有效地通过金融载体传输到农村、中小企业等领域，因为金融体系市场化发育程度不足。流动性还不能有效地进入垄断行业，使资本的用武之地受到限制。在这一意义上，目前的流动性过剩是一种不均衡的过剩。因此，宏观调控要发挥有效作用，必须改革现有的经济体制，进一步完善市场经济体制。宏观调控必须与改革相结合，与完善市场经济体制相结合。

所以，宏观调控与转变经济发展方式、完善市场经济体制“三位一体”的战略组合是我国经济发展实践的要求，是战略思维在经济发展领域运用的结果。我们需要在这样的战略视野下深入研究这一组合的内在关系。当前，既要研究宏观调控政策的即时性效应，也要研究其中长期的影响，以与转变经济发展方式的要求相一致；同时，更重要的是需要具体研究转变经济发展方式的战略规划，并在转变经济发展方式的战略框架下进行宏观调控的设计。另外，还需要进一步研究宏观调控政策与完善市场经济体制之间的协调性问题。改革对于经济的良性发展是更为重要的措施。凡是条件已经基本具备的改革措施应当果断出台；条件不具备的，应当在宏观调控与改革的协调性设计中进一步为改革创造条件。所以，我国当前宏观调控政策不仅要在政策层面着力于解决通货膨胀和经济偏热的问题，而且要在战略层面解决好与转变经济发展方式和完善市场经济体制的结合问题。

二、结构性宏观调控势在必行①

中国经济发展到今天的阶段，需要对宏观调控在这一阶段的特定任务进行深入研究。中国经济经历了前所未有的黄金期，积聚了前所未有的经济总量，也面临着前所未有的复杂问题。对于这些问题，一般地提加强宏观调控，一般地进行总量控制，一般地就宏观经济中的某个突出问题如流动性过剩提出某方面的政策，比如货币政策，都难以有效地解决问题。中国经济面临的复杂问题需要提出结构性的宏观调控概念。

所谓结构性宏观调控是体现在整个宏观调控中的结构性概念。它体现于宏观调控的指导思想和目标体系中，体现于宏观调控与其他方面的战略关系中，体现于宏观调控手段的系统选择中，也体现于宏观调控的政策设计和实施环节中。从操作层面看它主要包含以下内容：结构性的三位一体关系，即宏观调控、转变经济发展方式与完善市场经济体制所构成的三位一体战略关系；结构性的目标设计和调控手段；包括结构性总量控制在内的结构性的财政政策与货币政策以及结构性的就业政策。这是一个整体性的概念，它包含总量控制的内容，但对于总量控制也提出结构性总量控制的要求。

① 本节部分内容参见段培君：《结构性宏观调控势在必行》，《沪港经济》2008年第9期。

简单地说，提出结构性的宏观调控概念，是为了使宏观调控从根本上有助于解决中国经济发展中的结构性问题，更有效地发挥宏观调控的作用。如果说中国经济和社会发展面临的深层次问题是结构性的问题，那么这种结构性的问题需要的是结构性的宏观调控。

宏观调控、转变经济发展方式、完善市场经济体制所构成“三位一体”的关系具有重要的战略意义。

结构性的宏观调控的另一个重要方面是确立“又好又快发展”的结构性宏观调控目标与手段。应当说，宏观调控的结构性内涵在“魔力四边形”的概念框架中有初步的体现。德国1967年颁布的《促进经济稳定增长法》使充分就业、经济增长、通货稳定和对外经济平衡四个目标形成“魔力四边形”结构。中国提出的“要把促进经济增长，增加就业，稳定物价，保持国际收支平衡作为宏观调控的主要目标”，也汲取了“魔力四边形”的思想。应当说，“魔力四边形”反映了宏观调控目标体系的结构性要求。

不过，本章所提的结构性宏观调控目标在“魔力四边形”的基础上有了新的含义。首先，在宏观调控的指导思想上提出形成有利于“又好又快发展”的宏观调控目标。这是强调“全面协调可持续发展”的宏观调控。其次，在这一指导思想下，调控目标的一个变化是：强调经济增长的健康持续性，更加注重经济增长、增加就业、稳定物价和保持国际收支平衡之间的协调性，使经济增长保持相对合理的区间，既增加就业，又稳定物价。最后，在继续促进经济增长，实现人均国内生产总值到2020年比2000年翻两番的同时，突出优化结构、提高效益、降低消耗和保护环境的要求，进一步协调速度、效益和质量的关系，投资、消费和出口的关系，以及人口、资源和环境的关系。

结构性的调控手段是指以下两方面的意义：一是中央政府从实际情况出发综合运用存款准备金率、利率、汇率、公开市场操作、窗口指导等政策工具，使其形成结构性的功能，实现调控目标。二是中央政府尽可能运用货币政策手段对价格进行调节，同时在经济体制还不完善的情况下有限制地采用某些带行政性的数量控制手段，以及制止乱涨价、打击价格欺诈等行政性手段，避免价格的大起大落。

第一，结构性的货币政策。为了应对每年4000亿～5000亿美元的外汇储备增长带来的基础货币投放过多问题，防止经济由偏快转为过热，有必要实行相对从紧的货币政策。2007年我国10次上调存款准备金率，6次加息，加上公开市场上数额很大的对冲操作，以及人民币汇率升值，都表明货币政策从紧的特征。2008年年初提出“稳健的货币政策”，之后提出“稳中适度从紧的货币政策”，2008年年末提出“从紧的货币政策”也反映了这一政策取向。

一般地，提出“从紧的货币政策”，对于总量控制是必要的，但是对于实现宏观调控目标又是不够的。从总的情况看，提出“结构性从紧的货币政策”似乎更为适宜。这一意思是说，在总量从紧的前提下，对不同的调控领域给予不同的调控力度，显示不同的紧松度。

对于不符合又好又快发展要求的，不符合“优化结构、提高效益、降低消耗和保护环境”要求的产业项目，严格从紧把握。对于有利于实施创新战略、有利于区域和城乡协调发展的项目，有利于结构优化和可持续发展的项目，适度从松；对于介于期间的大量项目，应一般适度从紧处理。以新农村建设为例，为使农村得到相应的货币资本，需要建立“多层次、广覆盖、可持续”的农村金融体系，以特定的政策满足生产生活、基础设施建设和产业集群发展的资金需求。小企业发展也有类似情况，应积极发展风险投资和二板市场，不断创新小企业贷款方式，使小企业通过直接和间接融资的方式得到更多的资本支持。特别是对于关系我国经济发展出路的自主创新战略，需要强有力的金融支撑，应采取尽快推动创业板上市和其他必要的措施。这对于加快经济结构的战略性调整，转变经济发展方式具有重要的意义。

第二，结构性的财政政策。一是调整收入分配格局，增加社会保障支出，增加养老、医疗、廉租房和经济适用房的支出，以扩大消费需求。改变2002—2006年政府可支配收入占GDP的比重从17.9%攀升到21.2%的状况，改变居民的可支配收入比重不断缩小的趋势。二是增加公共投入，减少政府行政费用支出。2004年我国政府行政费支出占财政支出总额为37.6%（同期美国该项数字为12.5%），而公共服务及社会管理支出占财政支出总额为25%（美国为75%），必须下大决心改变这种状况。

第三，结构性的就业政策。从供需结构看，我国劳动供给数量庞大，劳动力需求不足，需要通过创业带动就业，扩大就业需求，控制劳动力增长，以缓解这一结构性的矛盾。应完善支持自主创业、自谋职业的相关政策，加强就业观念教育，使更多劳动者成为创业者。与解决城乡二元结构问题相一致，继续鼓励民工劳务输出。应逐步形成城乡劳动者平等就业的制度，完善和落实国家对农民工的政策，依法维护劳动者权益。改善就业结构，根据国家发展战略和产业政策方向调整教育产业，建立统一规范的人力资源市场，进一步改善大学生就业难的状况。与产业结构调整相一致，大力发展第三产业，积极发展劳动密集型产业和民营企业，特别是高技术领域的劳动密集型企业，努力提高就业弹性。

三、4万亿元投资应将结构优化调整作为基本目标[①]

本节内容实际是对结构性宏观调控概念的一个直接运用。它强调，在4万亿元投资的宏观调控中，必须将结构优化作为基本目标。笔者认为，应急调控是需要的，但战略导向是更加重要的，应急调控必须在战略导向下进行。4万亿元投资看似当前的救急方案，而实际关系未来中国的发展走向和发展方式，关系我们能否走出原有的发展模式而避免重大危机，关系我们能否抓住历史性的转折机遇实现长期持续稳定发展，不可掉以轻心。

中国政府鉴于日趋严峻的世界经济金融危机，确定了当前进一步扩大内需、促进经济增长的10项措施，提出了到2010年底约投资4万亿元的计划。这一投资主题就是促进经济增长，防止经济下滑，带有应急和危机处理的特征，要求扩大投资出手要快，出拳要重，措施要准，工作要实。这些对于恢复市场信心，保持经济增长具有重要意义。

然而，4万亿元的投资，决不能仅仅视为应急措施，它涉及2010年的投资方向和规模，涉及我国经济的长期发展模式和发展后劲，因而首先需要从战略层面上把握。

从战略层面上把握，应鲜明地提出把产业结构优化调整作为4万亿元投资的基本目标。

作为基本目标的意思是，结构优化调整应进入4万亿元投资计划的主题，使得这4万亿元计划成为扩大内需、促进经济增长和经济结构优化调整的计划，而不仅仅是扩大内需、促进经济增长的计划。政府有关部门也讲了要落实10项措施，办成一些对国民经济长远发展关系重大的大事，强调坚持既有利于促进经济增长，又有利于推动结构调整；既有利于拉动当前经济增长，又有利于增强经济发展后劲；既有效扩大投资，又积极拉动消费。但是，这些话还没有使结构优化调整进入关于4万亿元投资计划和10项措施的主题句，结构优化调整还没有取得与经济增长相并列的地位，因而这可能会使结构优化调整在操作中成为仅仅被结合的附属对象，在战略导向上被挤到后台去。

把结构优化调整作为4万亿元投资的基本目标，还隐含着一个战略判断：当前的危机决不仅仅是世界经济金融危机；从深层次看，它也是中国发展方式的某种危机。如果我们不能按照科学发展的要求转变经济发展方式，调整优化

① 本节部分内容参见段培君：《4万亿投资：应将产业结构优化调整作为基本目标》，《沪港经济》2009年第1期。

经济结构，则危机只是早晚和时机的问题。中国的经济增长，如果不能解决经济结构调整问题，将是难以长远持续的。在这样的时刻，经济结构优化调整、转变经济发展方式的声音如果弱化下去，不仅有顾此失彼之嫌，而且还可能强化旧的发展模式，使中国经济的长远持续发展成为更大的问题。

因此，必须把结构优化调整作为4万亿元投资的基本目标，在当前至少使它与经济增长保持并列地位，使之对整个投资计划发挥规范作用，才能够实现中国经济当前和长远又好又快发展的目标。

进入风险社会以后，在一定意义上发展战略就是危机应对战略，反之亦然。危机同时也就是战略机遇。当前的危机，给我们转变经济发展方式、进行产业结构调整提供了难得的机遇。4万亿元投资计划应当是抓住这种机遇、实现这种转变的计划，而不应是与战略机遇、战略导向相分离，仅仅作为应急处理的一种计划。应急是需要的，但战略是更加重要的，应急必须在战略导向下进行。

结构优化调整作为4万亿元投资的基本目标，要求据此审视和评估我们整体的投资计划对中国经济结构的优化调整作用。国家发展和改革委员会已经决定对先期1000亿元投资进行安排，明确该投资将严格防止用于“两高”行业和低水平重复建设。这非常重要，但重点仍然是防御，还不是积极运用4万亿元以及当前的1000亿推动经济结构的优化调整，并通过这种调整促进经济增长。应当进一步从战略导向的意义上进行投资的评估、布局和管理。

结构优化调整作为4万亿元投资的基本目标，要落实到各地上报建设项目的导向和评审中，落实到整体项目的布局结构中。目前有关部门提出，加大投资力度优化投资结构，加大力度支持产业结构调整，这当然很好。但笔者认为尚嫌不足。可考虑为：凡是有利于结构优化调整、有条件实施并推动经济增长的项目，应优先安排，支持地方和行业实行战略转型。产业结构优化调整应当成为优先点，在这样的战略视野下考虑就业、社会保障等配套问题。

结构优化调整作为4万亿元投资的基本目标，要纳入项目论证、追踪、考核中。项目可行性论证、项目立项评审要公平公开。没有政府工作机制的改革相配套，上述目标难以达到，甚至还会带来其他的副作用。

4万亿元投资看似当前的救急方案，而实际关系未来中国的发展走向和发展方式，关系我们能否走出原有的发展模式而避免重大危机，关系我们能否抓住历史性的转折机遇实现长期持续稳定发展。细想惊心动魄，不可掉以轻心。

四、在两种机制的结合中发挥市场机制的基础性作用

结构性宏观调控的概念强调了宏观调控与市场机制的协调，即应当注意两种机制的结合，同时在这种结合中发挥市场机制的基础性作用。

笔者2008年在波士顿“全球危机下的创新”大会上的演讲论述了两种机制的结合及这种结合中的市场机制的基础作用。[①]

创新是一种系统性质的实践。在国家创新体系中主要有三种组织：研究机构、企业和政府。其中，企业和政府这两种组织具有特殊意义。企业的活动通过市场进行，就其本性而言是一种自组织的活动；政府的活动主要通过调控进行，其本性是一种他组织的活动。企业和政府从系统科学的角度看是不同的组织，市场和调控则属于不同的机制。市场机制包括自由竞争、激励和价格自动调节等；调控机制包括通过政策和法律所进行的指导和调节。如果试图取得创新的成功，必须处理好这两种组织和两种机制的结合关系。

中国的经济增长离不开市场机制和调控机制的结合。中国已从高度集中的计划经济转向市场经济。中国在许多部门推动制度变革和创新，试图使其系统和机制变得更具活力、高效和开放。同时，中国也发挥政策在宏观调控中的作用。以深圳的情况为例，1990年以来深圳加强了市场机制的建设，人才市场、知识产权市场逐步形成，保险、风险评估、投资和咨询等方面的服务体系相继建立。深圳对于技术创新建立了市场导向的体系，企业在其中发挥了主体作用。超过90%的研发机构建在企业，超过90%的研发人员来自企业，超过90%的研发费用来自企业，超过90%的研发专利由企业申请。深圳同时也逐步完善了调控体系，如1993年出台高技术产业政策，2004年出台改善创新体系的规则，2005年出台7个配套政策等。深圳的创新发展表明，把市场机制与宏观调控结合起来是重要的。

社会大系统，正如国家创新体系一样，不是一个线性系统，而是一个复杂系统。没有一个单一的机制能够解决所有的发展问题。市场机制非常重要，中国的改革正是致力于这一方向。但是，也不能企望市场机制解决所有的问题。调控机制与市场机制不总是对立的。在某些条件下，市场机制可能与调控机制有矛盾，但在另外的条件下，调控又可能与市场具有一致性，并有利于市场经济的发展。必须在实践中研究这些具体条件。随着全球化的发展，世界已经变

① 本节部分内容参见段培君：《两种机制的结合》，在波士顿“全球危机下的创新”大会上的演讲，2008年12月6日于Bentley大学。相关的表述考虑了听众对象的特殊性。

得并且正在变得越来越复杂。需要根据这一变化来处理这种复杂的世界。还原分析方法论虽然解决了很多问题，并且还可能在一些领域解决一些问题，但是期望我们立足于某一个机制、某一个原理、某一个基本点来解决当今世界的复杂问题，看来不太实际。

以下四点看法可能是重要的：（1）我们应当依赖于两种或更多机制的结合来解决发展问题，而不仅仅是依赖于某种单一的机制。（2）市场机制应当在配置资源方面发挥基础性作用，这从系统科学自组织的角度看也是有道理的，但同时也需要确认调控机制的重要作用。（3）市场机制与调控机制结合的模式是可变的，不是固定不变的。（4）两种机制正确的结合形式依赖于具体条件，包括发展阶段、环境和面对的具体问题，需要研究这些具体条件。

之后，根据中国实践发展的特殊需要，笔者多次强调，只有发挥市场机制的基础性作用，结构调整才能有效进行，也就是说，强调了市场机制是结构性大战略取得成效的一个前提。①

从理论的角度说，正如系统科学所揭示的那样，自组织的规律显示出巨大力量，自组织的市场结构表现出更强的活力和效率。所以，要建立和完善市场经济体制，发挥市场机制的基础性作用。

从近年的实践来看，构建发展新模式，难点在体制机制，深层次的问题也在体制机制，需要着重解决体制机制问题。市场机制不健全，经济结构不能有效调整，结构性战略实施困难。

要推进双引擎战略，解决投资与消费失衡和需求结构的调整问题，必须解决产权的落实机制问题。根据国家统计局的数据，在全国城镇固定资产投资总额中，国有控股投资 2005 年比 2004 年增长 13.5%。2006 年比 2005 年增长 15.9%，2007 年比 2006 年增长 16.5%，2008 年比 2007 年增长 22.5%，逐年上升，且速度加快。② 更重要的是，城镇投资率过高，国有控股企业几乎有一半的“功劳”。基本的原因是，国有资产的产权不落实，其资产的增值缺少分配环节的落实机制，没有一个渠道向所有者回归并用于消费，因而这部分增值作为资本只能用来投资。

要推进双引擎战略，解决供给方面的创新能力和产业结构优化调整问题，必须解决垄断和价格机制的改革问题。2008 年中国高技术产值占 GDP 的比重

① 以下内容参见段培君：《科学发展观研究——中国发展新模式与结构性战略》，中共中央党校中青一班讲稿，2011 年 3 月 22 日。

② 见《国务院新 36 条：鼓励民间资本进入部分垄断行业》，http://www.3158.cn/news/20110110/11/8759762916_1.shtml.

仅为18.6%，高技术产业的税收和利润在高技术产业中的比重仅为7.1%。第三产业在GDP中的比重多年在40%左右徘徊。从创新能力看，2007—2008年民营企业的发明专利与研发支出比（P/E）为2.20和3.05，而国有企业的数据为1.09和1.67，民营企业研发投入转变为发明专利的效率几乎是国有企业的两倍。所以，尽管国有企业改革和发展取得了明显成就，但其存在的问题依然对要素结构和产业结构的优化调整有限制。应当说，国企的管理者和职工的素质是高的，国有企业的发展潜力也很大，问题出在体制机制上。价格机制不合理带来的利润，在激励机制上抑制了国有企业发展的潜力和国企管理者才智的发挥。

所以，党中央关于要素价格、垄断行业等重要领域和关键环节的改革要取得明显进展，要营造各种所有制经济依法平等使用生产要素、公平参与市场竞争、同等受到法律保护的体制环境，加快国有大型企业改革，完善各类国有资产管理体制和收益分享制度等决定，从根本上是要解决市场机制问题，发挥市场在配置资源方面的基础性作用。这在根本上有利于企业乃至整个经济的发展。

评注：结构性宏观调控的方法论意义

结构性宏观调控将结构性大战略思想渗透于宏观调控中，反映了结构性大战略视野下的宏观调控概念。它包含两个层次的研究框架：一个是延伸到宏观调控外部，涉及宏观调控、结构性战略与市场机制的“三位一体”关系；另一个是指向内部关系，包括宏观调控目标和结构性调控手段（如结构性的货币政策、财政政策和就业政策）之间的关系框架。

宏观调控按照经济学的通常解释，其着眼点是短期政策效应。这自有其道理。但本书中论述的外部关系框架的意义在于：它把宏观调控与长期战略（转变发展方式）结合起来，与市场机制（改革和完善市场经济体制）结合起来，因而其视野发生了某种变化，宏观调控的定位有了某种变化。用书中的话说，“宏观调控对总量的调控以及其他措施，必须与解决中国经济的结构性矛盾联系起来，着眼于解决中国经济的结构性矛盾，使宏观调控与转变经济发展方式紧密结合起来，并且从根本上服务于转变经济发展方式；宏观调控须与长期的发展机制结合起来，进一步完善市场经济体制。”

这种宏观调控、发展战略和市场机制“三位一体”的研究框架具有某种方法论的意义。

党的十九大报告关于经济发展有一段整体性论述，它包含上述“三位一体”的基本要素。

首先，是关于中国经济发展战略的表述：“我国经济已由高速增长阶段转向高质量发展阶段，正处在转变发展方式、优化经济结构、转换增长动力的攻关期，建设现代化经济体系是跨越关口的迫切要求和我国发展的战略目标。必须坚持质量第一、效益优先，以供给侧结构性改革为主线，推动经济发展质量变革、效率变革、动力变革，提高全要素生产率，着力加快建设实体经济、科技创新、现代金融、人力资源协同发展的产业体系。”

其次，是市场机制和宏观调控的表述：要“着力构建市场机制有效、微观主体有活力、宏观调控有度的经济体制，不断增强我国经济创新力和竞争力”。

市场机制和宏观调控这两个方面被统一于经济体制的范畴中，整个“三位一体”的关系又被统一于经济体系的范畴中，三个基本的要素不可或缺。

市场机制和宏观调控两者更紧密的关联表述，有其特殊理由。笔者在《创新发展模式》一书中专门论述了它们的特殊关系：“结论变成了两个彼此相关的方面：一是确认自组织的市场机制和他组织的政府调控机制都有一定的作用，需要市场机制和宏观调控机制的某种结合，其形式取决于不同的时空条件；二是确认市场的自组织机制是一种基础性作用，宏观调控不得损害市场机制的这一作用。‘看得见的手’能伸多长当然与历史条件有一定的关联，但是无论如何，不能动摇‘看不见的手’的基础性作用。”这里，笔者把两者纳入了自组织和他组织的统一框架中进行说明。笔者还从更广泛的视角说：“市场机制、民主机制、法治机制、社会组织机制和开放机制，第一次被整合在系统科学的自组织和他组织关系的统一框架中进行论述，形成了研究发展机制的新框架。至此，社会不同领域的机制表述实际成为同一组织机制在不同层面的表达。”

读者如果有兴趣，可以阅读《创新发展模式》这本书。该书几乎有一半的篇幅论述发展机制及其运用方面的问题。顺便提一下，关于用自组织与他组织的统一框架说明发展机制的观点，在本章的第四部分——“在两种机制的结合中发挥市场机制的基础性作用”中有初步的论述。该观点的缘起是 2008 年在波士顿“全球危机下的创新”论坛上的演讲。读者可以比照阅读。

关于指向宏观调控内部关系的另一个研究框架，即包括结构性宏观调控目标和结构性调控手段（如结构性的货币政策、财政政策和就业政策）之间关系的框架，也有其特殊的方法论意义。

这可以从两方面看。

一是宏观调控本身就具有结构性内涵。德国 1967 年颁布的《促进经济稳定增长法》提出的充分就业、经济增长、通货稳定和对外经济平衡形成“魔力四边形”，就反映了宏观调控目标体系的结构性要求。但是，结构性宏观调控有其特殊内涵，即“在‘魔力四边形’的基础上有了新的结构性含义”。在本书论述的背景下，它被表述为要“有利于‘又好又快发展’，突出优化结构、提高效益、降低消耗和保护环境”。在现在的背景下，则是要有利于供给侧结构性改革，“推动经济发展质量变革、效率变革、动力变革，提高全要素生产率，着力加快建设实体经济、科技创新、现代金融、人力资源协同发展的产业体系”。总之，如书中所言，“是为了使宏观调控从根本上有助于解决中国经济发展中的结构性问题”。

二是调控手段也有特殊的结构性含义，即“调控手段强调运用结构性的货币政策、财政政策、就业政策等使其形成结构性功能效应，以促成结构的优化调整”。如本书中提出的“从实际情况出发综合运用存款准备金率、利率、汇率、公开市场操作、窗口指导等政策工具，使其形成结构性的功能，实现调控目标”，以及“尽可能运用货币政策手段对价格进行调节，同时在经济体制还不完善的情况下有限制地采用某些带行政性的数量控制手段，以及制止乱涨价、打击价格欺诈等行政性手段，避免价格的大起大落”。

上述论述的内容可以通过党的十九大报告提出的要求获得新的理解：“创新和完善宏观调控，发挥国家发展规划的战略导向作用，健全财政、货币、产业、区域等经济政策协调机制。”这是将宏观调控与国家战略统一起来，同时又是将宏观调控的目标与调控的政策统一起来，反映了结构性宏观调控两个层次研究框架的运用。

第五章　结构性经济战略：双引擎战略[①]

结构性经济战略是以转变经济发展方式、优化调整经济结构为主要目标，同时又以它作为经济发展主要路径的战略。这一战略强调"经济结构升级与转变发展方式是中国经济发展的根本出路"，并通过对经济发展的需求结构、城乡结构、区域结构、要素结构、产业结构、效益结构等进行战略调整而实现中国经济的可持续发展。

一、双引擎战略调整经济结构[②]

结构性经济战略是以经济结构优化调整为主要目标和路径的战略。提出结构性经济战略的目的，是试图解决中国经济发展中的深层次结构问题，并通过解决这一问题，实现中国经济的可持续发展，提高国际竞争力。从比较广泛的视角看，近几年中国面临的主要问题都与结构问题有关，改革开放进程中种种难题也与结构问题有关，而解决结构问题的钥匙，是结构性战略。

2003 年以来，中国经济战略经历了两次重要变化。2003 年 4 月笔者在一篇文章中说："社会全面协调发展的任务提到了日程上，国家战略从重点发展开始向全面协调发展转变。"这年的下半年，中国确立科学发展的战略思想，把全面协调可持续作为这一战略思想的基本要求。该战略思想引起经济战略的第一次变化是提出转变发展方式，实现又好又快发展。所谓快，是指人均国内生产总值到 2020 年比 2000 年翻两番。所谓好，是指优化结构、提高效益、降低消耗、保护环境；也可以说，好是指经济结构的好，包括经济发展的动力结构、城乡结构、区域结构和效益结构，而效益结构，可以理解为经济效益、社

---

① 开始用词为哑铃型战略，后来麻省理工学院的 Alice H. Amsden 教授认为该词译为英文不太适宜，于是改用双引擎战略，也使之更接近其经济学的内涵。

② 本节部分内容参见段培君：《创新型改革：中国面临一场革命性的变革》，《沪港经济》2009 年第 3 期；段培君：《双引擎战略调整经济结构》，《沪港经济》2010 年第 5 期。

会效益、资源效益与环境保护效益的结合。所以，第一次战略调整的目标可以说是指向经济结构的调整。

第二次变化是2005年提出建设创新型国家，将创新战略提升为国家战略。2006年笔者提出，还应将创新战略作为中国面向未来的核心战略。2007年党的十七大报告中确认，建设创新型国家是国家发展战略的核心，是提高综合国力的关键。这次战略调整的目标也是经济结构，但其重点是要素结构、产业结构与效益结构。

所以，两次经济战略的变化都围绕解决经济结构问题，包括动力结构、城乡结构、区域结构、要素结构、产业结构和效益结构。笔者认为，这种以经济结构调整为主要目标的战略，其概括性表述应属于结构性经济战略。

与此同时，近年经济发展的情况也表明，需要以经济结构的调整优化作为经济发展的主要路径。尽管一段时期里中国的GDP列世界第三，但中国仍然不能算经济强国。原因在于“三高一低”（高投入、高消耗、高污染、低效益）的发展方式，经济结构问题突出。2008年的美国金融危机冲击了中国的出口，其中对劳动密集的非创新型企业冲击尤大。这表明，金融危机冲击的是中国经济发展的动力结构和要素结构，反映的是中国经济发展的需求和供给结构问题。在这一背景下，笔者建言：应将结构优化调整作为4万亿元投资的基本目标。现在中央政府通过投入和调控措施，保8%的经济增长目标实现了，但是结构性问题却更加突出。2009年前三季度中国经济的增长中，投资占7.3个百分点，消费占4个百分点，出口是负3.6个百分点，需求结构矛盾更加突出。同时，根据全国经济普查数据显示，我国第三产业占比为41.8%，世界平均水平为60%，表现出供给结构的严重不协调。从近期人们关注的房地产价格看，也反映了经济结构和政治结构方面的问题。

从国际背景来看，当代创新继信息技术产业和生物技术产业后，正在进入第三阶段，即新能源产业阶段。

这一产业的酝酿和发展，既属于发展战略的范畴，也属于危机应对的范畴。这一创新战略已经在需求结构调整方面产生重大影响，必将进一步影响供给结构的调整。

所以，不论从国内国外的背景看，经济结构的调整优化刻不容缓。2009年中央经济工作会议提出，加快推进经济结构调整，把调整经济结构作为转变经济发展方式的战略重点，是势之必然。

结构性经济战略面对如此多的经济结构问题，应该如何下手？笔者认为，这一战略应是哑铃型（双引擎）的战略，即以调整动力结构和要素结构为重点，把这两者作为哑铃的两端，结合其他结构的调整来推动中国经济发展。

哑铃的一端是经济动力结构的调整，将以投资为首要推动的发展模式转变为以消费为首位的发展模式，形成消费、投资、出口比较合理的动力结构。投资与消费需要密切结合，实现增投资、促发展与扩消费、惠民生相得益彰，而立足点是扩消费、惠民生。

以消费为首位的动力结构和效益结构联系在一起，和改善民生、发展社会事业联系在一起。扩大消费，需要改变国民收入分配结构，提高居民收入在国民收入中的分配比重。巧妇难为无米之炊，居民手中缺钱，如何扩大消费？扩大消费，除了衣食住行外，需要扩大社会领域的消费，如文化、教育、卫生领域的消费，需要在这些领域提供更多的产品。这就需要放宽社会领域产业准入，调动全社会参与社会事业发展的积极性，把应该由社会和市场发挥作用的事情真正交给社会和市场。在文化方面，需要加快发展文化产业，加快发展经营性文化产业，加快开拓文化市场。在教育方面，需要对办学体制、教育内容、教育方法、考试评价制度进行系统改革，倡导教育家办学，赋予学校办学自主权，积极探索适应各类学校的办学体制。

动力结构的调整还要和城乡结构的调整结合起来。2009 年中央经济工作会议决定放开中小城市和城镇户籍限制，把解决符合条件的农业转移人口逐步在城镇就业和落户作为推进城镇化的重要任务，就是这样的结合途径。

这一举措既推进了城镇化，解决了农民的身份问题，同时又通过人口转移和落户促进了城市消费，将城乡结构调整与扩大消费统一起来。

哑铃的另一端是要素结构的调整，由主要依靠增加物质资源消耗向主要依靠科技进步、劳动者素质提高、管理创新转变。这就要实施创新战略，通过技术创新、制度创新和文化创新建设创新型国家，使经济发展向创新驱动型转变。

要素结构的调整与产业结构密切相连。新产业的出现与传统产业的改造都与要素结构的调整联系在一起。在当代创新成为经济发展主导机制的背景下，要素结构的变化将带来战略性产业的出现，并带动经济的战略性成长。所以，我国战略性产业发展的总体规划需要在新形势下重新加以思考。

要素结构的调整与效益结构密切相连。新能源产业的发展，将有助于提高资源使用效益和环境保护效益。创新驱动所带来的生产率的提高，将改善经济整体运行的效益。

要素结构与区域结构的调整也要结合起来。在国家宏观战略布局上，力争将经济较发达地区如珠江三角洲、长江三角洲、京津渤海湾经济带向某种程度的创新型经济转变，实现沿海地区与国际先进水平对接，提高国际竞争优势，同时东部地区产业向中西部进行转移，实现全国区域产业结构的战略性调整。

总之，解决经济的结构问题，需要强有力地实施结构性经济战略；实施结构性经济战略，又要求以动力结构和要素结构的调整优化为重点，落实哑铃型战略，实现经济结构调整的全面协调推进；而这些又以深化改革、推进开放、开拓创新为条件。不落实哑铃型的结构性经济战略，不深化渐进与突进相统一的改革开放，不推进创新型国家的建设，中国经济的可持续发展与提高国际竞争优势的目标都将难以实现。

二、双引擎战略的经济学与战略学内涵①

对双引擎战略的理解，需要从经济学和战略学角度进行新的分析。双引擎战略从经济学背景看是需求拉动与供给驱动的某种结合，从全球背景看是国内定位与全球定位的结合，从国内定位分析看是中国东部和中西部发展定位的某种结合，从战略思想看，是比较优势与竞争优势的某种结合。这四个“结合”，需要根据不同的时空条件加以运用，而不能窄化为单引擎战略。可以说，就经济增长的总量和稳定性来说，需求引擎具有特殊重要性，而从未来经济发展的质量、增长的更大空间、国际竞争力等方面看，创新驱动的供给引擎更具有根本性。

笔者曾以通俗的方式提出，中国的经济发展应是哑铃型战略，即以调整动力结构和要素结构为重点，把两者作为哑铃的两端，结合其他结构的调整来推动中国经济发展。这哑铃的两端就是所谓的双引擎战略。

现在看，需要更加全面深刻地把握双引擎战略。

双引擎战略，从经济学背景看是需求拉动与供给驱动的某种结合。

一个是需求引擎，通过调整三大需求的结构提供经济发展的新动力。中国经济在出口与投资拉动为主的动力结构中，由于出口在金融危机的国际新形势下受到抑制，所以经济发展的着力点转向扩大内需。同时，由于高投资率的难以持续和改善民生价值目标的需要，所以扩大内需的重点转向消费，即转向以消费为首位的消费、投资、出口相协调的动力结构。

另一个是供给引擎，通过供给新的知识要素和其他相关要素，形成新的要素结构和创新体系，并由此形成新的产业结构，改善传统产业结构，形成创新型经济的新增长点，带动经济结构向更高层面转化，不仅提供经济发展的新动力，而且带来创新型的新需求。

双引擎战略，从全球背景看是国内定位与全球定位的结合。

---

① 本节部分内容参见段培君：《全面深刻地把握双引擎战略》，《沪港经济》2011 年第 1 期。

从中国的实际情况看，在基本需求的满足方面还有很大的空间。仅以住房消费需求来看，2008—2009年的调研表明，中国棚户区家庭总数达1148万户，此外还有大量的其他方面的住房需求。城镇化进程将进一步启动这些需求。同时，消费结构的升级，教育卫生文化方面的新需求，也有很大的增长空间。所以，以消费拉动为首位，消费、投资和出口相协调的动力结构，是符合中国实际情况的一个选择。

从全球定位看，全球创新已经进入第三阶段，中国面临着提高国际竞争力的严峻挑战，面临着要素结构和产业结构优化调整的新要求。根据国家统计局数据，2008年中国高技术产值占GDP的比重为18.6%，高技术产业的增加值占GDP的比重为4.5%，高技术产业的税收和利润在高技术产业总产值中的比重为7.0%，第三产业在GDP中的比重为41.8%。所以，经济结构的调整和创新驱动方面同样具有很大的发展空间。

双引擎战略，从特定角度看也是中国东部和中西部发展定位的某种结合。

中国的东部和中西部发展差距较大，应当在战略方面有不同的定位。国家统计局的数据表明，2008年东部地区投资占全国的46%，财政收入占58.4%，财政支出占42.1%，几乎都是中国的半壁江山。与此同时，中西部加上东北地区才占另外的一半。中部和西部的投资在其中各占21.7%和21.3%，财政收入各占15.4%和18%，财政支出各占20%和28%。从城乡差距看，2008年城镇人口在全国比重中占45.7%，但城镇投资占86.1%，农村占13.9%；城市消费品零售占市场比重为68.0%，县及以下消费品零售占市场比重为32.1%。由于中国的城市大多集中在东部，农村大多分布在中西部，所以中西部的经济发展仍然处于主要解决基本需求的阶段，处于把城镇化作为扩大内需主要方向的阶段。与之不同，东部比较发达的地区则处于启动创新型需求、提升消费结构、向创新型经济转变的阶段。东部的珠三角、长三角、京津地区应大力发展战略性新型产业，其主要动力范式应向创新驱动转变。所以，东部和中西部地区虽然都应运用双引擎战略，但在实施中应有不同的侧重点。中西部地区更多地应推动城镇化，扩大基本的消费需求，并在有条件的地区实施创新驱动，实现某种形式的跨越式发展；而东部地区则应主要向创新型经济转变，实现产业的优化升级。

用更一般的命题来说，实现科学发展需要根据实际情况科学地制定和运用战略，双引擎战略也需要根据不同的时空条件加以运用。在这一意义上，笔者不赞成简单地把城市化作为结构调整的主要方向的提法。这一提法对于中西部地区可能更为适宜，但对于东部地区则未必如此。同时，这样的理解可能也窄化了中国经济发展战略的内涵，容易将双引擎战略窄化为单引擎战略。

双引擎战略从战略思想看，是比较优势与竞争优势的某种结合。

需求引擎，扩大内需，特别是扩大消费需求，显然考虑了中国的国情。中国有相当数量的民众需要解决脱贫问题，大量的农民需要解决转变身份问题，城镇化任重道远，社会领域也有大量的需求问题需要解决。从这些实际情况出发，立足解决基本的民生问题而拉动经济发展，当然符合比较优势的战略思想。同时，供给引擎，特别是要素结构和产业结构的优化升级，更多地考虑了当代世界经济发展的新趋势，代表了竞争优势的要求。这种新的优势类型代表了战略发展的新趋势，需要我们从长远的角度给予充分的重视。因此，既关注比较优势与竞争优势的结合，又注意其间的区别，是当今战略学的重要课题。

三、协调消费与投资关系事关发展全局①

需求引擎战略具有特殊的重要性。

投资和消费关系失衡，作为我国经济与社会发展的一个主要问题，学界对此大体有共识。

这样一个判断，需要有具体数据的支持。按照国家统计局的资料，中国最终消费率从改革开放的1978年的62.1%到1992年的62.4%，都在60%以上。1993—1998年在58%～59%之间徘徊。1999年又重新上升到60%以上，2000年和2001年分别为62.3%和61.4%。但是，从2002年开始一直是下降的趋势，2002年为59.6%，到2009年降为47.7%。

与消费率下降形成对比的是投资率的持续上升。2000年为35.3%，2002年和2003年分别上升了1个多点，达到37.9%。到2003年一下升了3个多点，达到41%。2004年达到43.2%。然后3年的时间在42%～43%之间徘徊。到2008年达到43.5%，2009年上升到48%的新高。

消费和投资这样一种比例关系，从经济的客观进程看是难以持续的。如果不做调整或调整不够，经济难有长远的发展。有的人仅仅把提高消费率理解为解决分配不公问题，或者仅仅试图从调节收入的技术层面上进行调整，这一视野是狭窄的、非战略的，是不能解决问题的。更突出的问题是，消费与投资的协调性问题，仍然可能说起来重要，做起来不重要。出现这样的现象，原因有两个：一是认识问题。二是利益问题。

对消费与投资的协调问题，需要从三个方面去看待。

第一，投资、消费作为需求结构的质，缺一不可，这是社会再生产实现的

① 本节部分内容参见段培君：《协调消费与投资关系事关经济全局》，《沪港经济》2011年第3期。

基本条件。

没有投资，就没有扩大再生产；没有消费，投资就失去了目的和意义，而且也失去了生产者的再生产。从理论上说，社会再生产的实现，要求合理分配社会再生产的最终产品，要求最终产品在物质形态上有合理的结构。由于最终产品按国民核算支出法一般由资本形成、最终消费和净出口三部分构成，所以这三方面缺一不可。从重要性来说，投资是为了消费，以消费为基础。居民的消费增长是经济增长的原动力。如果居民收入增长缓慢，从而居民消费增长缓慢，经济就不可能有长期的支撑。单纯靠投资推动经济增长，是不可持续的。这些道理虽是老生常谈，但在今天投资取向的背景下有重复的必要。

第二，需求结构的投资、消费、出口必须保持合理的数量关系，这是经济可持续的条件。投资与消费，是需求结构内部的关系。这一结构的投资、消费、出口三者之间必须保持一定的数量关系。如果投资率过高，投资规模超过经济剩余能力，生产的产品供给大于市场需求，则使投资增长失去最终需求的支撑，经济难以持续。世界长期的平均消费率和投资率的相对比例关系说明，投资和消费之间存在这种内在的制约关系。出口作为一种外部消费，虽然有助于投资与消费的某种平衡，但这种国际性的平衡是有条件的。2008 年金融危机对我国出口的冲击已经说明了这一点。

所以，尽管处于转型中的国家，消费与投资的比例关系有某种历史性，但这种合理性要求依然客观存在。在经济发展进程中，特别在发展中国家的工业化进程中，投资和消费的比例会呈现阶段性变化。在工业化中期阶段，第二产业尤其是制造业的发展需要大量投资，同时，基础设施也需要大量投资，因此在一定时期内如波特所说，存在一个投资驱动的发展阶段，在这一阶段保持适当高的投资率有其客观性。但是，这一投资率仍有一个限制：投资规模决定于经济剩余能力，并且与国际收支和财政收支余缺有关。投资规模如果超过了经济剩余能力，将不可持续。即使从资源的角度看，投资率长期偏高会大量消耗资源，加剧资源和运输供求关系的紧张，增大通货膨胀压力，使经济增长不可持续。

第三，从经济本质看，消费与投资的协调是要使经济有效增长。所以，投资或消费合理性的另一分析视角是要素结构，它关系到经济是不是效率型的增长，关系到经济的可持续。克鲁格曼对 20 世纪 90 年代东亚经济的批评和预见，就是从这一角度进行的。他认为，1985—1996 年泰国 GDP 年均增长 8.5%，主要是廉价劳动力和外国资本高投入的结果，不是经济结构调整和生产率提高的结果。如果东亚国家不能在劳动力和教育方面有更多的投资，其增长曲线必然下降。后来东南亚经济危机呈现成长性的衰退，说明了要素结构的重要，说明了效率直接制约着经济增长和投资的可行性。

效率的情形能够通过全要素生产率的估算，以分析各种因素（投入要素增长、技术进步和能力实现等）对经济增长的贡献来确定。要素结构的重要是强调技术进步的贡献和效率提高的重要。如果没有生产率的提高，投资多反而带来效益的下降。根据这一标准，我国高技术产值在GDP中的比重到2008年也只为18.6%，不足20%。高技术产业增加值占GDP的比重2008年也才4.5%。高技术产业的税利水平2008年才7.1%。在这种结构下，粗放式的投资驱动会导致怎样的结果，需要从危机预防的角度认真地思考。

所以，从战略眼光看，不协调消费与投资的关系，经济发展就不能持续。需要从转变经济发展方式，实施扩大内需特别是消费需求的高度来认识它的重要性。

四、降低投资率要落实到资源环境的层面[①]

实施需求引擎战略，必须控制能源消费总量。投资与消费关系的失衡与能源消费总量的失衡和结构问题紧密相连，是同一个问题的两个方面。高投资受到能源消费总量和结构的直接制约；要解决高投资问题也必须同时解决能源消费总量的扩张和结构问题。所以，降低投资率必须落实到资源环境的层面。解决这一问题的基本途径是推进经济体制改革，完善市场机制。在这基础上，配之以法律和政策等手段。也就是说，经济结构的调整需要体制机制的保证，需要政治措施的配合。这涉及大战略的意涵。

消费与投资关系失衡，与资源环境结构失衡可以看作同一个问题的两个方面。投资率居高不下，与能源消费总量居高不下紧密相关，与环境问题密切相关。

上文列举了中国投资率持续上升的数据，下面笔者继续列举与高投资率密切相关的能源和环境数据。

第一组，能源消费总量增长数据：2000年为13.86亿吨标准煤，2001年为14.32亿吨，2002年为15.18亿吨，2003年为17.5亿吨，2004年达到20.32亿吨，2005年为22.47亿吨，2006年为24.63亿吨，2007年为26.56亿吨，2008年为28.5亿吨，2009年攀升至31亿吨，2010年达到32.5亿吨。

这与投资率的上升是一致的。2000—2010年的10年中，平均每年能源消

---

① 本节部分内容参见段培君：《协调投资与消费关系要控制能源总量》，《沪港经济》2011年第5期。

费增加 1.86 亿吨。如果按照近两年的增长速度，则将达到 43 亿～45 亿吨标准煤。这些指标都超出了国家能源的供给能力。

第二组，能源使用结构数据：1990 年能源消费总量 98703 亿吨，其中工业能源消费总量为 67578 亿吨，占 68%；2000 年能源消费总量 138553 亿吨，工业能源消费总量为 95443 亿吨，占 69%；到 2007 年能源消费总量为 265583 亿吨，工业消费总量为 190167 亿吨，占 71%。结构数据透露的事实是：与工业领域的高投资率相一致，投资于工业的能源比重在上升，而生活消费领域的能源比重在下降。

所以，不论是总量还是结构都表明，投资与消费关系的失衡与能源消费总量的失衡和结构问题紧密相连，是同一个问题的两个方面。高投资受到能源消费总量和结构的直接制约；同时要解决高投资问题也必须同时解决能源消费总量的扩张和结构问题。

换一个角度，从投资与环境的关系看，投资率的偏高和粗放式的增长直接损害了生态环境，伤及人类生存的根基。2008 年中国环境质量数据显示，全国七大水系的水质总体为中度污染，海河、辽河、淮河、巢湖、滇池、太湖污染严重，七大水系中不适合作饮用水源的河段已接近 40%。城市河段中 78%的河段已经不适合作饮用水源。城市地下水也有 50%受到污染。同时，中国的二氧化碳排放量在世界也名列前茅。2011 年，煤炭消费产生的二氧化碳排放量为 5636.3 百万吨，石油消费产生的二氧化碳排放量为 1478.5 百万吨，天然气消费产生的二氧化碳排放量为 343.1 百万吨，三者共计 7457.9 百万吨。

所以，“十二五”期间调整投资与消费的结构关系，将一次能源消费总量控制在 40 亿吨标准煤的水平，以及实现 2020 年非化石能源占一次能源消费的比重达到 15%左右、单位 GDP 二氧化碳排放比 2005 年下降 40%～45%的目标，这几个方面都是彼此相关的。或者从解决消费与投资失衡问题的角度说，降低投资率必须控制能源消费总量，必须调整能源使用结构，必须以此为基础改善环境。用一句话说，降低投资率必须落实到资源环境的层面。

现在的问题是，控制能源消费总量并不容易。2004 年国务院批准的能源中长期发展规划纲要提出，2010 年能源消费总量的控制目标是 24 亿吨标准煤，2020 年的控制目标是 30 亿吨标准煤。2007 年国家发展和改革委员会制定的“十一五”能源专项规划也提出，2010 年能源消费总量控制在 27 亿吨标准煤左右。但是，这些目标及效果都未能实现。

为什么？一个根本性的原因是价格机制出了问题。为了实现能源的优化配置，必须让能源价格真实反映供需关系从而引导合理的投资。由于政府长期以来通过降低资源税和人为地压低能源价格以增强中国产品的竞争力，助长了能源的过度消费。同时，也因为能源价格不能体现能源使用的环境成本，所以市场机制不能有效地发挥作用，能源消费缺少内生的约束力，能源消费总量控制的目标也就不能实现，投资率也就难以下降。

因此，基本的途径仍然是推进经济体制改革，完善市场机制。在这基础上，配之以法律和政策等手段进行调节。只有这样，才能使能源消费总量的控制、投资与消费结构失衡的调整具有现实的基础。离开经济机制的作用，仅仅依靠中央政府与地方政府的博弈来控制能源消费，或许也有某些效果，但在根本上不能解决问题。

五、改善需求结构才能从根本上改善民生①

需求引擎战略与解决民生问题具有特殊关系。从民生角度谈需求引擎战略，已经在特定方面上升到以人为本的战略思想和价值取向的层面，进入了大战略的视野。

为了解决这一问题，需要分析导致投资与消费结构不合理的原因。事实表明，不解决政府的定位问题，要解决投资与消费结构的问题，如同隔靴搔痒。这一看法实际是把需求引擎战略与政治发展战略联系起来的大战略眼光。

解决民生问题，从根本上说要解决经济结构问题，尤其是投资与消费的结构问题。

可以从两个层面观察投资与消费结构对民生的影响。第一个层面，投资与消费关系的走势对民生的影响；第二个层面，投资与消费结构不合理的原因对民生的影响。后者更带有根本性。

投资与消费关系的走势是，投资率的一路上扬和消费率的持续走低。根据国家统计局的资料，中国最终消费率从改革开放到2002年基本在60%左右，但是，从2003年起一路下落，到2009年降到47.7%。而与此相关的，投资率在2003年一下升了3个多点，达到41%，到2009年上升到48%的新高。这一走势反映的一个问题是，用于民众生活的支出份额下降，直接影响了民生的进一步改善，不符合经济活动以人为本的价值目标，同时也将导致对经济活动热情的下降，抑制经济发展的内需动力。

对民生还有另外一个影响是，投资率的上升加上其他相关因素影响了社会需求的满足。教育、卫生和社会保障支出占全国财政支出的比重2007年为

① 本节部分内容参见段培君：《改善投资与消费结构才能从根本上改善民生》，《沪港经济》2011年第5期。

29.2%，2008年为29.7%，2009年为28.9%，2010年为29.3%，一直没有超过30%。

对民生更为深刻的影响是在第二个层面，它是根源性的、持久性的影响。

譬如，推动投资率持续升高的主体是谁？其间有哪些不合理的方面？有两组数字值得注意：

第一，国有控股投资在全国城镇固定资产投资总额中的比重，从2004年以来基本占半壁江山，平均为49%。所以，城镇投资率过高，国有控股企业有一半的功劳，而且增长率逐年上升，速度加快。2009年全国投资增长31%，其中国企投资增长40%～50%，民营投资只增长27%。

问题是，1998年以来，国有企业和民营企业的收益率都在上升，但民营企业资产收益率一直是国有企业的两倍以上。据测算，民营企业资产收益率为1.8%，而国有企业的资产收益率为0.76%。如果从经济和惠民生的角度看，民营企业应当更有理由比国有企业占有更大的投资规模和更高的投资增速。但我们看到的事实是，国有企业在大量而迅速地投资，这就是为什么中央企业的资产规模从2003年的7万亿元增加到了2010年的21万亿元。更大的问题是，投资向房地产和资本领域转移，形成的泡沫构成了对经济和民生的更大威胁。

第二，通过国家统计局的数据可以测算出，在全社会固定资产投资中，以自筹资金形式出现的地方的比重至少为52%，这还不算财政预算内的投资。地方政府在高投资中的主导作用可见一斑。

没有人否认地方投资在经济发展特定阶段的积极作用。而问题是，近年来高投资的上升与粗放式发展联系在一起，与土地的征用和强制拆迁联系在一起，在许多地方越来越明显地侵犯了民众的经济利益，造成社会矛盾激化。根据国家信访局的数据，多年来上访数量高位运行，上访人员的问题中有一半涉及利益，而其中拆迁和土地征用占有突出位置。群体事件数量也在上升，强力甚至暴力拆迁是导致维稳需要的基本原因之一。

还有，从另外一个角度看，什么因素在推动消费率、尤其是居民消费率下降？这是直接影响民生的方面。除了投资率高导致消费率低外，还有两个因素直接导致居民消费率的下降。

首先，是财政资源向政府手里集中，用于投资的政府资源增多，而流向民众口袋里的钱减少。国家财政收入从2000年的13395.23亿元增加到2008年的61330.35亿元。财政收入增长率从2003年的14.9%上升到2004年的21.6%，然后保持在20%，到2007年上升到32.4%。2008年由于金融危机下降到19.5%。2000—2008年，平均增长率为20.6%。财政收入的增长，为政府扩大投资提供了一定的基础。2008年，国家预算内资金用于投资的资金增长率为35.8％，以政府为背景的自筹资金增长率为29.7％，都高于投资总额25.9％的增长率。

其次，是政府消费比重上升。国家统计局提供的数据显示，在消费率从2000年的62.3％下降到47.7％的同时，居民消费支出比重在下降。居民消费支出比重从2000年的74.5％下降到2008年的72.7％，农村居民消费比重从2000年的33％下降到2008年的25.1％；同时，政府消费比重从2000年的25.5％上升到27.3％。

不论是财政资源向政府手中集中还是政府消费比重的增加，都体现了政府定位的不合理问题。这一点与高投资中的政府定位，是同一个问题的两个方面。

所以，不解决投资与消费结构的问题，要解决民生问题，无异于缘木求鱼；不解决政府的定位问题，要解决投资与消费结构的问题，好比是隔靴搔痒。事情的辩证法恰恰是，试图通过政府加大主导经济的作为、控制更多的资源和加强管理控制来解决民生问题，愿望可能美好，短期或许也能做些好事，但最终结果可能是南辕北辙。

六、供给引擎的重要性：创新战略是面向未来的核心战略[①]

为什么将创新战略作为国家发展战略的核心？国家战略包含国家的发展战略、安全战略和外交战略，其中发展战略是一般情况下国家战略的根本内容，它关系到国家发展的根本前途。自主创新正是这一意义上的国家战略。

（一）创新是当代生产力发展的实现机制

国家的繁荣进步归根到底取决于生产力的发展。创新的重要性首先在于，它是当代生产力发展的实现机制。创新的展开和实现过程就是生产力发展的过程，它为一个国家的经济繁荣和社会进步提供根本的动力。

哈贝马斯曾指出，随着大规模的工业研究，科学、技术及其运用结成了一个体系，于是，技术和科学便成了第一位的生产力。这是当代生产力的基本要素结构。进入网络经济阶段，科学技术作为经济发展内生变量实现了自己在量的方面的扩张；它也通过技术创新实现产业化，改变了现有的经济结构，实现了自己在质的方面的扩张。21世纪以来，以信息科技、生物技术、纳米技术、

① 这一观点和本节部分内容参见段培君：《论自主创新国家战略的主要依据、现实内涵和实施途径》，《中国科学院院刊》2007年第3期。

新材料、新能源等为代表的新科技革命迅猛发展，产业化的速度不断加快，原始创新、技术创新和系统集成的作用日益突出。有的研究者从更长远的视野进行总结和理论分析，如杰佛里·萨克斯教授所指出的：在过去50年、100年、200年中收入增长的主要源泉并不是资本的积累，而是技术的进步。索罗证明，实现持续经济增长的途径是技术升级，美国经济增长大约80%源于技术创新。

据有关预测，中国要实现2020年翻两番的经济发展目标，要求直到2020年必须连续40年保持7%以上的经济增长率。如果保持40%的投资率，科技进步贡献率必须由目前的39%提高到60%。中国要实现从经济大国向经济强国的重大转变，自主创新是必然选择。

（二）创新驱动是中国经济社会可持续发展的关键

进入新世纪以来，中国现代化建设进入了一个新的阶段。该阶段出现的新情况是，按照以往的发展方式，现代化建设向纵深阶段推进遇到新的"瓶颈"。2003年下半年我国对新一轮投资过热的反思和调控具有以往所没有的特点，即认识到已有的经济增长方式难以持续，需要寻求新的经济发展方式。

首先，是资源难以持续。中国从1980年到2000年，能源消费和GDP翻番的关系大体上是用了一个单位的能源增长产生了两个单位的GDP增长。

2000年以后，能耗迅速上升，一个单位的能源增长产生一个单位的GDP增长都显得困难。因此，如不改变经济增长方式，经济发展将难以长期持续。

其次，经济发展的需求结构不合理，发展动力难以持续。中国经济的发展主要依赖于投资驱动，随着土地和劳动力价格的上升，低成本优势正在逐步失去。中国单位资源的产出率比较低。不论从效益还是长期运行的条件看，投资驱动都面临新的问题。消费拉动不足，农民购买力不足，消费需求受到限制。创新驱动力也不足，2003年我国专利申请累计约193万件，但其中国外申请约占70%，特别是高技术类有70%～90%来自国外。

再次，环境状况难以持续。中国二氧化硫排放量2000年居世界第一位，二氧化碳排放量居第二位。到2020年要实现GDP翻两番，如果环境保持不变，单位资源消耗的经济产出要提高4～5倍；如果要改善环境，把污染、资源消耗降低一半、环境明显改善的话，单位资源消耗的经济产出要提高8～10倍。

上述情况表明，新一轮宏观调控，必须以经济增长方式转变为战略参照，考虑经济要素的协调配置和经济的可持续发展。提高自主创新能力，依靠技术进步和创新是我国实现可持续发展目标的根本出路。在这一意义上，创新是新阶段中国经济社会发展的关键。

（三）创新是提高国家综合竞争力的决定性因素

迈克·波特把竞争优势的发展分为4个阶段：生产因素导向、投资导向、创新导向和富裕导向。前三个阶段是进步性的，通常会带来经济繁荣，而第四阶段是衰退性的，可能走下坡路。所以，在竞争优势的发展中，创新导向占有特殊的地位。

从国际环境看，要提高中国的国际竞争力，创新能力是决定性因素。从国家竞争力的评价体系看，世界经济论坛和瑞士洛桑国际管理学院在2001年前都是采取八大要素来设置评价指标。世界经济论坛的八大要素是：开放度、政府管理、金融体系、基础设施、技术、企业管理、劳动力和制度。洛桑学院采取的是国内经济实力、国际化、政府管理、金融体系、基础设施、企业管理、科学与技术和国民素质。2001年，《洛桑年鉴》将以往包括科技要素在内的八大要素归类为四项环境要素，原本作为一级综合指标的科技要素被分解为“科学基础设施”和“技术基础设施”指标列入“基础设施”要素之中。不论评价体系的形式有何变化，创新能力在体系中都占有突出位置。

从现实情况看，根据瑞士洛桑国际管理学院发表的《世界竞争力年鉴》，中国1998年排名第24位，1999年第29位，2000年第31位，2001年第33位，2002年第31位，2004年下降到第34位。国家竞争力的下降主要是自主创新能力不足造成的。2002年出版的《全球竞争力报告》利用综合指标法对世界75个国家和地区的技术创新状况进行评价，中国的创新能力得分181，排名第43位，处于中等偏下的位置。所以，实施创新战略，是中国在国际上战略定位的要求。

创新战略作为核心战略体现在哪些方面？

首先，体现在创新作为经济要素的战略作用上。从质的角度看，高投入、高污染、高耗能、低效益的粗放型的经济增长方式已不能适应中国又好又快发展的要求。提高自主创新能力实际上构成了改善和提高经济增长质量的基础。不论经济发展的质还是量，创新在经济发展战略中都具有某种核心的作用。

其次，创新战略的功能具有某种综合性，不仅有助于解决经济动力问题，而且有助于解决资源和环境问题，所以这一战略在战略体系中具有某种关键性意义。正如笔者所说的：“中国经济的巨大能量能否有效导入科学发展的轨道，实现速度和结构质量效益相统一、经济发展与人口资源环境相协调，能否在转变发展方式方面取得重大进展，在优化结构、提高效益、降低消耗、保护环境的基础上实现人均国内生产总值到2020年比2000年翻两番，提高自主创新能力，建设创新型国家是关键性因素。”[①] 创新战略的核心地位体现于经济发展和现代化建设全局两个层面。其中，经济发展的层面说明了供给引擎的重要。

把提高创新能力作为调整产业结构、转变经济增长方式的中心环节是要使我国在战略上逐步从投资驱动转向创新驱动，形成较强的发展后劲，不断实现产业结构的优化升级，使经济增长建立在科技不断进步的基础上。这也要让创新成为解决中国资源瓶颈的重要途径。资源的使用效率和可再生能源的使用都需要创新发挥作用，通过发展科学技术，促进资源勘探和新资源发现方面的新进展。同时，创新也是解决中国环境问题的有效途径。创新能突破环境保护方面的技术瓶颈，开发针对大气污染、水污染、垃圾污染等方面的综合治理技术，促进发展环保产业，特别在产业生态学的框架中发展循环经济，逐步形成新的经济发展方式。

进一步的，创新战略的实施范围将从科学技术和经济发展方面扩展到现代化建设的所有方面，其外延涉及理论创新、科技创新和制度创新等各个层面，是关系现代化建设全局的国家战略。所以，必须把立足点转向创新战略。

七、如何使创新成为核心战略[②]

首先，要解决的还是认识问题。要进一步明确，中国经济在战略层面上的主攻方向是创新，这是创新作为中国发展战略核心的应有之义。原因至少有两条：一是中国经济的根本出路是创新。中国如果不在创新方面杀出一条路，中国经济结构的优化就无法实现，中国经济就缺少新的增长点，中国经济的巨大能量就不能有效导入科学发展的轨道，中国经济的可持续发展也就成为一个问题。这是中国经济迫切需要解决的战略问题。忧近怀远，不能不看到这一问题的严峻性。二是转变经济发展方式的根本举措也是创新。创新战略具有特殊作用，可以比之为“一石三鸟”：“第一只鸟”是经济发展的动力，即通过创新战略改善中国经济发展的动力结构；“第二只鸟”是资源，即通过创新帮助解决资源紧张和浪费的问题；“第三只鸟”是环境，即通过实施创新战略缓解环境压力以及寻求解决环境问题的根本途径。所以，不论从发展是第一要务，还是从又好又快发展的角度看，创新战略都处于核心的位置。

其次，如果我们确认创新是中国经济的主攻方向或发展战略的核心，那就

---

① 段培君：《提高自主创新能力，建设创新型国家》，《省部级领导干部“深入贯彻落实科学发展观专题研讨班”讲稿》，2008 年 3 月 22 日。

② 本节部分内容参见段培君：《让创新战略真正成为核心战略》，《沪港经济》2008 年第 3 期。

应当体现在我们的工作布局上。认识必须通过实践来落实，核心必须通过工作布局来体现。如果我们各级主要领导战略思考的重点不在这一方面，如果我们领导的精力和时间不是花费在这里，如果创新战略只是在纸面上处于核心位置，而在工作布局上处于次要的位置，那么创新就没有真正成为中国发展战略的核心。我们可以从日本创新战略的定位得到一点启示：日本知识产权战略大纲给出了日本实现“知识产权立国”目标的基本构想。为实施这一战略，日本政府每月由总理大臣主持举行一次国家创新战略协调会，由相关部委、行业协会、科技与战略高级顾问等研究相关议题，并确定相关的战略措施。在这一问题上，我们需要有战略思维，以处理好近期与远期、重点与非重点、战略核心与非核心的关系。不能让近期的非战略核心的工作占据我们的主要日程，成为我们工作布局的主要方面。特别是应当明确，即使是解决近期出现的应急性问题，也需要从根本上解决产生这些问题的根源；而解决根源性问题，则又回到战略的核心层面，因为这正是针对根源问题而确定的战略选择。

再次，让创新真正成为中国发展战略的核心，需要尽快就一些重大战略问题作出决策。从国际大环境看，如何让竞争优势与比较优势互补，抢占新产业链中的制高点已成为当务之急。2000—2010 年，世界生物技术产业以每年翻倍的速度发展。生物技术产业是目前中国与世界先进水平差距最小的领域之一，从战略上进行追赶有比较优势。生物技术产业处于解决发展与环境问题的结合部，抢占该产业的某些制高点符合中国发展战略的方向。我国在资源和市场方面上也具有比较优势。把握机遇，尽可能占领该产业链中的某些制高点，刻不容缓。在信息技术领域，我国在 3G 技术方面有较好的技术储备。面对全球加速发展的局面，如何提高我们的国际竞争力，处理好国内发展与对外开放的关系，已经成为当前决策的关键问题。对这些事关未来的一类重大问题，如果我们当断不断，反应迟缓，则创新成为中国发展战略的核心就可能是纸上谈兵。

最后，让创新成为中国发展战略的核心，必须从体制和机制上提供切实的保证。这需要以下几个方面的努力：其一，需要加快制度供给，为创新提供平台。制度供给的首要环节是知识产权保护。从战略视野看，知识产权是当代第一产权。现在我们在制度环节依然不完备。其二，需要加快建设创新要素市场，如人才市场、经理人市场、技术产权交易市场和资本市场，促进以企业为主体、市场为导向、产学研相结合的创新体系的形成，引导和支持创新要素向企业集聚，以形成现实的生产力。其三，需要建立创新型的评价体系，发挥导向和约束的机制作用，推动区域和行业的发展。其四，尽快建立适用的创新政策体系。国务院关于“实施《国家中长期科学和技术发展规划纲要（2006—

2020年)》的若干配套政策”从八个方面制定了相关政策，但是由于缺乏实施细则，其中的关键政策尚没有可能落实，需要在落实上下功夫。其五，需要建立政府各部门之间的协调机制。财政与科技等部门、军民在创新方面初步有了一些协调机制。在落实这些机制的同时，需要拓展协调的范围和强度。

八、创新战略的实施路径①

（一）竞争优势与比较优势互补，抢占新产业链中的制高点

基本的战略方针应当是：在国家战略层面上要着眼于提高创新能力，争取竞争优势，抢占高技术产业链中的某些制高点，同时在争取竞争优势的过程中充分发挥比较优势。

创新的战略投资需要超前部署。这首先因为关键领域的技术跨越，是后进国家或地区赶超先进国家和地区的重要途径。我们需要认识到，自然资源、劳动力、资本是常规性资源，在财富积累中往往是逐步积累的模式；而知识和技术是创造性资源，在财富积累中呈现凸显效应。其次是因为，创新是一种复杂的实践，具有路径依赖的特点。今天的战略效应取决于昨天的决策，而明天的战略效应取决于今天的战略发展。战略重心转移的过程不是机械组合的关系。在这一意义上，认为我们可以等待比较优势发挥完毕再实施创新战略的观点是不适宜的。必须关注未来哪些高技术产业将释放最大的经济能量，把握经济发展的机遇。要抓紧布局，抢占生物技术产业链中的制高点。一段时间里，生物技术产业的销售额每5年翻一番，增长率高达25%～30%，是世界经济增长率的10倍左右。我国应把握机遇，尽可能占领该产业链中的某些制高点。不仅要争取产业优势，而且要认真落实国家中长期科学和技术发展规划纲要，着力突破制约经济社会发展的关键技术，形成某些领域的技术优势。

要在争取竞争优势的过程中发挥比较优势。必须根据自身条件确定创新活动的重点。是以原始创新、集成创新还是引进消化吸收再创新作为工作重点，要根据国家、区域、行业或企业的具体情形而定，不能一刀切。原始创新通常需要较高的成本，往往是资本密集型的，伴有较大的风险，对于低收入地区需要考虑是否符合比较优势的要求。在战略上要着眼于提高创新能力，在战术上要具体情况具体对待。

① 本节部分内容选自段培君：《建设创新型国家的理论与实践》，《中共中央党校学报》2008年第2期；《省部级领导干部“深入贯彻落实科学发展观专题研讨班”讲稿》，2008年3月22日。

应充分发挥中国市场广大的比较优势。保尔·罗默的内生增长理论表明，技术创新依赖于一个足够大的市场，并通过这样的市场带来丰厚的利润。由于中国市场广大，我们在实施创新战略的过程中要充分发挥这一优势，制定包括政府采购在内的相关政策，为技术创新创造良好的战略环境。

（二）发挥对外开放的路径优势，实施开放创新一体化战略

创新必须在开放系统中进行。闭关锁国不利于技术的升级。同时，国家或地区的封闭意味着市场的狭小，很难弥补创新的成本并带来巨大的收益。提高自主创新能力，建设创新型国家必须加入到全球竞争环境中，在开放中创新，在创新中开放，形成“开放创新一体化”战略。

“开放创新一体化”战略有现实的基础。我国实行开放战略在“引进来，走出去”方面有了比较成功的经验，在技术引进、技术进步等方面也有相当多的积累。在实施自主创新战略过程中继续坚持对外开放，发挥这种路径优势，有利于更加充分地利用国际科技资源，有利于国外研发能力向中国的转移，有利于中国企业自主创新能力的提高。

要在“引进来，走出去”成功经验的基础上进一步提升我们的开放和创新水平，实现两者的有机统一。特别注意把“引进来，走出去”的战略重点导向提高自主创新能力，积极扩大国际经济技术合作与交流，进一步利用境外智力和创新资源，继续以扩大开放促进制度创新、理论创新和管理创新，改善创新的制度环境，优化行政和金融环境。

（三）加快建立以企业为主体、市场为导向、产学研相结合的技术创新体系，提高研发能力，向企业集聚创新要素

需要引导人才、技术、资本、管理等创新要素向企业集聚。进一步完善对创新人才的激励机制，不仅引导国内人才要素向企业集聚，而且重视在全世界整合人才资源。引导技术要素向企业集聚，鼓励企业与大学、科研院所开展各种形式的产学研合作。引导和支持管理要素向企业集聚。

特别要引导和支持资本要素向企业集聚，形成研发投入主体三级布局，提高研发能力。在工业化的第二阶段，美国等国家的研发投入政府占60%以上，英国等国家的研发投入民间占60%。中国这一阶段应当是三级布局：国家在战略层面上选择重大方向如生物技术等引领未来的基础研究等进行投入；行业和区域选择对行业和区域战略发展密切相关的领域进行重点投入；企业特别是大中企业根据市场需求和企业战略发展进行研发投入。上述三级布局所形成的创新要素要向企业层面积聚，促进科技成果向现实生产力转化。

三级布局实际是创新资金来源的多元化。在发挥财政资金的导向作用的同时，发挥企业作为技术创新主体的作用，鼓励、引导企业增加研发投入。还要引导社会资金参与企业的技术创新活动，加快资本市场的建设，扩大创业风险和投资试点范围，加快推出创业板。国有商业银行应加快建立中小企业贷款担保制度，积极发展面向中小企业的风险投资。在研发投入中利用多种所有制形式改善投入结构，形成各种所有制经济平等竞争、相互促进新格局，形成研发投入的多元结构，以争取更多的自主知识产权。

（四）把创新体制和机制作为首要的切入点，实行行政与研究系统双轨制

鉴于行政与研究活动具有不同的运行规律，建议在已有改革的基础上推进行政系统与研究系统的双轨制。其主要思想是：各自的系统层级按各自的活动规律设计，学术层级制度不比照行政的层级制度设定。研究单位的层级待遇不参照行政级别待遇，可根据研究系统的特点予以决定，以提升研究人员待遇，发挥他们的积极性和能动性，在体制和政策上体现人才的重要。与此同时，研究活动的资源，逐步由行政部门分配转向由研究共同体按照一定的竞争机制进行配置，实现劳动者与劳动资源的直接结合。

进一步在创新活动中引入竞争机制，发挥市场机制的作用。创新是优胜劣汰的过程，正是在这样的过程中产生了巨大的经济效益和社会效益。我们必须认识创新与市场之间的内在关联，充分发挥这种机制的作用。当前，对公共财政提供的研发投入要注意更多地引入竞争机制。

建立和完善创新活动的转化机制。技术创新是从技术到经济活动及其产品的链式活动。以产学研合作创新的方式，实现技术资源的共享与优势互补，是市场经济条件下提升企业核心竞争力的有效途径。产学研结合通过市场机制使技术创新效益最大化，其结合机制涉及教育和科技体制的改革。为形成企业为主体、市场为导向、产学研结合的技术创新体系，产业性的科技和教育资源应考虑转为行业管理的模式。为了真正形成产学研结合的机制，应进一步确立和落实研究单位的独立法人制度。

创新机制的落脚点要使企业成为创新主体。诺斯在《西方世界的兴起》中指出："有效率的经济组织是经济增长的关键。"要提高自主创新的效率和效果，在制度上作出合理安排，就要激发各类企业特别是中小企业的创新活力，造就一批具有国际竞争力的企业和品牌。加快创新要素市场的建设，如人才市场、经理人市场、技术产权交易市场等。建立有利于创新的风险投入机制。

（五）建立知识产权是第一产权的制度

如果创新战略是第一战略，则知识产权在当代条件下就是第一产权。需要合理借鉴国外知识产权形式。财产权包括以所有权为主的物权、准物权、债权、继承权也包括知识产权。为适应知识经济发展的需要，促进创新资源的有效结合，可对高级管理人员和技术骨干实施股票期权制和认股权证制的激励。

加强知识产权的立法和执法保护。除《中华人民共和国宪法》《中华人民共和国商标法》《中华人民共和国专利法》《中华人民共和国著作权法》等法律法规外，我国已参加了多个保护知识产权的国际条约和协定，但从总的情况看，这方面的基础工作还比较薄弱，需要继续努力。要争取更多的自主知识产权，改善知识产权的质量，更多地掌握关键技术和重要产品的自主知识产权。

（六）政府发挥服务和协调功能，抓紧改善相关机制

建设创新型的国家需要完善创新型的评价体系。评价体系对于创新活动具有导向性作用。在建立与科学发展观相符合的综合评价体系的过程中，需要对有关创新的指标进行专门性研究，进一步完善企业、区域和国家层面上的创新评价体系。

建立政府各部门的协调机制，对于创新领域公共资源的合理配置具有重要意义。国务院〔2006〕第6号文件确定拟建立以下协调机制：财政部门与科技等部门科技资源配置的协调机制；政府采购自主创新产品的协调机制；引进消化吸收和再创新的协调机制；促进军民科技资源协调配置的联席会议制度等。行政管理体制的改革也将有助于创新协调机制的建立。要进一步深化改革，加强对协调机制的落实和扩展工作。

（七）教育领先，人才为上，努力培育创新文化

发展科学和建设人才队伍需要教育的发展。建设创新型国家尤其需要创新型的高等教育，创新型的教育机制。创新型的思维要从基础教育抓起，从儿童抓起。在这方面，教育有特殊的战略地位。特别是，创新型的教育首先需要教育管理体制向创新型转变。有了管理模式的创新型，才有教育模式的创新型，才能不断涌现创新型的人才。为了在2020年实现建设创新型国家的目标，需要进一步打造适应全球化发展趋势的教育体系。以行政为主导的教育管理体制需要向符合教育规律和社会化进程的创新型管理体制转变。就这一点来说，中国的教育任重道远。

创新文化在建设创新型国家中占有特殊地位。技术创新、制度创新和管理

创新不仅需要文化创新相配套，而且技术创新、制度创新和管理创新的发生都需要具备创新的精神状态。

九、创新战略的分析框架①

创新战略的三个分析框架从不同学科视角研究经济、文化和社会要素在创新中的相互作用，为从大战略角度把握创新战略提供了相关学科的理论支持。

（一）经济学分析框架：文化经济学

文化经济学反映了经济学逐步扩展的情形，其主要的扩展过程如下。

——知识（科学技术）要素进入经济学。熊彼特认为，经济发展是“由于改进生产技术，占领新的市场。投入新的产品，等等。在从事活动的过程中，这种历史上的不可逆转的变动，我们称之为‘创新’。我们把它定义为：创新就是生产函数的变动”；“有必要而又充分的理由把创新列举出来，作为经济变动的第三种和逻辑上性质不同的因素”。

20 世纪 30 年代，数学家查理斯·柯布和经济学家鲍尔·道格拉斯提出了生产函数的非约束形式，为研究科学技术与经济的增长提供了比较便捷的方法。索洛在 50 年代提出的增长速度方程可以算出科技进步对产值增长速度的贡献。科学技术与经济过程的一体化不再是一种定性的表达，而是一种定量的确定形式。罗默进一步认为，由于研发活动被引入经济活动，同时它又是技术进步的来源，所以科学技术是经济增长的内生变量。

——制度要素进入经济学。戴维斯和诺尔斯提出制度创新理论，将制度变革引入经济增长过程，认为“制度创新”是指经济的组织形式或经营管理方式的革新，它们是历史上制度变革的原因，也是现代经济增长的原因。

新制度学派的科斯提出，假设交易费用为零，资源配置的效率与产权制度的安排无关；在交易费用为正的情况下，产权制度的界定或安排就会对资源配置的效率发生作用。诺斯分析西方经济史得出结论：有效率的经济组织是经济增长的关键，经济增长的决定因素是制度及其创新。

——文化精神要素进入经济学。如诺斯所说，文化信念是制度结构的基本决定因素。制度不是由政策而是由文化所决定的。文化通过对制度的影响而对经济增长发挥作用。科利尔把“社会资本”看作是社会内部的社会与文化的一

① 本节部分内容参见段培君：在 2006 年和 2007 年在中国发展战略学研究会创新战略专业委员会的演讲；《建设创新型国家的理论与实践》，《中共中央党校学报》2008 年第 2 期。

致，即支配人们互动的规范和价值观的一致。当社会资本能够产生外部性并能促进互益集体的社会互动时，它就具有经济效益。

此外，文化创意也作为经济要素直接进入产业。文化创意产业是以文化创意为核心资源，以高科技手段为支撑，体现文化、技术与经济全面结合的新型产业集群。根据《中国创意产业发展报告（2007）》估计，2005 年全球创意产业创造的 GDP 约为 3.2 万亿美元，占全球 GDP 的 8%。2004 年中国创意产业年营业总收入为 22997.06 亿元，占全部企业营业收入的 5.22%。[①]

以创新范畴的提出为起点，知识（科学技术）、制度、文化精神要素陆续进入经济学的范围，其资源配置和转化关系的特殊性体现为经济发展规律的特殊性，形成了某种文化经济学。它的内涵和规律是通过创新范畴阐释的。正是在文化经济学的基础上，人们提出了技术创新、制度创新、文化创新乃至建设创新型国家的要求。

（二）系统科学分析框架：国家创新体系

经济合作与发展组织认为，国家创新系统是由政府、企业、大学、科研机构、中介机构等通过建设性的相互作用构成的机构网络，其主要活动是启发、引进、改造与传播新技术。它们的活动和相互作用决定了国家扩散知识和技术的能力，从而影响国家的创新能力。国家创新系统所涉及的主体不再仅仅是经济活动的主体，它们还涉及政府主体、教育主体和科学研究主体，其活动性质或规律也不再仅仅属于经济学的范畴。

1997 年，经济合作与发展组织进一步给出的定义是：创新是不同主体和机构之间复杂的相互作用的结果，国家创新系统是一个国家公共或私营部门中的组织结构网络，其活动和相互作用决定着该国家扩散知识与技术的能力，影响着该国家的创新业绩和经济发展的绩效。

这一定义强调了国家创新系统是一个复杂系统，它所形成的能力是国家能力，与国家战略、发展密切相关。国家行为在这种系统中具有特殊的重要性。国家创新系统作为自组织与他组织的统一体，其发展是在自组织与他组织的互动中实现的。在这一过程中，国家的历史基础、经济与政治结构、政府的战略导向和政策体系都有着重要作用。

---

① 预计到 2010 年全球创意产业规模将接近 10 万亿美元。张京成：《中国创意产业发展报告（2007）（3）》，中国经济出版社 2007 年版，第 64 页。

（三）文化学分析框架：经济文化学

经济文化学是以经济发展为聚焦的文化学研究，研究经济发展与社会发展的协调，经济发展的主体利益协调，经济发展的环境评估，经济发展评价体系的变革，经济发展的人文评价等。经济文化学是以人文为导向、以经济发展为视焦来进行的文化学研究。

文化学框架以文化概念为分析基础。怀特认为，文化由以下系统组成：一是技术系统，由物质的、机械的、物理的和化学的仪器以及运用于这些仪器的技术构成，包括生产工具、生活资料的获得方式等。二是社会关系系统，由人际关系构成，包括血缘关系、伦理关系、经济关系、政治关系、职业关系等。三是思想文化系统，由思想、知识、信仰构成，表现为一定的符号形式和运作形式，包括哲学、科学、文学、宗教、神话、常识以及相应的文化机构等。怀特的文化学强调了文化三个层面之间的有机联系。在这一点上，它与历史唯物主义强调生产力、生产关系（其总和为经济基础）、上层建筑的有机统一性一样，都说明了创新在各个层面展开的必要性。

（四）分析框架的差别与统一

经济学框架着眼于经济发展和财富增长，该框架中的知识、制度、文化精神等要素作为经济要素而发挥作用，服从经济逻辑；系统科学框架是超出经济学而以国家层面的知识生产、扩散能力为聚焦的复杂系统，服从系统逻辑；文化学框架着眼于文化大系统和人的全面发展，活动于器物、制度和精神文化各个层面，各子系统有其相对独立性，但服从人文目标下的文化大系统的协调逻辑。

三个分析框架都是通过经济、文化和社会要素的相互作用、相互整合而形成的不同视角下的学科框架。知识、制度、文化精神要素在一定意义上是经济系统的内生变量，它们的进步所导致的经济发展都属于经济系统的创新。同时，经济、社会、精神和价值规范子系统是文化大系统的内生变量，它们的变化所导致的发展属于文化大系统的创新，其协调性、人文性状况是衡量创新的重要尺度。不论从哪一个角度把握创新型国家，都离不开其内在关系的系统性理解，因此国家创新系统有其特殊意义。全面地看，需要立足于分析框架的互补来理解创新型国家的意义。

十、扩大创新型需求的意义[①]

扩大创新型需求的意义是把供给结构与需求结构的调整联系起来，并试图从创新战略的高度来为调整优化经济需求结构提供一个重要的突破口。

创新型需求，是以创新驱动为导向的需求结构。创新驱动的重要在于，它不仅创造了更高的生产率，而且同时能够改变消费、投资和出口的结构，在更高层面更新了经济发展的动力结构，增强了国际竞争力。换言之，创新型需求是一个能够把消费、投资和出口拉动协调起来的需求结构。

这一需求类型与我们的战略方向相吻合，应当引起我们足够的重视。

扩大创新型需求，首先应体现在国家宏观战略布局上。笔者在《金融危机带来新的战略机遇》一文中明确提出了这一布局的设想：力争经济较发达地区如长江三角洲、珠江三角洲、京津渤海湾经济带向某种程度的创新型经济转变。

扩大创新型需求，其次应体现在国家宏观产业规划中。产业规划既是消费需求规划，也是投资需求规划。在一段时期内，国家有关部门抓紧制定钢铁、汽车、造船、石化、轻工、纺织、有色金属、装备制造和电子信息等重点产业振兴规划，针对当前问题就产业振兴、兼并重组、技术改造和扩大消费等提出对策。这些规划出台的直接背景是我国工业出现的产能过剩问题，它已经直接影响了相关领域的利润水准和发展后劲。据财政部数据，2008 年前 11 个月国有及国有控股企业实现利润连续 4 个月出现负增长。解决这一问题需要发挥市场淘汰机制的作用，但同时需要扩大创新型需求，调整优化结构，加快技术改造，增强自主创新能力；要与国务院《国家中长期科学和技术发展规划纲要（2006—2020 年）》相衔接，把产业结构优化调整纳入 4 万亿元投资的基本目标，努力体现创新是中国发展战略核心的要求。

扩大创新型需求，也应体现于外贸战略和政策。应综合运用出口退税、外贸发展基金、财政贴息等政策措施，支持拥有自主品牌、核心技术的产品、大型机械设备和农业、轻工业等方面有竞争力的劳动密集型产品出口，保持出口增长的相对稳定。同时，积极增加先进技术、设备、关键零部件和能源原材料的进口，通过外汇等购买重要战略物资。国际金融危机的出现为国际间的技术合作提供了新的可能，有利于实施创新与开放一体化战略，我国应在国际平台

① 本节部分内容参见段培君：《扩大创新型需求：转变发展方式的重要突破口》，《沪港经济》2009 年第 2 期。

上进行创新战略的新布局，以利于实现某些战略性突破。

扩大创新型需求，应着力在以下两个重要环节上下功夫：一是扶持中小企业、支持创业风险投资企业的发展，努力使大量中小企业成为创新主体。二是扩大创新型就业需求，让更多的高校毕业生成为创业者。

这两方面的力量是中国创新的生力军，是中国在建设创新型国家进程中必须特别重视的能动力量。我国劳动供给数量庞大，劳动力需求不足，需要扩大就业需求，通过创业带动就业。笔者曾建议实行结构性扩张的就业政策，其重点即扩大创新型就业需求。已有的就业途径远远不能满足实际需求，也不能有效发挥高校应届毕业生这批特殊人力资源的效用。据有关数据，国外毕业生创业的比例最高可达20%～30%，而我国大约是1%。所以，应当努力开拓创新型就业需求，把它提升到国家战略的高度来对待。

为此，应尽快采取以下措施：(1) 设立国家、省、市各个层次各个方面的创业基金，尽快建立申请、评审、激励与约束机制，为社会最富有创新活力的高校毕业生开辟创业通道。(2) 尽快普及创业教育，注重培养学术、职业和创业三种能力，将培养创业能力作为教育的基本目标之一。(3) 尽快完善市场、研发、政策、基础设施、金融支持、知识产权保护、商务等创业环境。(4) 建立社会服务机构帮助大学生进行创业，大力发展第三产业，开拓各种满足社会需求的多类型、多层次、多方面的创业项目等。扩大创新型就业需求对于中国经济发展和社会稳定具有特殊重要性，应当引起相关决策部门的足够重视。

评注：

（一）双引擎战略的提出和运用

2010 年 4 月 16 日，笔者在哈佛《中国评论》开幕式上发表《结构性战略与中国前途》的演讲，提出了双引擎战略的形象表达——“哑铃型战略”：哑铃的一端是需求引擎，另一端是供给引擎，抓住这只哑铃就是实施双引擎战略以进行经济结构的优化调整。同年 5 月，笔者在《沪港经济》第 5 期发表《哑铃型战略调整经济结构》的文章，阐述了这一战略思想。

此后，笔者到麻省理工学院交流时，Barton L. Weller 发展经济学教授 Alice H Amsde 女士向作者提出，哑铃一词在英语中的另一意思（a stupid person）在国际交流中不太方便，是否可以换为同义的其他词语。我接受了她的好心提议，斟酌之后用哑铃型战略的直接意思——双引擎战略予以替代（我多次在课堂上提及这一经历以纪念这位朋友，她与我一直保持着联系，但不幸于 2012 年 3 月 15 日突然辞世，这里的简略文字也是为了再次表达对她的纪念）。

2011 年，笔者在《沪港经济》第 1 期发表《全面把握双引擎战略》一文。同年 4 月 23 日，笔者在耶鲁大学举办的“2011 中美论坛”（US－China Forum at Yale）发表演讲，题目即《中国发展的双引擎战略与改革开放》。2012 年 1 月，出版《中国结构性大战略》一书，书中第五章的标题为“表述《结构性经济战略：双引擎战略》”，用 10 节的篇幅论述了这一战略。

2015 年初的《政府工作报告》和相关政策中开始使用“双引擎”的战略表述：“我们要打造大众创业、万众创新和增加公共产品、公共服务‘双引擎’，推动发展调速不减势、量增质更优，实现中国经济提质增效升级。”“当前经济增长的传统动力减弱，必须加大结构性改革力度，加快实施创新驱动发展战略，改造传统引擎，打造新引擎。”

这实际是本书中倡议的：“结构性经济战略面对如此多的经济结构问题，应该如何下手？笔者认为，这一战略应是双引擎的战略。”下面可以做一点对比说明。

关于政府所理解的改造传统引擎，根据经济学的理论指的是消费、投资、净出口三驾马车的作用。国民经济等式 $Y=C+I+G+(X-M)$ 中 Y 是国民收入，C 是消费，I 是投资，G 是政府支出，（X－M）是净出口。其中，传统经济的主要引擎，除去政府行为就是消费、投资、净出口。所以，它就是本书所提到的需求引擎（消费、投资和出口三驾马车之间的结构以及它们自身结构的优化调整所形成的新动能）。我们可以对比以下两个段落发现两者的一致点：两者都通过需求结构的调整形成扩内需、惠民生、促发展的新动能。前面的段落1是政府后来的战略表达，后面的段落2是作者以前在原书中的表达。

段落1："我们说要改造传统引擎，重点是扩大公共产品和公共服务供给。"这"是改善民生的必要举措，也是扩大内需的重要推手"[①]。"增加公共产品和服务供给，加大政府对教育、卫生等的投入，鼓励社会参与，提高供给效率。这既能补短板、惠民生，也有利于扩需求、促发展。"[②] 其具体领域"包括中西部铁路、水利工程、各类棚户区和城乡危房改造、污染防治等重点投资领域"。要吸引社会力量加入，"政府在加大财政投入的同时，不再唱'独角戏'，而是通过深化投融资改革，打破垄断，吸引社会资金和外资参与，采取政府和民营合作（PPP）、中外合作以及政府购买服务等方式，放大投资效应"[③]。

段落2：双引擎中的"一个是需求引擎，通过调整三大需求的结构提供经济发展的新动力，着力点转向扩大内需"和"改善民生价值目标的需要"。它"是经济动力结构的调整"，这一"动力结构和效益结构联系在一起，和改善民生，发展社会事业联系在一起。除了衣食住行外，需要扩大社会领域的消费，如文化、教育、卫生领域的消费，需要在这些领域提供更多的产品"，从而"实现增投资、促发展与扩消费、惠民生相得益彰"。满足这些需求的具体领域有："前一段的调研表明，中国棚户区家庭总数1148万户，2012年底要解决的困难住户1540万户，此外还有大量的其他方面的住房需求。城镇化进程将进一步启动这些需求。同时，消费结构的升级，教育卫生文化方面的新需求，也有很大的增长空间。"要"调动全社会参与社会事业发展的积极性，把应该由社会和市场发挥作用的事情真正交给社会和市场"。

双引擎的另一个引擎也具有类似的特征：两者都主要是来源于创新的新引擎。比较以下两个段落可以清楚地看到这一点。

段落1（政府战略表达）："我们说要打造新引擎，就是推动大众创业、万众创新。""这既可以扩大就业、增加居民收入，又有利于促进社会纵向流动和公平正义。""个人和企业要勇于创业创新，全社会要厚植创业创新文化，让人

---

① 李克强：《维护和平稳定　推动结构改革　增强发展新动能》，《人民日报》2015年1月23日。
② 李克强：《政府工作报告》，《人民日报》2015年3月17日。
③ 李克强：《维护和平稳定　推动结构改革　增强发展新动能》，《人民日报》2015年1月23日。

们在创造财富的过程中，更好地实现精神追求和自身价值。”“大众创业、万众创新不仅能释放民智民力，扩大内需和居民消费，增加社会财富，增进大众福祉。更重要的是，让所有人都有平等机会和舞台实现人生价值，推进社会纵向流动，实现社会公平正义。”“我们将推进财税改革，给企业尤其是服务型企业减税降费，推出扶持中小企业的新举措。”[①] 要“着力促进创业就业。实施好大学生创业引领计划，支持到新兴产业创业”[②]。

段落2（作者原书表达）：双引擎是“要实施创新战略，通过技术创新、制度创新和文化创新建设创新型国家，使经济发展向创新驱动型转变”。这是一个“供给引擎，通过供给新的知识要素和其他相关要素，形成新的要素结构和创新体系，并由此形成新的产业结构和改善传统产业结构，形成创新型经济的新增长点，带动经济结构向更高层面转化，不仅提供经济发展的新动力，而且带来创新型的新需求”。这将“使社会财富、公共资源在开放中进一步流动起来，使得内需得以扩大，需求结构得以改善，效率进一步提高，同时社会公正程度得以改善”。“扩大创新型需求，应着力在以下两个重要环节上下功夫：一是扶持中小企业、支持创业风险投资企业的发展，努力使大量中小企业成为创新主体；二是扩大创新型就业需求，让更多的高校毕业生成为创业者。”

除了上述关于双引擎战略的目标、着眼点、内涵和两种引擎关系的相似之处外，两者当然也有一些区别。本书作为双引擎战略的学术论述，自然在系统论证方面有更多的要求，它们与政府的政策宣示有以下的区别：

本书除了双引擎战略所直接涉及的供给结构（创新引擎）和需求结构（传统引擎）外，还论述了双引擎战略与效益结构、城乡结构、区域结构、资源环境结构的关系。在这些论述中，提出了如下设想：“在国家宏观战略布局上，力争经济较发达地区如珠江三角洲、长江三角洲、京津渤海湾经济带向某种程度的创新型经济转变，实现沿海地区与国际先进水平对接，提高国际竞争优势，同时东部地区产业向中西部进行转移，实现全国区域产业结构的战略性调整。”该设想涉及目前广东福建自贸区、长江经济带、京津冀一体化等区域战略。

本书也比较系统地论述了“双引擎”战略（结构性经济战略）与“十”字型战略（结构性政治战略）、双向开放战略（结构性社会与文化战略）之间的关系，以及与市场机制和政府作用之间的关系（结构性宏观调控），在此基础上整合为“中国结构性大战略”的概念。本书还比较系统地论述了双引擎战略

① 李克强：《维护和平稳定　推动结构改革　增强发展新动能》，《人民日报》2015年1月23日。
② 李克强：《政府工作报告》，《人民日报》2015年3月17日。

的学科和现实背景，提出了“双引擎战略，从经济学背景看是需求拉动与供给驱动的某种结合；从全球背景看是国内定位与全球定位的结合；从特定角度看也是中国东部和中西部发展定位的某种结合；从战略思想看，是比较优势与竞争优势的某种结合”。

除了上述以外，虽然两者都认为实施“双引擎”战略都须发挥市场和政府两方面的作用，但在作用的范围方面也有一些差别。政府的政策宣示侧重认为：“一方面要使市场在资源配置中起决定性作用，培育打造新引擎；另一方面要更好发挥政府作用，改造升级传统引擎”，即一方面，把市场与供给引擎联系起来；另一方面，把政府作用与需求引擎联系起来。本书则认为：两种引擎同时需要市场和政府两种活动机制的结合。“中国的经济增长离不开市场机制和调控机制的结合。”“如果试图取得创新的成功，必须处理这两种组织和两种机制的结合关系。”“只有发挥市场机制的基础性作用，结构调整才能有效进行，也就是说，强调了市场机制是结构性大战略取得成效的一个前提。”“要推进双引擎战略，解决投资与消费失衡和需求结构的调整问题，必须解决产权的落实机制问题。”“要推进双引擎战略，解决供给方面的创新能力和产业结构优化调整问题，必须解决垄断和价格机制的改革问题。”所以，需求引擎战略不限于政府的作用，其重点在于是否政府所为是需要研究的。

除了上述双引擎战略的直接运用外，本书提出的双引擎战略的方法论（两点论和两点论中的重点论，包括战略哲学中的比较优势和竞争优势的两点论和竞争优势的重点论）还有如下运用：

如党的十八届五中全会关于“十三五”规划的建议将新需求和新供给并提：要“释放新需求，创造新供给”，同时强调重点：“必须把发展基点放在创新上。培育发展新动力，激发创新创业活力，推动大众创业、万众创新。”

“十三五”规划虽然表述不同，方法论是一样的：“坚持需求引领、供给创新，提高供给质量和效率，激活和释放有效需求，形成消费与投资良性互动、需求升级与供给升级协调共进的高效循环，增强发展新动能。”同时，“把发展基点放在创新上，以科技创新为核心，以人才发展为支撑，推动科技创新与大众创业、万众创新有机结合，塑造更多依靠创新驱动、更多发挥先发优势的引领型发展”。

在本书中不仅强调双引擎的并用，而且还有空间布局的具体考虑：“力争经济较发达地区如长江三角洲、珠江三角洲、京津渤海湾经济带向某种程度的创新型经济转变，争取竞争优势，而同时将发达的东部沿海产业向广阔的中西部进行梯度转移，有效发挥中西部地区的比较优势，形成东中西部优势互补的格局。”特别是，把需求和供给引擎有机结合起来：“扩大创新型需要，把供给结构与需求结构的调整联系起来，通过创新为调整优化需求结构提供突破口，不仅创造更高的生产率，而且在更高层面更新需求结构。”“双创”战略是在这一基础上提出的：“扩大创新型需求的两个重要环节：扶持中小企业，努力使大量中小企业成为创新主体；更多的职业教育，让更多的高校毕业生成为创业者。”

此外，两点论中的重点论一开始在笔者这里就是明确的：“在双引擎战略中，就经济增长的总量和稳定性来说，需求引擎具有特殊重要性，而从未来经济发展的质量、增长的更大空间、国际竞争力等方面看，创新驱动的供给引擎更具有根本性。”①

（二）供给引擎的狭义和广义理解

细心的读者会注意到，本书所分析的供给引擎可以是狭义的和广义的，而狭义包含于广义的阐述之中。狭义的供给引擎在本书中是“通过供给新的知识要素和其他相关要素，形成新的要素结构和创新体系，并由此形成新的产业结构和改善传统产业结构，形成创新型经济的新增长点，带动经济结构向更高层面转化，不仅提供经济发展的新动力，而且带来创新型的新需求”。这主要是着眼于新的技术和知识要素的供给来改善产业结构，推动经济发展，大体可以纳入传统经济学的范畴。

广义的供给引擎则是“实施创新战略，通过技术创新、制度创新和文化创新建设创新型国家，使经济发展向创新驱动型转变”。这已经包含了制度和文化的层面，进入了更大的范畴。笔者在书中概括的关于创新战略的三个分析框架，就是这种广义的供给引擎的分析框架。第一个是被作者标示为文化经济学的经济学分析框架，大体属于现在的发展经济学的分析框架；第二个是系统科学的分析框架，即通常所说的国家创新体系；第三个是被作者称为经济文化学的分析框架，实际是文化学或文化人类学的分析框架。这三个分析框架沿着由小到大的顺序依次为经济学的、系统科学的和文化人类学的，都属于广义的分析框架。每个框架的形成是学界多年的工作，但其概述和三种框架的归纳是笔者的工作。也因为这一原因，笔者在书中常常着眼于创新或创新战略来阐述供给引擎的广义内涵，并由此把它和大战略的视野联系起来。

笔者在此要强调的是，作为供给引擎的创新，它的这种特点是与生俱来的。1912 年熊彼特提出创新概念时涉及经济的量和质两个方面，其本质立足于质的变革，而且是这种质的变革带来了经济量的增长（这一观点在今天有特

① 段培君：《全面把握双引擎战略》，《沪港经济》2011 年第 1 期。

殊意义）。他认为，创新是“企业家对生产要素的新组合”，是一种经济的结构性变革，表现在以下5个方面：（1）引进新产品和产品的新质量。（2）引进新技术或采用新的生产方法。（3）开辟新市场。（4）开辟和利用原材料供应的新来源。（5）实现企业的新组织。正是基于这种涉及新质的结构性变革，熊彼特强调，创新属于经济发展的范畴而不仅仅是经济增长的范畴，“仅仅是经济的增长，如人口和财富的增长所表明的，在这里也不能称作是发展过程。因为它没有产生在质上是新的现象，而只有同一种适应过程，像在自然数据中的变化一样”。所以，创新的首要特点是，创新是人们“用他们的智慧去改进生产方法和商业方法”，如“改进生产技术，占领新的市场，投入新的产品”，形成了“历史上的不可逆转的变动”，即“创新就是生产函数的变动”，包含某种质的变化，是“不能分解为无限小的步骤的”，甚至“包含着这个国家在经济结构和文化类型上的根本转化”[①]。不仅经济结构转变了，连文化类型也转变了，已经跳出了传统经济学的范畴。熊彼特之后，创新理论有了很大的发展，但在这一点上一以贯之。

创新的另一个特点是，创新并不限于经济结构的变革，而是基于新质的结构性变革而导致经济量的增长。创新理论强调新的质与量的统一，认为创新带来经济的新增长。如熊彼特所说：“随着某些企业创新的出现，其他企业为了分享创新利益对新产品、新技术、新组织进行模仿和推广，引起技术创新浪潮，于是经济走向高涨。所以，创新是经济增长的动力。”因此，创新属于经济发展的范畴，它与经济增长的区别在于，除了包含经济量的增长外，还尤其包含经济结构的优化和经济质量的改善。前者是一个国家或地区的技术结构、产业结构、收入分配结构、消费结构以及人口结构等经济结构的变化，后者指一个国家和地区经济效益的提高、经济运行的稳定等。特别是，经济结构的优化和经济质量的改善还直接导致了经济量的增长。所以，在这一意义上，可以把创新视为经济发展。熊彼特就是在《经济发展理论》书中提出创新范畴的。

从创新的三个分析框架和当代实践看，创新的理解已不限于经济发展的理解，而可以理解为创新发展的概念，延伸到全面发展的领域。当然，这一理解不妨碍我们把重点依然放在经济发展的层面上。基于这一点，笔者曾在一篇论文中[②]比较系统地论述了创新发展，算是新的实践条件下对供给引擎的新阐释。它包括以下四个层面：

---

① 〔奥地利〕熊彼特著，何畏等译：《经济发展理论》，商务印书馆2014年版，第73、297、303—304页。

② 参见段培君：《创新发展：影响发展全局的深刻变革》，《湖南社会科学》2016年第2期。

第一，创新发展首先是发展方式的深刻变革。这一发展主要着力于经济发展的层面，特别是供给引擎的狭义层面，要求在动力结构上转向以“双引擎”中的创新引擎为重点，从以劳动力、资源等要素投入为主的发展模式转向以知识要素为主的创新驱动发展模式。中国经济面临的问题，不仅源于需求结构，而且尤其源于供给结构。从更加长远的视野看，供给结构的问题更带有战略性和威胁性。目前的情形表明，中国的创新驱动力不足，产业结构不合理，全要素生产率不高。通过供给侧的改革，形成新的供给引擎，催生创新型经济的新增长点，带动经济结构的优化调整，不仅提供经济发展的新动力，而且带来创新型的新需求，对于中国经济的后续发展至关重要。

供给引擎的重要还具有第四次工业革命的背景，即智能革命和能源革命的特征，是对前三次工业革命的提升和超越。“十三五”时期提出的创新发展，顺应了从“工业 3.0”到“工业 4.0”的全球大势。

第二，创新发展其次是主体发展的深刻变革。从“工业 1.0”到“工业 4.0”的演变表明，创新发展要求主体具有更高的创造力、更强的活力、更好的协调能力。一是从体能放大的时代到智能化时代的跃迁，从诉诸客体资源到诉诸主体的智力资源，表明了主体力量上升到新水平，是主体性的新增强。笔者曾分析：“随着新技术革命的发展和创新在全球的推进，人本身在经济社会发展中越来越成为一种特殊的资源和力量，成为经济社会发展的特殊推动力。在此意义下，当代经济社会发展规律需要通过‘以人为本’，进行新的阐述。中国所以把提高自主创新能力、建设创新型国家作为中国发展战略的核心，正是出于对这种发展规律的认知。”

二是，从主要使用化石能源到使用新能源和新的信息智能资源表明，人类主体不仅能大幅提高资源效率，而且能走向循环发展的方式，走向资源节约型和环境友好型的社会，使得主体协调自身与自然关系的能力显著增强。这样，主体性的内涵不仅是自身力量的单向度体现，而且增加了人与自然协调能力的新向度。主体遗忘“存在”的现象开始被克服，这在主体发展史上是一次深刻的变革。

实现主体发展的深刻变革，特别需要着力于确立企业的创新主体地位。科技工作者提供创新的知识要素或技术要素，政府提供政策要素，而企业家把创新的要素和相关资源整合起来，实现现实的创新发展。如熊彼特所说，创新是建立一种新的生产函数，即把一种从来没有过的生产要素和生产条件的“新组合”引入生产体系。企业家是创新要素的“组合”者、创新发展的关键达成者。作者在此强调，这是供给引擎的主体保证。

第三，创新发展也是发展机制的深刻变革。创新发展要求更高水平的活力机制。在粗放式发展中，政府在相当程度上能够配置土地、资本、劳动力等资源，通过投资驱动实现一定水平的经济增长。但是在创新发展中，这种配置方式不能照搬套用。这是因为创新发展要求更有活力更加自由更加完备的资源配置机制。知识或技术方面的创新，需要研究主体的思想和表达自由，在这种自由机制的保障下，涌现大量的创造性成果。企业产品的创新，要求企业主体的决策自主和相关创新要素在市场中的自由流动，如此企业才能有效配置创新要素。中国在创新发展中强调推进政企分开、政资分开，就是要实现政府与企业在人财物要素方面的分离，使企业通过市场对创新要素进行自主整合；同样，强调政事分开，就是要实现科研教育系统的去行政化，使创新发展的思想和知识技术要素自主地生产和流动，成为创新驱动的现实基础，并在这一进程中形成符合教育和社会化规律的创新型管理体制，实现新一代创新型人才的培养目标。

创新发展要求进一步完善市场机制，如党的十八届三中全会决定所要求的，发挥市场机制在配置资源中的决定性作用。创新不仅需要市场，而且尤其需要更加成熟更高水平的市场机制。通过完善市场机制，形成分散决策的格局，进而形成“大众创业、万众创新”的局面；通过建立知识产权保护制度和信用体系，形成创新的人才市场、经理人市场、技术产权交易市场，奠定创新要素的聚合平台；通过完善市场的竞争机制，形成创新成果的扩散机制。所以，完善市场机制，不但是经济增长的一般要求，更是创新发展的特殊要求。

创新发展导向技术活动机制与市场机制的深度融合。根据罗默的研究，科学技术成为经济增长的内生变量①，市场机制配置的资源扩展于人的科技活动，形成新的不同于传统市场的结构。技术活动的信息场与市场已经形成了新的“场”，“网络经济达到了信息技术系统与市场经济系统的合二而一，信息场与市场的合二而一，传统的经济结构已经发生了根本性的改变，传统的经济概念也发生了质的变化。信息技术的产业化和传统产业的信息化都是这种合二而一的表现，它们既是技术结构的变化，也是经济结构的变化。不论是企业的人机系统，还是整个地区或国家的网络系统，它们都既是信息技术的网络系统，又是市场化的经济运行系统。从机制层面看，信息技术与市场已经具有一定的结合制度与机制。风险投资和纳斯达克市场就是这种制度与机制中的一种形式。通过这一形式，信息技术产业化获得了大量的资金支持，信息产业结构的调整也得到了资本市场资产不断重组的支持。从发展趋势看，信息技术正与市

---

① 〔美〕菲利普·阿吉翁、彼得·霍伊特著，陶然、倪彬、彬华、汪柏林等译：《内生增长理论》，北京大学出版社 2004 年版，第 32—35 页。

场进行更加深入的对接，将会出现一个更为成熟的网络经济形态，在这个形态中人流、物流、货币流、信息流将会形成一个新的统一场”①。

这是社会活力机制的整合创新，体现了发展机制的深刻变化，实际上强调了供给引擎对于体制机制的基础性要求。

第四，创新发展还是思想文化的深刻变革。创新作为一种文化类型的转变，是一种时代精神的价值追求、一种思想解放和与时俱进。思想、知识和文化的创新进程，为发展提供不竭的信息源泉和精神动力。创新发展理念的形成本身即创新发展的结果。历史地看，我国对创新的认识经历了三次重要的变化。第一次是2005年提出建设创新型国家，将创新战略提升为国家战略；第二次是2006年提出将创新战略作为中国面向未来的核心战略，并在2007年党的十七大报告中确认；第三次是“十三五”规划建议将创新提升为发展理念的层面。创新发展不但是经济实践的上升前进运动，而且是思想的不断解放、文化的不断创造和知识的不断更新，是现实主体生生不息的开放发展。

创新发展理念的确立使人们认识到，现代化乃至后现代化的发展，其主导机制是创新。现代发展模式与传统发展模式的显著区别是工业革命，而酿致这一区别的关键因素是创新。经济学家在这一意义上甚至说，过去200年中收入增长的主要源泉并不是资本的积累，而是技术的进步。哲学家则宣布，科学技术已经成为第一生产力。当代的创新发展不断催生新的产业结构，从信息技术产业到生物技术产业，再到新能源产业，改变了全球的经济结构与发展方式。这确是经济结构和文化类型的同时转变。

创新发展确实要在上述层面的广泛视野下进行比较全面深入的新阐释，才能对供给引擎的战略定位及其与大战略的关联有真正的把握。

---

① 段培君：《科技经济一体化视野中的网络经济》，《自然辩证法研究》2001年第12期。

第六章　结构性政治战略：“十”字型战略

按照大战略的思路，需要有与结构性经济战略相一致的结构性政治战略。与经济的双引擎战略相配套，政治方面应当是“十”字型的战略，其着眼点是在纵向和横向方面调整现有的权力结构，以形成比较合理的政治结构，使经济、政治结构能够协调发展。

在纵向权力结构上应进一步改革人财物的管理体制。能否深入改革人财物的管理体制关系到能否转变经济发展方式，关系中国经济发展的全局与长远。这一改革实质是权力结构的调整，在更大程度上属于政治体制改革的范畴。

在横向权力结构上应加快推进政企分开、政事分开，使专业化、社会化进程与权力分置结合起来，形成企业、事业单位和政府相对独立而又功能互补的现代社会结构。在国家决策层面上，建立健全决策权、执行权、监督权既相互制约又相互协调的权力结构和运行机制。

结构性政治战略要解决的是经济结构调整中深层的制度性、体制性问题，因而更带有根本性。如果“十”字型战略不能推进，权力结构不能合理调整，则经济结构不可能优化调整，中国经济也不能持续发展，中国现代化将在此搁浅。中国 40 年改革开放的进程，已经到了关键阶段。

一、深入改革的实质是调整权力结构①

大战略要求统筹经济与政治的关系。从现实的情况看，统筹经济与政治的关系，事关发展全局，而不仅是经济发展的全局。但这里还是着眼于经济全局来强调统筹经济与政治发展的必要性与紧迫性。曾经有一种思路认为，可以把政治发展与经济发展分开处理，即使不进行政治体制改革也可以发展经济。现在看来，这种思路只是旧的粗放式发展模式中存在的某种可能性；在科学发展

① 本节部分内容参见段培君：《深入改革的实质是调整权力结构》，《沪港经济》2009 年第 9 期。

的模式中，这种可能性几近为无。换言之，在经济实现科学发展的路径中，统筹经济与政治的发展是不可或缺的。

为什么这么说？可以从两个方面回答。

第一，转变经济发展方式，实现科学发展需要改变粗放式的投资驱动模式，消解这种模式赖以生存的政府对资源的集中控制或垄断，这其中涉及对土地、财政、能源等资源的管理体制。

第二，转变经济发展方式，实现科学发展需要从侧重依赖土地、劳动力资源转向侧重依赖知识资源，从投资驱动转向创新驱动，而这一转变以人才资源的解放为前提。没有创新主体地位的确立，国家创新体系无法形成，知识资源不可能成为经济发展主导机制的依赖性资源，也就不可能达成全局性的创新驱动与产业结构升级调整。

上述两个层面问题的解决，都涉及政治体制的改革。前者涉及对财物的管理权，后者涉及对人的管理权，都关系到权力结构的调整。没有这种调整，转变经济发展方式无法找到现实的途径。

从财政的资源管理看，近一年来，财政资源越来越向政府，特别是中央政府转移。2007 年，国内生产总值达到 24.66 万亿元，比 2002 年增长 65.5%，年均增长 10.6%，而全国财政收入达到 5.13 万亿元，年均增长 32.4%，约为 GDP 增速的 3 倍。2007 年中央财政收入 28611.95 亿元，占全国财政收入的 55.75%，其增长 34.7%，超过全国财政收入增长 32.4%的速度。从支出结构看，全国财政支出 49781.35 亿元，中央本级支出 11442.06 亿元，对地方税收返还和转移支付 18137.89 亿元，中央财政支出占全国支出的 59.02%。与此同时，居民收入占 GDP 比重下降，2006 年居民收入占 GDP 比重由 1978 年的 56%下降到 45%；工资总额由 17%下降到 10.6%。很清楚，在这样的财政结构下企望通过消费拉动经济是不现实的，财税分配的结构不仅需要改革，而且形成这种结构的权力结构也需要改革。

从土地资源的管理看，据国土资源部 2005 年对 620 个房地产开发项目的调查显示，中国地价占房价比例为 15%～30%，平均为 23.2%。据全国工商联对 81 个项目调研的报告，房地产项目开发中土地成本占直接成本的比例最高达 58.2%，在开发项目总费用支出中有 49.42%（土地成本＋总税收）流向政府，开发项目的总销售收入中政府占 37.36%。虽然对于统计数据有一定的分歧，但可以确定的是，政府通过土地管理权的使用确实成为了房地产的主要收益方之一，这一利益机制客观上强化了房地产的投资驱动，刺激地方政府通过经营土地进行粗放式的扩张发展。据统计，由于这种发展，全国空置商品房 2009 年一季度已达 2 亿平方米。假使不对土地资源管理权的经济回报方式予以改革，房地产行业的理性回归与科学发展难以设想。

从人才资源管理的情况看，国企的主要领导者依然主要通过委任机制和行政级别进行管理。目前，高等学校也纳入了这一体制，陆续形成了副部级和厅局级的行政管理层次，使高校进一步行政化。这一体制，一方面使高校的法人主体地位无法真正确立，不能真正形成产学研政介相结合的国家创新体系；另一方面，使高校研究者的主体地位受到限制，扭曲了创新激励机制。因此，在这种体制下社会分工的功能结构不能合理化，企业家和知识劳动者难以真正成为创新主体，就由主要依靠增加物质资源消耗向主要依靠科技进步、劳动者素质提高、管理创新的转变无法真正落实。

综上不难理解，能否深入改革人财物的管理体制关系到能否转变经济发展方式、实现科学发展。在这一意义上，统筹经济与政治发展，强调政治体制改革，其根本落脚点是推动中国经济的发展。它实质要求生产力的又一次大解放，是对创新主体、科学发展主体的解放。这是科学发展的经济意义所在，也是社会意义所在。

二、"十"字型政治战略的立足点①

"十"字型政治战略的立足点是基于经济需求结构和供给结构调整的内在要求而提出权力结构的调整。这些结构的调整包括调整支配财政分配的权力格局，调整土地管理的权力结构，调整人力资源管理的权力结构。

经济结构的优化调整离不开政治结构的优化调整。结构性经济战略要求有相适应的结构性政治战略。在上节中笔者提到了结构性的哑铃型经济战略，这里进一步提出"十"字型的政治战略，使之与哑铃型战略相协调。

"十"字型的结构性政治战略以政治结构的优化调整为主要目标和路径，主要涉及人财物管理的权力结构和社会治理的权力结构的优化调整。"十"字型战略的含义是，"十"字型的"丨"方面是人财物管理的纵向放权及其权力结构的合理化，"一"的方面是社会治理权力结构的横向分权及其合理化配置。前者主要基于经济发展动力结构的优化调整而提出，当然也部分地涉及经济要素结构的优化调整；后者主要基于经济发展要素结构的优化调整而提出，也会在一定程度上影响动力结构的优化调整。总的来看，都是以经济结构的优化调整为参照而设置。

"十"字型战略的"丨"方面，目标是要以消费占首位的，消费、投资和

---

① 本节部分内容参见段培君：《"十"字型的结构性政治战略》，《沪港经济》2010年第7期。

出口相协调的动力结构取代粗放式的投资驱动模式。为此，要扩大消费，消解投资驱动模式赖以生存的政府对资源的集中控制或垄断。这两个方面都要求改革财政和土地等资源的管理体制和管理方式，调整对资源的分配格局和支配资源的权力格局。

首先，是改革财政分配体制与调整支配财政分配的权力格局。近年来，财政资源越来越向政府转移。居民的最终消费率持续下降，在2006年首次下降至50%以下。为此，应加快调整国民收入分配格局，改革财政管理体制与分配体制，调整与这种体制连在一起的权力结构。作为公共权力的一个部分，不仅财政权力的运用应公开透明，财政权力的归属和分配也应本着科学执政、民主执政和依法执政的要求进行改革。当前，需要加强人民代表大会对于财政权力的管理与制约，将修立财政管理体制法提上日程，改变财政权力集中于各级财政行政部门的格局。同时，应尽快确定行政部门中财政权力分割制约的方案，项目的审核与拨款分立，减少由于权力垄断所带来的腐败现象。

其次，应改革土地资源的管理方式，调整土地管理的权力结构。据财政部数据，2009年全国土地出让收入为14239.7亿元，比上年增长43.2%。如果不对土地资源管理方式和财税管理体制进行改革，扩大消费和消解粗放式投资驱动的目标就不可能实现。当前应重点考虑将财政收入从土地出让金后移为住宅资产累进税，分离地方政府与房地产商的利益相关链条，提高公共资源管理的公共化程度，从资源基础方面消解粗放式的投资驱动模式。

最后，应将人力资源的配置更多地交付人才市场而不是某个管理机构，改革人力资源管理体制。只有这样，才能体现市场在配置资源方面的基础性作用，解放生产力中最活跃的要素，优化资源配置，从根本上有利于动力结构的改善和经济的持续发展。

“十”字型战略的“一”方面，是社会治理权力结构的横向分权。按照社会化的原则推进政企分开、政资分开、政事分开、政府与市场中介组织分开，是这种横向分权的应有之义。只有这样，才能减少政府对微观经济运行的干预，减少政府对事业单位、中介组织的不适当干预，使得政府、企业、事业单位、中介组织按照各自的活动规律自主地发展，形成功能互补的良性结构，也使得国家创新体系得以建立，经济要素结构得以改善。基于这一原则，国企和高等学校的主要领导者应改变主要通过行政级别进行管理的机制，真正确立国企和高校的法人主体地位，使社会分工的功能结构进一步合理化。为使经济发展的要素结构得以改善，上述社会权力结构的横向分权显得非常必要和迫切。

要使政企分开、政资分开、政事分开、政府与市场中介组织分开成为现实，必须改革权力的垄断形式，建立国家管理的分权机制，健全决策权、执行权、监督权既相互制约又相互协调的结构和运行机制，使权力在阳光下运行，推动公共管理权力的合理化，并由此推动经济资源的合理配置和创新的有效进行，使中国经济具有更大的发展空间和后劲。

在这一意义上，"十"字型的政治战略，其根本立足点是推动创新主体的解放。

三、权力结构改革是最大的民生所在[①]

解决民生问题，从根本上说，必须解决资源的配置机制问题，解决这一机制背后的权力配置机制问题。借口先解决民生问题而不进行政治体制改革是错误的，因为恰恰是改革，特别是调整权力结构的政治改革，会给民生带来最大的利益。同时，通过改革实现经济持久健康稳定发展，也才能从根本上保证民生利益的获得。企图通过政府更多的掌握资源来解决民生问题，实质是计划经济的思路，与经济结构调整所要求的将资源交给市场和民众的思路是大相径庭的，其利益立足点并不是民生。

民生的最大利益蕴藏在改革中。改革是实现民生利益的根本途径。如果我们关心民生，必须在改革方面下最大的决心。

2009 年为体现重视民生，中央财政投入 420 亿元资金以实施积极的就业政策，投入社会保障资金 2930 亿元，投入 120 亿元提高 1200 万中小学教师待遇，在 3 年时间投入 3318 亿元以保证医药卫生体制改革的顺利推进（大约每年 1106 亿元）。这些加起来，中央财政的投入盘子大约为 4576 亿元。由此说明，中央财政在解决民生问题方面是下了功夫的，仅社会保障资金就比上年增加 439 亿元，幅度为 17.6%。

然而，如果注意这一年推行的财税改革会有另一番感受。增值税改革减轻了企业税负约 1233 亿元，加上减轻居民的税负共约 5000 亿元。而实际减免的税费超过 5000 亿元，达到 6000 亿元。这就是说，此项改革的结果已经超过中央财政今年对于民生的大宗投入。

看来改革的直接成效超过其他途径的功效。改革能够实现利益格局的调整，使得民生问题得到更好的解决。仅从财税方面看，中央向地方的税收返还和转移支付已经超过 1.8 万亿元，这方面虽然有所下调，但依然有改革的空间。财税制度改革与政府职能转变直接带来了巨大的民生效益。医疗改革与其他社会领域的相关改革也是如此。

---

① 本节部分内容参见段培君：《改革是最大的民生所在》，《沪港经济》2009 年第 5 期。

当然，这些还不是最重要的。最重要的是，坚定不移地通过改革实现经济持久健康稳定发展，从根本上保证民生利益的获得。

当前的国内外形势表明，中国面临的并不是单一危机，而是双重危机，既有国际上的金融危机，也有中国发展方式的某种危机，而且后者更具长远性和根本性。只有转变经济发展方式，实现经济结构的战略调整，中国经济才能从根本上杀出一条路来。中央经济工作会议所要求的把加快发展方式转变和结构调整作为保增长的主攻方向，体现了这一战略思想。要做到这一点，从根本上说仍然是坚定不移地推进改革。

我们多次说，要进一步提高居民的收入和消费率，实现消费、投资与出口的协调拉动，改变中国经济发展的动力结构。然而，不改革财税体制和收入分配制度，不改革与此相关的政治体制和人事管理体制，如何做到这一点？如果一方面，保持庞大的“吃皇粮”队伍，特别是让巨大的财权控制在少数部门或组织手中；另一方面，又企望民众收入有稳定性的提高而不会发生利益分配的倾斜，这是不可能实现的。

我们一再讲，要转变政府主导型的粗放式发展模式。然而不推进经济体制改革，不能发挥市场配置资源的基础性作用，这种发展模式就难以改变。可以说，政府对资源的控制是中国投资驱动居高不下的重要原因。在新的发展阶段，不减少政府对资源的控制和转变政府职能，就不可能向新的发展模式过渡。特别在危机处理的历史关键时刻，尤其需要警惕权力与资源配置向旧体制的回归。

我们也不断地指出，要增强企业的活力。但是，如果不改革源于权力的资源配置机制，使大中小企业平等地获取资源，企业生态如何合理？中小企业又怎样才有活力？如果一方面，期望中小企业解决90%的就业问题；另一方面，又不能使中小企业在贷款、财政补贴等方面实际分享同等的政策资源，解决就业的设想就要落空，发展第三产业、使中小企业成为创新主体的努力也难以有突破。

我们还一直强调创新的重要，认为通过创新，新的经济结构的生长点才能出现，依靠提高劳动者素质和创新驱动来发展经济的格局才能出现。然而，不改革教育管理体制，不让教育机构真正成为事业发展的主体而只是行政部门的附庸，国家创新体系如何才能真正形成，建设创新型国家的目标如何实现？教育机构的行政化是建立国家创新体系的第一块拦路石。此石不搬，创新就会落空。

总之，从根本上解决民生问题必须解决资源的配置机制问题，解决这一机制背后的权力配置机制问题。除了坚定不移地改革，我们没有别的出路。正如中央经济工作会议所要求的，必须深化重点领域和关键环节的改革。这是最大的民生利益所在。

四、创新型改革的内涵与意义[①]

通过体制创新和改革达到结构优化升级和转变发展方式的目标，是权力结构调整的基本路径。为此，需要总体考虑产权制度、财税制度、人才制度、资源管理制度、评价机制等五项改革。

笔者在4万亿元投资计划提出时曾建言：这一投资应明确把结构优化调整作为基本目标。欣慰的是，中央经济工作会议强调，要把加快发展方式转变和结构调整作为保增长的主攻方向。现在，本章进一步提出另一相关命题：创新型改革是加快发展方式转变和结构调整的基本条件，应作为振兴经济的长久之道。

创新型改革是以建设创新型国家为取向的改革。它的主攻方向是，通过体制创新达到有效提高自主创新能力、实现产业结构优化升级和转变发展方式的目标，保持经济长期稳定健康发展。这应是新的历史阶段改革的重点，改革的重大举措应当凝聚到这一方向上来。

这方面的改革应当包括以下关键环节：

第一，产权制度的深入改革。创新以企业活力为前提。为增强国有企业经济活力，应深化国有企业公司制股份制改革，切实落实企业法，明确违法追究机制。尤其要完善知识产权保护制度。当前应着重解决两个问题：一是企业创新的产权风险。如果知识产权不能得到保护，就没有企业敢于投资进行创新。二是企业知识产权保护的高成本。虽然知识产权最终得到了保护，但企业花在时间、市场和费用方面的成本太高，令人望而生畏。解决这两方面的问题对于中小企业开拓创新具有特殊意义。

第二，深化税收和财政体制改革。资金是创新投入的基础。为降低企业设备投资的税收负担，促进企业技术进步和产业结构调整，2009年已在全国推行增值税改革，这对增强企业活力，提高消费需求无疑大有裨益。然而，由于中央向地方的税收返还和转移支付已经超过18000亿元，因而这方面依然有改革的空间。同时，这一改革也应法制化、规范化，应有明确的立法来规范中央与地方的财政关系，健全中央和地方财力与事权相匹配的体制。可以考虑在县

① 本节部分内容参见段培君：《创新型改革：中国面临一场革命性的变革》，《沪港经济》2009年第3期。

级进行试点，建立预算的公开透明机制，逐步向各级政府推广。税制与财政体制改革，应与结构性的货币政策和财政政策统筹考虑。

第三，推动人才制度改革。创新，归根到底靠人才。应改变计划经济下形成的管理人才的思路，建立人才市场和人才管理的新机制。务必贯彻政企政事分开原则，企业人才通过人才市场招聘，国有企业管理人员按照人才市场价格而不是行政级别进行聘任；事业单位人才按照专业水准而不按照行政级别任用。实行行政与研究系统的双轨制，专业层级制度不比照行政的层级制度设定，研究单位的层级待遇不参照行政级别待遇。可根据研究系统的特点决定研究人员的待遇，在体制和政策上体现人才的重要性。

第四，深化资源管理体制的改革。创新在一定意义上是知识资源与其他资源的再配置，因而资源管理制度的改革具有重要意义。应落实《中央关于推进农村改革发展的有关政策》，抓紧修订、完善相关法律法规和政策，赋予农民更加充分而有保障的土地承包经营权，建立健全土地承包经营权流转市场。应进一步完善反映市场供求关系、资源稀缺程度、环境损害成本的生产要素和资源价格形成机制，使市场能够优化配置资源，推动生产者改变粗放生产方式，同时减少政府对微观经济运行的干预，减少腐败寻租活动的机会。垄断行业的改革应引入竞争机制，加强商品和服务市场的反垄断执法和资本市场的监管。事业单位的研究资源应逐步由行政部门分配转由研究共同体按照一定的竞争机制进行配置，实现智力劳动者与劳动资源的直接结合。

第五，评价机制的改革。进一步建立完善经济建设、政治建设、文化建设、社会建设和生态环境建设“五位一体”的评价体系，特别要建立创新型的区域和行业的评价体系，发挥其导向和约束的机制作用。

第六，进一步完善社会保障体系，为经济结构调整提供社会保证。

经济结构升级与转变发展方式是中国经济发展的根本出路。不论在这一意义上，还是在创新型改革的意义上，中国都面临着一场变革。我们需要在新的基点上认识这场变革的意义。

五、体制机制变革是结构变迁的前提[①]

关于企业和地方政府的实证数据说明，如果不改革体制机制，不进行权力结构的调整，结构调整的目标是不可能实现的。

---

① 参见段培君：在北京科学技术与低碳社会高峰论坛上的主题演讲，《转变发展方式是建设低碳社会的基础》，2011年3月29日。

转变发展方式是建设低碳社会的基础，意思就是说如果我们发展方式不转变，结构调整不能推进，建设低碳社会就是空中楼阁。多年来，我们能源的使用指标一直在快速上升，由此带来了污染和相关的一些排放，比如 CO_2 排放。能源的消耗可以从量的角度和质的角度作一个简单的分析。2000 年，我们能源消耗总量是 13 亿多吨煤，到了 2009 年达 31 亿吨，2010 年是 32.5 亿吨，增长的速度平均每年都在 1 亿吨以上。从结构看，能源消耗主要是投放工业以及与工业相关的方面，用于消费方面的能源消耗是比较低的。从这一情况看，主要的问题是我们工业发展的能源消耗量比较大。这个与我们的经济结构是联系在一起的。

今天讲转变发展方式，从经济角度来说，主要是两个结构的转变。一个是需求结构，就是我们常讲的三大需求：投资、消费和出口。这个结构要调整，因为刚才所讲的那个能源的消耗是我们投资驱动所带来的结果。另外一个结构就是供给结构，即我们能供给什么技术、供给什么要素，才能解决我们的一、二、三产业的结构调整问题。

需求结构的问题是，投资率一直在攀升，消费率在持续下降。消费比重下降的同时伴随着人均收入占人均 GDP 的比重也在下降。居民消费的能源、生活消费的能源比重在下降，但工业使用的能源在上升。

要深究的是，投资率为什么偏高？从最近研究的企业投资情况来看，2004—2008 年，国有控股的企业在城镇投资中平均占比是 49%（如表 6—1 所示），基本上有一半是国有企业在投资。国有企业为什么要投资？里面有一个体制机制问题。因为我们国企的利润除了交税以外，其他的部分没有一个出口。我们的产权机制在分配环节落实不下去。这钱没有一个出口，没有办法分下去；而资本放在这里又不能让它贬值，所以只有用于投资。这样的话，国企的规模就越投越大。这是一个涉及体制机制的问题。

表 6—1　按行业、隶属关系和注册类型分城镇固定资产投资

（单位：亿元）

指标	投资额	中央	地方	内资	港澳台商投资	外商投资	国有控股	集体控股	私人控股
2008 年总计	148738.3	17172.5	131565.8	134559.1	6369.6	7809.6	63997.8	9420.3	50193.2
2007 年总计	117464.5	13165.3	104299.2	105271.7	5457.0	6735.7	52229.4	8080.6	46405.1

续表

指标	投资额	中央	地方	内资	港澳台商投资	外商投资	国有控股	集体控股	私人控股
2006 年总计	93368.7	10856.5	82512.2	83443.4	4336.1	5589.2	44823.9	6472.0	33378.2
2005 年总计	75095.1	9111.0	65984.1	66670.7	3767.3	4657.1	38676.7	2231.7	9950.0
2004 年总计	59028.2	7339.7	51688.5	52060.7	3113.5	3854.0	34091.8	1879.1	6517.9

资料来源：参见国家统计局编：《中国统计年鉴 2010》，中国统计出版社 2010 年版，第 173 页。

另外一个角度是，地方投资率为什么高？国家统计局的数据显示，2008 年整个全社会固定资产的投资资金来源中，78%以上是自筹资金和其他资金（如表 6—2、表 6—3 所示），这是我们投资的主要来源。除去中央的部分，地方上占的资金比重是 55%以上。主要的投资驱动力从自筹资金来看，55%是地方资金。为什么是这样的情形？这涉及地方政府官员的评价机制、财政体制和土地权限的管理问题。如果这一问题解决不了，这背后的权力结构和权力形成机制问题解决不了，投资率偏高的问题很难解决。

表 6—2　全社会固定资产投资资金来源　（单位：亿元）

年份	国家预算内资金	国内贷款	利用外资	自筹和其他资金
2000 年	2109.5	6727.3	1696.3	22577.4
2001 年	2546.4	7239.8	1730.7	26470.0
2002 年	3161.0	8859.1	2085.0	30941.9
2003 年	2687.8	12044.4	2599.4	41284.8
2004 年	3254.9	13788.0	3285.7	54236.3
2005 年	4154.3	16319.0	3978.8	70138.7
2006 年	4672.0	19590.5	4334.3	90360.2
2007 年	5857.1	23044.2	5132.7	116769.7
2008 年	7954.8	26443.7	5311.9	143204.9

表 6—3　全社会固定资产投资资金构成　（单位：%）

2000 年	6.4	20.3	5.1	68.2
2001 年	6.7	19.1	4.6	69.6

续表

年份	国家预算内资金	国内贷款	利用外资	自筹和其他资金
2002 年	7.0	19.7	4.6	68.7
2003 年	4.6	20.5	4.4	70.5
2004 年	4.4	18.5	4.4	72.7
2005 年	4.4	17.3	4.2	74.1
2006 年	3.9	16.5	3.6	76.0
2007 年	3.9	15.3	3.4	77.4
2008 年	4.3	14.5	2.9	78.3

资料来源：参见国家统计局编：《中国统计年鉴 2010》，中国统计出版社 2010 年版，第 158 页。

从供给结构来看，是靠资源投入、能源投入，还是更多地靠科学技术要素的投入？

在这一背景下看我们的供给结构，调整的难度比较大。一、二、三产业的结构，2000—2008 年，第三产业基本上是调而不动，是 40%左右。第一产业下降，从 15.1%到 11.3%；第二产业从 45.9%到 48.6%；第三产业基本不动。有数据显示，高技术产业的产值占 GDP 的比重一直在 20%以下，附加值也是在 5%以下。税收利润中高技术产品比重也比较低，占 8%以下。金融危机以来，政府进行 4 万亿元的投资，保了增长，而经济的结构性矛盾却更加突出了。从目前的情况看，供给结构的调整也需要解决体制机制问题。从国家创新体系的角度来看，如果我们的企业和研究机构的领导人、法人的主体地位得不到有效保证，那么创新体系就搞不起来。因为国家创新体系是需要签契约的，这个体系靠契约来形成和运行。如果法人地位得不到有效保证，创新项目都要打报告听行政机构的指令或批复，这就可能贻误时机，甚至完全不能有效决策。同时，研究机构和高校如果侧重于行政化管理，从文化的角度来看不仅创新有难度，而且社会化、专业化都不能发展和完善，创新的主体性发挥不出来。

所以，从战略层面看，相关的体制机制问题不解决，两个结构的调整都是不可能的。这也是为什么讲要坚定不移地进行改革开放，提出要政企分开，政事分开，政府与中介组织分开。如果这样做了，企业的管理者、高校的管理者、研究机构的管理者能进一步解决主体性问题，解决这方面的机制问题，从而使供给结构的调整具有现实的基础。整体地看，转变发展方式、经济结构的战略性调整，需要采取"双引擎战略"，将供给结构和需求结构结合起来进行调整。这两个结构的调整，既要解决科学技术要素的供给问题，又要解决投资率偏高，以及与此有关的能源消耗偏大和排放增加的问题。实施这一战略，毫无疑问，必须坚定不移地改革体制机制。

六、经济结构调整要求哪些意义上的民主①

经济结构调整不仅要求经济民主，而且要求政治民主。这里的两个民主有其特定的含义。首先要求从体制机制上解决经济民主的问题。中国为什么经济需求结构不合理，投资率偏高？从企业投资情况来看，前面提到，2004—2008年，国有控股的企业在城镇投资中基本占半壁江山。国有企业之所以要投资，是因为它们的利润除了交税以外，其余部分没有一个分红的渠道，只能用于投资。国有企业的产权机制在分配环节落实不下去。

所谓产权机制在分配环节不落实，是说全民所有的企业股东们对于企业利润没有实际的决定权和直接的分享权。这根源在于：国有企业是全民所有的企业，如此众多的股东难以像一般企业那样通过股东大会进行重大问题的讨论和决策，只能委托某些代理人代行股东权力。问题在于：全民股东们对于代理人的产生和行为能否具有决定性的制约权？如果全民股东们能够通过某些民主程序制约代理人，则股东们能够行使自己的产权；如果失去了这种制约权，则股东们的产权将会形同虚设。这里的民主涉及的与其说是政治问题，不如说是经济问题。在这一意义上，笔者把这一民主称为经济意义的民主，简称“经济民主”。

所以，首先需要解决的是全民股东应有的经济民主权利，使产权能够在分配环节落实下来。譬如，作为一个过渡步骤，可以通过社保基金账户，让国有企业50%的利润转入每个股东的账户，使得全民股东具有实质上的分红权利。中国从1994年税制改革后相当长一段时间国企只缴税，税后利润归企业所有。按照现在的有关规定，中央企业税后利润收取最多为10%，少的为5%或不收取。据有关测算，2010年中央级国有企业利润用于社会保障类支出只有15亿元。解决股东们实际不能分红问题的必要性在于，如此众多的股东如果不能获得应有的收入，则低消费、高投资的结构难以调整。

进一步的措施应当是确定分红的体制机制，使其规范化。可以考虑在人代会中通过特定程序并按照一定的条件选举产生国有企业股东代表委员会，研究决定国有企业的收入分配事宜。关于利润分配数量以及如何转社保基金账户，

① 本节部分内容参见段培君2011年3月22日在中共中央党校中青一班的讲稿。

直接由这一股东代表委员会决定实施，不须经过政府财政部门。同时，国有企业职工收入也应提交股东代表委员会研究决定。按国家统计局的数据，全国7个垄断行业有2833万员工，不到全国职工人数的8%，但工资和工资外收入则占全国职工年工资总额的55%，这种局面在现有体制中无法真正解决，只能通过体制机制的改革而改变。

上述体制改革的实质是让政企分开，全民所有企业回归企业身份，行政机构不再对国有企业行使权力，国有企业同时剥离特殊行政资源和垄断地位，使其在市场化环境中提高竞争力和整体素质，满足全民股东的要求和愿望，也使股东们能够真正行使所有者权力。同时，也使国有企业、民营企业和市场获得良性发展的条件。

其次，要从体制机制上解决政治民主问题。这一立论也是基于经济结构的相关情况。从经济需求结构的情况看，2008年全社会固定资产投资中的自筹资金为118510.4亿元，62%来自中央和各地的预算外自筹资金。在其中地方约占88%，所以，整个投资中地方占的比重为55%。这还不包括财政预算内的投资。地方投资驱动力由此可见一斑。政府通过土地管理权多方获益获利的机制强化了对房地产的投资驱动。

问题在于，我们现在的民主选举主要限于村级，其他层次还处于试点状态。而这一级的民主选举对于土地资源的处置、使用、交易等几乎没有太大的制约，相关的农民或居民没有太大的发言权，因而粗放式的投资驱动难以得到合理的制约。所以，在这一意义上，需求结构的调整以民主机制的健全为条件。能否保证民众的主体地位，是能否真正做到"以人为本"的一块试金石。同时，这也是解决政绩观和评价机制的基础。体制问题不解决，观念和评价体系的问题很难解决好。

同样，从供给结构的情况看，提高创新能力，实现产业结构的优化调整以创新体系的建立为前提，而以契约关系为基础的创新体系的建立又以企业和研究机构的主体地位为保证。要推进双引擎战略，解决供给方面的创新能力和产业结构优化调整问题，必须保证企业家、研究机构的管理者和科研人员的主体地位。在这一意义上，民主机制的确立，既是政治体制改革问题，更是经济结构优化调整的落实问题。

为了解决上述问题，至少需要采取以下措施：其一，村级官员的选举应发展到县级官员的选举，使农民或居民对官员具有直接的制约权利，使官员在决定土地用途和定价时不能不首先考虑农民或居民的利益。其二，改革官本位体制，企业由经济组织根据公司法产生管理人员，不再作为相应级别的官员由政府任命；事业单位如高等学校、研究机构等则由学术组织根据专业化要求和运行规律产生管理者，也不再作为相应级别的官员由政府任命。

总起来看，在涉及人民利益和创新发展方面必须保持人民的主体地位；如果民主机制不健全，经济结构不可能有效调整。

还应当看到，这一切都以法治为基本条件。法治不健全，权力不能得到有效制约，结构优化调整难以落实；更大的问题是，社会交易成本逐渐上升，公正性下降，将会带来严重的风险和后患。所以，全面落实依法治国基本方略，维护法制权威，推进依法行政、公正廉洁执法具有重要意义。

七、完善民主和法律机制是根本保障[①]

从理论逻辑的角度说，民主法治的充分发展是转变经济发展方式、进行结构调整的直接要求，是社会稳定的客观要求，是“以人为本”核心理念的要求和体现。

在过去的60多年中，特别是改革开放以来，中国的民主法治建设有了一定进展。但总的来看，在以经济建设为中心的布局下，民主法治与经济方面相比，不论在成就、规律的认知还是在机制选择和战略措施的成熟度方面，都还有一定的差距。政治建设、文化建设、社会建设与生态文明建设方面的经验还无法与经济建设方面的经验相媲美。所以，新时期的突出任务，是在民主法治方面有充分的发展，有一个与经济发展和经济体制改革相媲美的政治发展和政治体制改革，以实现经济、政治、文化、社会、生态环境全面协调发展。这一预期不是主观的理想化设置或是一部分人的一厢情愿，而是有着客观的依据。

从手段的层面来说，民主法治的充分发展首先是转变经济发展方式的直接要求。改变粗放式的投资驱动模式，消解这种模式赖以生存的政府对资源的某种垄断，需要改革投资与资源管理体制。同时，从投资驱动转向创新驱动，也需要人才资源的进一步解放与合理配置，确立创新主体的地位，形成国家创新体系，使知识资源成为经济发展主导机制的依赖性资源，达成全局性的创新驱动与产业结构升级调整。这两个层面的发展，都涉及政治体制的改革。前者涉及对财物的管理权，后者涉及对人的管理权。只有改革财政管理体制，改革财税分配的结构和形成这种结构的权力结构，改变财政资源越来越向政府，特别是中央政府转移的趋势，通过消费拉动形成合理的经济动力结构才具有现实的可行性；只有改革土地资源的管理方式，改变政府通过土地管理权使用成为房

---

① 本节部分内容参见段培君：《走向科学发展的中国——中国新甲子前瞻》，《中国评论》月刊2009年10月号。

地产主要收益方之一的现实，才能弱化地方政府通过经营土地进行粗放式扩张发展的趋势；只有改革对企业和事业单位依然主要通过行政级别进行管理的体制，使企业家和知识劳动者真正成为创新主体，向创新驱动的转变才能真正落实。所以，进一步调整权力结构，深化政治体制改革，实现民主法治的充分发展，直接关系到能否转变经济发展方式。在这一意义上，经济社会环境的科学发展同时就是民主法治的充分发展。

民主法治的充分发展也是社会和谐稳定的客观需要。社会的和谐稳定与政治体制运行的有效性直接相关。政治体制越是合理有效，就越是能够促进社会的和谐稳定。正如市场机制是经济资源合理配置的基础一样，民主法治是有效化解社会矛盾、实现社会和谐相处的基本途径。中国之所以选择市场经济体制，是因为这一体制在配置资源中的基础作用和经济发展中的有效性，如“三个有利于”所昭示的那样；同样，中国在政治体制方面的改革，也将遵循“三个有利于”与“以人为本”的要求，以政治体制运行的实际效果为判断标准。中国在快速推进现代化的进程中，由于发展的不平衡等因素积累了一些矛盾。社会群体事件与上访情况的现状都表明，实现全面协调可持续的科学发展需要更加有效地推进民主法治进程，从体制机制上创造社会和谐稳定的基础，提供化解社会矛盾的基本平台。像经济建设提出了具体的“三步走”战略并取得了显著成就一样，政治建设、文化建设、社会建设等方面也应有类似的具体战略，以取得全面协调发展的实际效果。

从价值目标的层面说，民主法治的充分发展是“以人为本”核心理念的要求和体现。改革开放的客观趋势之一是：从强调“物质文明建设和精神文明建设两手抓”，到“经济建设、政治建设、文化建设”“三位一体”，到“富强民主文明和谐”的基本价值目标体系，反映了价值体系逐步全面化的趋势，体现了“人的全面发展”的要求。民主法治的发展是人的发展的一个基本方面，是人的权利的基本体现，是现代化发展的基本量度之一。将“以人为本”的理念制度化，形成更加完善的体制和机制保证，在民主法治方面有充分的发展，在中国是人心所向，大势所趋。古人所说的“得民心者得天下”，讲了人心的重要，满足人的基本权利和基本需求的重要，战略和政策目的性的重要。所以，推进民主法治的充分发展，不仅在器物层面上，而且在制度层面上有长足的进步，是中国新甲子的突出任务。

中国提出的“以人为本”与“全面协调可持续发展”的科学发展观，已经在战略思想上明确了这一点。中国在制度建设方面已经作出了一系列重要的政策宣示，其中有保障人民的知情权、参与权、表达权、监督权；健全基层群众自治机制，扩大基层群众自治范围，发挥社会组织的积极作用，增强社会自治功能；科学立法、民主立法，尊重和保障人权，依法保证全体社会成员平等参与、平等发展的权利；国家机关按照法定许可权和程序行使权力，提高政府工作透明度和公信力等。下面的任务是如何在实践中具体落实。

八、财权的结构与改革的逻辑[①]

按照“十”字型战略，财权在当前乃至比较长的时期应当继续按照“分”的逻辑，向下分权，向地方政府，特别是向基层下放财政资源，以使民间有更多的财富，有利于结构的优化调整和发展目标的实现。

1980 年以来的财政改革的基本思路是“分”的逻辑，这一逻辑符合中国改革的总体逻辑。下一步的发展主要是围绕这一逻辑进行系统化改革。

（一）中央政府与地方政府财政关系的发展与现状

财政体制关系的改革与财政资源的分割情况联在一起。1980 年划分收支、分级包干；1985 年划分税种、核定收支、分级包干；1994 年分税制，这些与联产承包责任制的分地，“双轨制”的分物资，“保大放小”的分企业是一个逻辑，基本思想是定支出，划分中央和地方政府的事权，确定相应的财政支出范围。国防、外交、武警、重点建设、中央财政内外债务还本付息、中央直属行政事业单位经费由中央支出、其余由地方政府支出。

1994 年的分税制是一次系统的“分”。“分税”是定收入，按税种划分各自的财政收入范围，将全部税收划分为中央税、地方税以及中央与地方共享税。中央固定税收包括：关税，海关代征消费税和增值税，消费税，中央企业所得税，地方银行和外资银行及非银行金融企业所得税，铁道部门、各银行总行、各保险总公司等集中缴纳的收入（包括营业税、所得税、利润和城市维护建设税），以及中央企业上缴利润等。外贸企业出口退税，除 1993 年地方已经负担的 20%部分列入地方上交中央基数外，以后发生的出口退税全部由中央财政负担。“分机构”是将原一套税务机构分设为国税、地税两套税务机构，分别负责征收中央收入和地方收入，建立了相对独立的地方财税工作体系。

（二）中央政府与地方政府财政关系的评估

中央政府与地方政府着眼于“分”的财权关系形成了统一市场下的地方竞

---

① 本节部分内容参见段培君：《中央政府与地方政府财政的分合关系》，2009 年 2 月 2 日在“哈佛大学费正清中心中国转折点论坛”的演讲。

争，成为推动中国经济增长的重要动力之一。国家财政收入，特别是中央财政的收入情况发生了明显变化。1993—2007 年，全国财政收入增长了 10.8 倍，年均增速 19.3%；全国财政收入占国内生产总值的比重，由 1993 年的 12.3% 提高到 20.6%。1981 年中央财政占全国财政收入为 57%，到 1992 年下降到 38.6%，财政赤字从 20 亿上升为 200 亿，加上债务为 900 亿。1993—2007 年，中央财政收入占全国财政收入的比重由 1993 年的 22% 提高到 2007 年的 54.1%。

这一改革存在的问题是：事权与财权差距大，中央财力逐步增大。1994 年财政体制改革主要涉及财政体制的收入方面，在支出方面仍然让地方政府扮演中央政府代理人的角色，保留了计划经济色彩的支出责任体制。地方政府相对中央政府的支出比例大幅度提高了，近 20 年基本稳定在 60% 以上。2002 年，地方政府在全部预算收入中的比重大约为 45%，但却负担了全部预算支出的 70%。即使把中央的返还收入考虑进来，也不足以达到收支的平衡。同时也存在不利于协调发展的因素。1994 年分税制改革在地方政府层面上切断了收入与支出需求的联系，使地方政府，尤其是落后地区的政府负担加重了。中央与地方的共享税和税收返还的主体是增值税，主要来自制造业和服务业部门，因而分税制和主要建立在税收返还基础上的中央转移支付，在一定程度上扩大了地方财政能力差距而更有利于富裕和发达的地区。转移支付的比重偏大，也加剧了原有体制权力过于集中的弊端，给寻租留下了机会。同时，地方政府不规则的收费，以公共权力获得民间资产，带来了一些腐败现象，引起了一些地方官员与民众的冲突。

（三）中央政府与地方政府财政关系调整的设想

财政关系的调整一般考虑以下三条原则：

有效原则，即考虑如何让财政更有效地发挥公共作用。关于有效性的原则，有代表性的主要有以下表述：泰伯特认为，通过居民的“以脚投票”机制，地方政府提供公共物品比较有效。施蒂格勒认为，地方政府更接近于自己辖区内的居民，地方政府更了解他们的效用与需求。奥茨提出“财政分权定理”：地方政府将一个帕累托有效的产出量提供给它们各自的选民，总是要比由中央政府向全体选民提供任何特定的并且一致的产出量有效得多。特里希从信息不完全和非确定性出发，认为中央政府有可能错误地认识社会偏好，从而错误地把自己的偏好强加于全民头上。布坎南认为，“用脚投票”或者居民的流动性能促使地方政府比中央政府更好地为居民服务。

调控原则，即如何使财政有利于对经济的调控。公共财政是政府调控经济的重要政策工具。政府宏观调控的主要目标是促进经济增长、抑制通货膨胀、提高就业水平等。分配性财政政策涉及将服务和利益分配给人口中的特定部分个人、团体、企业和社区。如农产品价格补贴，只对生产特定农产品的农民进行补贴。调节性财政政策则与限制和规定某些个人、企业或团体的行为有关，如税收的奖限政策就是为了鼓励或限制那些受调节者的某些经济行为，实现政府某一经济目标。再分配政策指政府在社会各阶层中针对财富、收入、财产等所进行的转移性分配，实现收入公平分配的目标。

发展原则，即有利于经济社会的全面发展。公共财政是以国家为主体，通过政府的收支活动，集中一部分社会资源，用于履行政府职能和满足社会公共需要的经济活动。其职能包括经济职能和政治职能，比如社会资源配置，社会保障，满足人民物质文化需要。美国财政学家马斯格雷夫在《美国财政理论与实践》一书中指出："财政学是研究公共部门的经济学，不仅包括其理财活动，而且包括其与资源利用水平、配置以及在消费者之间的收入分配的全部关系。"可见，公共财政的定义及其范围是随着市场条件下政府职能的变化而发展的。

基于上述一般原则和中国的实际情况，特别是考虑中国财政改革的"分"的逻辑，可考虑以下的改革措施：调整中央政府与地方政府的收入比例，使事权与财权相对统一。中央在收入中占 45%，地方占 55%可能是比较合适的选择。

减少和规范转移支付。区域协调发展和社保等全国性的支出可以加大转移规模，其他项目转地方政府处理。将转移支付的权力进行分割，近期可考虑资金的支付与项目的审核权力分置，支付由财政部负责，其他部门作为职能部门出项目、出方案，避免"跑部钱进"。转移支付要有严格的规则、程序，实现公开透明，并通过人大批准。

完善分税制。调整税源和中央与地方税收关系。可考虑按照服务对象设置税源税种，划定中央税、地方税和中央地方分享税。中央可征收个人所得税、公司所得税、关税等。省级政府征收个人所得税、公司所得税、消费税。县级政府主要征收财产税、物业税、房产税、遗产税等。

进一步调整政府支出结构。修立财政管理体制法或过渡法规，加强法制化管理。收费、增加机构和公务员编制应经人大批准。

评注："十"字型战略的推进和任务

按照大战略的思路，需要有与结构性经济战略相一致的结构性政治战略。与经济的双引擎战略相配套，政治方面应当是"十"字型的战略。它主要涉及人财物管理的权力结构和社会治理结构的优化调整。"十"字型的"丨"方面是人财物管理的纵向放权及其结构的合理化，"一"的方面是社会治理结构的横向分权及其合理化配置。总的来看，都是以经济结构的优化调整为参照而设置。

纵向放权方面，2013年以来显著的推进是行政审批制度改革，主要表现在不断削减行政审批事项，持续向市场和社会放权。

据统计，国务院分9批审议通过取消和下放的国务院部门行政审批事项共618项，其中取消491项、下放127项，已先后以国发〔2013〕19号、国发〔2013〕27号、国发〔2013〕44号、国发〔2014〕5号、国发〔2014〕27号、国发〔2014〕50号、国发〔2015〕11号、国发〔2015〕27号、国发〔2016〕10号等文件公布。这些被放权的项目已经被国务院审改办汇总正式公布。①

以商事改革为例，"三证合一、一照一码"登记制度改革实施后，企业登记注册便利化水平大幅提升。2014年3月1日至2016年2月底，新登记企业830.17万户，是改革前4年新登记企业数的总和，平均每天新登记企业1.14万户，与改革前日均新登记企业0.69万户相比，增长了65.2%。据世界银行2015年和2016年营商环境报告显示，这两年中国营商环境排名都比上一年提高6位。第三产业新增企业占新增企业总量的79.85%，新产业、新业态快速增长，中小微企业大量产生。个体私营企业从业人员增加了6219.76万人，两年来新设小微企业平均每户带动就业增长10.9%。根据中国科协去年上半年的评估，新增市场主体对GDP增速的贡献为0.4个百分点。这些表明，国务院致力于简政放权，以改革的措施消除市场主体生产经营活动中的羁绊，降低了制度性交易成本，激发了市场活力和社会创造力。

另一个推进是关于财政体制方面的，涉及财权结构的变化。2014年6月中央政治局会议审议通过的《深化财税体制改革总体方案》提出：建立全面规范、公开透明的现代预算制度；建立健全有利于科学发展、社会公平、市场统

---

① 参见国务院审改办：《2013年以来国务院已公布的取消和下放国务院部门行政审批事项》，《人民日报》2017年2月10日。

一的税收制度体系；调整中央和地方政府间财政关系，建立事权和支出责任相适应的制度。其中税制改革方面的推进是，2012 年开始推行“营改增”改革，2016 年 5 月 1 日后原先实行营业税的服务业领域改为统一征收增值税。根据政府公布的数据，累计减轻企业税负 1.7 万亿元，带动税基扩大和就业增加，有利于催生新产业、新业态和新动能。2017 年 10 月 30 日，依全国人大授权，国务院常务会议通过《国务院关于废止〈中华人民共和国营业税暂行条例〉和修改〈中华人民共和国增值税暂行条例〉的决定（草案）》。

第三个涉及收入分配结构调整的是，划转部分国有资本充实社保基金。国务院于 2017 年 11 月 18 日发布《划转部分国有资本充实社保基金实施方案》。根据这一方案，首先以弥补企业职工基本养老保险制度转轨时期因企业职工享受视同缴费年限政策形成的企业职工基本养老保险基金缺口为基本目标，划转比例统一为企业国有股权的 10%。这一方案使民众能够分享国有企业的红利，增进民生福祉，进一步完善基本养老保险制度。

在看到上述改革推进的同时，需要看到这方面的任务依然艰巨。

从财政资源的掌控来看，表 6—4 表明，2011—2015 年全社会固定投资实际到位资金，国家预算内资金的比重上升了 1 个百分点，中央和地方政府事业单位等自筹资金的比重也上升了约 3 个百分点；与此同时，原则属于市场力量的国内贷款下降了约 3 个百分点，利用外资则下降了 1 个百分点。在配置资源方面政府的作用仍然有增大的倾向。

表 6—4　全社会固定资产投资实际到位资金比重　（单位：%）

投资比重/年份	国家预算资金	国内贷款	利用外资	自筹及其他
2011 年	4.3	13.4	1.5	80.9
2012 年	4.6	12.6	1.1	81.7
2013 年	4.5	12.1	0.9	82.5
2014 年	4.9	12.0	0.7	82.3
2015 年	5.3	10.5	0.5	83.8

资料来源：参见国家统计局编：《中国统计年鉴 2016》，中国统计出版社 2016 年版，第 306 页。

这种情况与财政支出的增长情况有某种一致性。表 6—5 说明，2006—2011 年的财政收入，除了针对金融危机 4 万亿元投资时的 2008 年，其他年份却是低于财政支出的情形。但是，从 2012 年以来，除了 2014 年外，其他年份都是财政支出高于财政收入。2015 年财政支出达到财政收入的 1.18 倍，甚至高于应对金融危机的2009年（1.11倍），而且这种情况发生在财政收入增长率只为5.8%的情况下。2016年财政收入增长率继续下降到4.5%，而财政支出仍为6.4%，后者是前者的1.4倍。

表6—5　国家财政收入和支出及其增长率

年份	国家财政收入（亿元）	国家财政支出（亿元）	国家财政收入增长率（%）	国家财政支出增长率（%）
2006年	38760.20	40422.73	22.5	19.1
2007年	51321.78	49781.35	32.4	23.2
2008年	61330.35	62592.66	19.5	25.7
2009年	68518.30	76299.93	11.7	21.9
2010年	83101.51	89874.16	21.3	17.8
2011年	103874.43	109247.79	25.0	21.6
2012年	117253.52	125952.97	12.9	15.3
2013年	129209.64	140212.10	10.2	11.3
2014年	140370.03	151785.56	8.6	8.3
2015年	152269.23	175877.77	5.8	13.2
2016年	159552.00	187841.00	4.5	6.4

资料来源：参见国家统计局编：《中国统计年鉴2016》，中国统计出版社2016年版，第210页。

政府的这种财力使用与掌控权有关。表6—6表明，城镇居民家庭人均年可支配收入占人均国民生产总值的比重从2000年的80%下降到2014年的63%，农村居民家庭人均年纯收入占人均国民生产总值的比重从2000年的29%下降到2015年的21%。因此，这一块的调整和改革空间依然存在。

表 6—6　人均国民生产总值与人均国民收入（按当前价格计算）

年份	人均国民生产总值（元）	国民生产总值（亿元）	城镇居民家庭人均年可支配收入（元）	城镇居民家庭人均年可支配收入占人均国民生产总值比重	农村居民家庭人均年纯收入（元）	农村居民家庭人均年纯收入占人均国民生产总值比重
2000 年	7858	99214.6	6280.0	80%	2253.4	29%
2001 年	8622	109655.2	6859.6		2366.4	
2002 年	9398	120332.7	7702.8		2475.6	
2003 年	10542	135822.8	8472.2		2622.2	
2004 年	12336	159878.3	9421.6	76%	2936.4	24%
2005 年	14053	183217.4	10493.0		3254.9	
2006 年	16165	211923.5	11759.5		3587.0	
2007 年	19524	257305.6	13785.8		4140.4	
2008 年	22698	300670.0	15780.8	70%	4760.6	21%
2009 年	25963	345629.2	17174.7		5153.2	
2010 年	30567	408903.0	19109.4	63%	5919.0	19%
2011 年	36018	484123.5	21809.8		6977.3	
2012 年	39544	534123.0	24564.7	62%	7916.6	20%
2013 年	43320	588018.8	26955.1		8895.9	
2014 年	46629	635910.0	29381.0	63%	9892.0	21%
2015 年	49992	685505.8	31790.3	63.6%	10772	21.5%

资料来源：参见国家统计局编：《中国统计年鉴 2016》，中国统计出版社 2016 年版，第 59、177 页。

这种财权结构也体现在中央政府与地方政府的关系方面。表 6—7 表明，2006—2015 年，中央财政收入在一般公共预算收入中的比重下降了 7.3 个百分点，但中央财政支出占一般公共预算支出的比重却下降了 10.3 个百分点。同时地方财政收入占一般公共预算收入的比重升高了 7.3 个百分点，地方政府的支出却升高了 10.3 个百分点，所以总体上依然是地方支出的比重越来越大。

表 6—7 中央政府与地方政府的财政收支比重

项目/年份	一般公共预算收入	中央	地方	一般公共预算支出	中央	地方
2006 年	100	52.8	47.2	100	24.7	75.3
2007 年	100	54.1	45.9	100	23.0	77.0
2008 年	100	53.3	46.7	100	21.3	78.7
2009 年	100	52.4	47.6	100	20.0	80.0
2010 年	100	51.1	48.9	100	17.8	82.2
2011 年	100	49.4	50.6	100	15.1	84.9
2012 年	100	47.9	52.1	100	14.9	85.1
2013 年	100	46.6	53.4	100	14.6	85.4
2014 年	100	46.0	54.0	100	14.9	85.1
2015 年	100	45.5	54.5	100	14.4	85.6

资料来源：参见国家统计局编：《中国统计年鉴 2016》，中国统计出版社 2016 年版，第 210 页。

在这种财政结构下，地方财政的不足仍然需要土地收入予以平衡。2016 年国有土地使用权出让收入 37457 亿元，同比增长 15.1%。国有土地使用权出让收入相关支出 38406 亿元，同比增长 16.8%。① 这些数据说明，结构性改革仍然在路上，需要继续按照党的十八届三中全会的决定，“建立事权和支出责任相适应的制度”，“中央和地方按照事权划分相应承担和分担支出责任”。

横向改革方面的思路也进一步明晰。同时也表明，这方面的改革任务依然繁重。

第一，继续将行政权力与经济权利分开。党的十九大报告指出，要“深化商事制度改革，打破行政性垄断，防止市场垄断，加快要素价格市场化改革，放宽服务业准入限制，完善市场监管体制”。

第二，继续推进政事分开，事企分开。党的十八届三中全会的改革决定强调：“加快事业单位分类改革”，“推动公办事业单位与主管部门理顺关系和去行政化，创造条件，逐步取消学校、科研院所、医院等单位的行政级别。建立事业单位法人治理结构，推进有条件的事业单位转为企业或社会组织”。党的十九大报告继续强调：“深化事业单位改革，强化公益属性，推进政事分开、

① 参见《2016 年财政收支情况》，时政部网站，http://gks.mof.gov.cn/zhengfuxinxi/tongjishuju/201701/t20170123_2526014.html.

事企分开、管办分离。”

第三，继续推进政府权力结构的合理化进程。党的十八届三中全会的改革决定强调，“转变政府职能必须深化机构改革。优化政府机构设置、职能配置、工作流程，完善决策权、执行权、监督权既相互制约又相互协调的行政运行机制。”党的十九大报告则要求“深化机构和行政体制改革”，继续“转变政府职能，深化简政放权，创新监管方式，增强政府公信力和执行力，建设人民满意的服务型政府”，并“赋予省级及以下政府更多自主权”。

第七章　结构性社会与文化战略：双向开放

结构性经济战略和结构性政治战略，要求与之相适应的结构性社会和文化战略。这一战略的基本取向是双向开放：对内开放与对外开放。

对内开放是社会财富、公共资源与公共服务的开放与均衡化，使社会财富、公共资源在开放中进一步流动起来，使得内需得以扩大，需求结构得以改善，效率进一步提高，同时社会公正程度得以改善。

对外开放，指为推动创新和经济结构优化升级，拓展和优化开放结构，完善内外联动的开放型经济体系，强调“技术与经济的层面、制度的层面和思想文化的层面都面临更加开放的任务，这些任务用一个比较完整的概念说，就是构建开放社会”。①

一、将开放推进到构建开放社会的阶段②

中国经济实现可持续发展的一个基本条件是继续推进对外开放，将开放推进到构建开放社会的阶段。中国如果不能坚持对外开放的国策，在新的条件下将对外开放推进到新阶段，中国经济的可持续发展是难以实现的。我们不能因为当前的某种经济增长而产生盲目骄傲的情绪。中国经济的可持续发展与核心竞争力的提高都需要认真思考进一步扩大开放的问题。

历史地看，中国的对外开放经历了两个阶段：第一阶段的开放重点是技术和资金，建立特区，沿海开放，大力发展外向型经济等；第二阶段开放的重点是制度层面，包括1992年后努力建立市场经济体制，以及加入WTO等。在这两个阶段中，也包括开放与技术、资金和制度相关的文化教育要素，所谓全方位、多层次、宽领域的开放涉及上面的三个层面。中国在进入科学发展的历

---

① 段培君：《开放的心灵与开放的社会》，《学习时报》2009年3月2日。

② 本节部分内容参见段培君：《构建开放社会需要开放的心态》，《沪港经济》2009年第11期。

史时期时需要明确认识到进入了构建开放社会的阶段。

构建开放社会是转变经济发展方式，建设创新型国家的要求。中国经济正处于从粗放型转向创新型的阶段，要求技术、资本、人才和产业形成更高水平的开放性结构。中国全面协调发展的目标。要求经济、政治、文化和社会方面具有彼此协调的开放水平。技术与经济的层面、制度的层面和思想文化的层面都面临更加开放的任务。这些任务用一个比较完整的概念说，就是构建开放社会。只有在这样比较完整的开放结构中才能全面推进创新型国家的建设，建立和完善产学研相结合的国家创新体系，才能优化调整经济结构，转变经济发展方式。中国既需要扩大内需，实现沿海产业向中西部的梯度转移，实现新一轮的内驱发展，而且尤其需要扩大开放，实现沿海地区向创新驱动的转变，提高国际竞争力，完成科学发展阶段的结构转型，为中国经济的长远发展奠定基础。这是比较优势与竞争优势相结合的双向驱动战略，是中国经济可持续发展的希望所在。

构建开放社会也是中国应对经济全球化的要求。中国的发展进程越来越具有全球性，不仅融进了全球经济体系中，而且也融进了全球的信息网络和交往系统中。中国将以构建开放社会来应对这样的全球性。中国的经济发展越来越具有全球性，需要在全球化视野中运筹规划。中国的经济直接影响世界经济的发展，同时也受到世界经济的直接影响。中国的经济和社会事态越来越具有国际性，需要在开放的平台上进行处理。

构建开放社会需要开放的心态，需要新一轮的思想解放。要通过新的思想解放认识转变经济发展方式既是世界经济发展的主导趋势，又是实现中国经济持续稳定发展的根本途径。在当代背景下，世界经济发展日益显示出其主导机制是创新。需要在当代经济发展规律的意义上把握转变经济发展方式的内涵，把转变经济发展方式和创新作为经济增长的主要动力机制，加快向创新驱动转变，同时增强消费对经济增长的拉动作用，从根本上解决中国经济发展的根本出路问题。

要通过新的思想解放形成开放性的精神文化结构，将构建和谐社会、开放社会与和谐世界统一起来。“以人为本”的确立反映了中国对经济、政治、文化、社会价值的全面追求和当今世界的普遍追求。中国对和平发展的坚守与和谐世界的提倡，对物质与精神需求的重视，对民主、法制、自由、人权、平等、博爱的推崇，对可持续发展的接纳和实践，中国举办奥运会所宣扬的“同一个世界，同一个梦想”，都从不同角度反映了人类共同追求的价值。这些价值使进一步的开放成为必要和可能，也为构建开放社会奠定思想基础，使经济发展有了更为长远和稳定的社会文化平台。

二、双向开放的社会战略与经济政治战略的内在关系[①]

前面已经提到，中国应当实行双引擎的经济战略和“十”字型的政治战略，而这两个战略需要双向开放的社会战略作为保证。双向开放指进一步的对内开放与对外开放，目标指向社会结构的优化调整。

对内开放是社会财富、公共资源与公共服务的开放与均衡化，使社会财富、公共资源在开放中进一步流动起来，在流动中趋向相对的均衡，反对由于垄断和特权导致的封闭、壅滞和不公，并由此带来的消费不足、社会阶层的分化和固化。社会保障体系的完善，公共卫生服务保障体系的完善，城乡、区域教育的均衡发展，政府职能的转变与公共资源向社会组织的转移等，都是以资源、财富的开放流动为前提。所以，对内开放的直接目标是使消费者能够有更大的消费空间，民生有更大的改善，从而推动消费拉动和经济的持续发展，同时有利于社会公正，推动和谐社会的建设。显而易见，这一目标与哑铃型的经济战略是内在关联的。

让财富流动起来，反对贫富差距的悬殊及其固化，关键是资源和收入分配体制的改革。社会保障体系的完善、公共卫生保障体系的完善、教育的均衡发展，这些都涉及国民收入的二次分配，是使财富相对合理化的重要举措。但是，这些又是不够的。问题还在于一次分配和一次分配之前的资源分配。直接影响一次分配的是税收和收入标准等。目前的所得税在改善贫富差距方面有很大的改革空间，影响职工收入的工薪标准也有改革的空间。

更大的问题当然是资源分配。土地资源向地方政府的倾斜，矿产资源向部分矿主和地方企业的倾斜，能源等资源向垄断企业的倾斜，银行资本向大型企业的倾斜，教育医疗资源向事业单位的倾斜，所有这些都在更大程度上影响了财富的合理分配。要解决社会结构的合理化问题，解决贫富等角色的固化问题，需要更为深层的对内开放。国务院近期出台的关于民间投资健康发展的36条是这方面的重要举措，开放了基础产业和基础设施、市政公用事业和政策性住房建设、社会事业、金融服务、商贸流通、国防科技工业等领域。现在的问题是，这些措施在多大程度上能够得到落实。显而易见，这些改革也与“十”字型的政治战略内在关联。

对外开放是指中国社会要继续对外开放，在器物层面、制度层面和文化层面形成更高水平的开放性结构。

---

① 本节部分内容参见段培君：《构建开放型社会》，《沪港经济》2010年第9期。

这在道理上不难明白。中国以人为本的目标，要求中国人民能够全面分享改革开放在物质、精神方面的发展成果，分享世界在科学技术和文化教育方面的新成果。只有在这样比较完整的开放结构中才能全面推进创新型国家的建设，转变经济发展方式，提高经济的国际竞争力，实现可持续发展；只有在这样的开放结构中，中国才能够推进制度文明的建设，推进和完善市场经济体制和民主法治，提高体制机制方面的竞争力；只有在这样的开放结构中，中国才会最大可能地汲取先进的科技信息、经济和社会发展信息，吸收世界上一切文明发展的最新成果，提高中国的软实力和文化竞争力。中国的全面协调可持续发展与构建开放社会的全方位开放是一致的，是同一个进程互为条件、互相促进的两个方面。

随着改革开放的发展，中国的经济和社会事态越来越具有全球性，它们已不可能在一个非开放的结构中处理。中国离不开世界的发展，世界的发展也离不开中国。只有进一步对外开放，才能继续互利共赢，和平发展，实现构建和谐世界的目标。

实施双向开放的社会战略需要解决一些思想认识问题。一种认识把对外开放视为权宜之计而不是发展的机制，认为前一时期需要对外开放，现在中国已经发展得很好，不再需要对外开放了。甚至还有人论证中国的唐朝、明朝历史上如何不需要对外开放也发展得很好，认为当前只要依靠自身就能解决中国的一切问题。这种观点的谬误显而易见，它当然不代表中国的主流看法。但是，问题是要研究中国发展到今天为何出现了这种观点，它的土壤在哪里？还有一种看法认为，在对外开放中中国与外国之间没有价值或根本价值的共同性，开放充其量只具有策略层面的意义。按照这种观点，中国开放的根本意义将失去，其基本平台的构建也将失去基础。

上述问题的存在从另一角度反映了中国实行双向开放战略的重要性和艰巨性，反映了中国要取得进一步的发展必须解决结构性问题，实施结构性战略，包括双引擎型经济战略、“十”字型政治战略和双向开放的社会战略。中国正是通过改革开放取得了历史性的成就，中国的下一步发展也需要更加深入的改革开放才能奏效。

三、如何使开放创新一体化①

开放与创新需要一体化考虑，即直接将社会的进一步开放与致力于经济结构优化的创新联系起来。

创新必须在开放系统中进行。提高自主创新能力，建设创新型国家必须加入到全球竞争环境中，在开放中创新，在创新中开放，形成“开放创新一体化”战略。

开放创新一体化战略有现实的基础。我国实行开放战略已 30 多年，取得了明显的成效。特别在“引进来，走出去”方面已经有了比较成功的经验，在技术引进、技术进步等方面也有相当多的积累。在实施自主创新战略过程中继续坚持对外开放，发挥这种路径优势，有利于更加充分地利用国际科技资源，有利于国外研发能力向中国的转移，有利于中国企业自主创新能力的提高。所以，需要在“引进来，走出去”成功经验的基础上进一步提升开放和创新水平，把两者协调起来。

要在“引进来，走出去”成功经验的基础上进一步提升开放和创新水平，实现两者的有机统一。

第一，需要把“引进来，走出去”的重点逐步导向提高自主创新能力。积极扩大国际经济技术合作与交流，进一步利用境外智力和创新资源，扩大多种形式的国际和地区科技合作与交流，鼓励科研院所、高等院校与海外研究开发机构建立联合实验室或研究开发中心。支持在双边、多边科技合作协议框架下实施国际合作项目。建立内地与港、澳、台的科技合作机制，加强沟通与交流。支持我国企业“走出去”，扩大高新技术及其产品的出口，鼓励和支持企业在海外设立研究开发机构或产业化基地。鼓励跨国公司在华设立研究开发机构，提供优惠条件，在我国设立重要的国际学术组织或办事机构。特别要在引进中重视消化吸收再创新。日本引进技术和消化吸收的费用之比是 1∶5，韩国是 1∶8，中国目前是 1∶0.15。要把解决这一问题作为实行开放创新一体化战略的一个切入点。

第二，加快转变外贸增长方式，把外贸工作与提高自主创新能力结合起来。一方面，优化出口结构，以自有品牌、自主知识产权和自主营销为重点，引导企业增强综合竞争力，支持自主性高技术产品、机电产品和高附加值劳动

① 本节部分内容参见段培君：2008 年 3 月 22 日在省部级领导干部“深入贯彻落实科学发展观专题研讨班”上的讲稿和 2008 年 6 月 27 日在山西太原第 16 次领导干部历史文化讲座上的演讲。

密集型产品出口；另一方面，扩大先进技术、关键设备及零部件和国内短缺的能源、原材料进口，促进资源进口多元化。

第三，提高利用外资的质量，抓住国际产业转移机遇，重点通过利用外资引进国外先进技术、管理经验和高素质人才，把利用外资同提升国内产业结构、技术水平结合起来。引导外资更多地投向高技术产业、现代服务业、高端制造环节、基础设施和生态环境保护，投向中西部地区和东北地区等老工业基地。鼓励跨国公司在我国设立地区总部、研发中心、采购中心、培训中心。鼓励外资企业技术创新，增强配套能力，延伸产业链。吸引外资能力较强的地区和开发区要注重提高生产制造层次，并积极向研发、现代流通等领域拓展，充分发挥集聚和带动效应。

第四，在开放中吸收人类一切有利于创新的文明成果，继续以扩大开放促进制度创新、理论创新和管理创新，改善创新的制度环境，优化行政和金融环境；完善法律法规和政策，形成稳定、透明的管理体制和公平、可预见的政策环境。

四、社会组织的成长与经济政治结构转型①

社会组织的发展，需要从经济结构、政治结构与社会组织结构相统一的视野进行分析。经济结构的调整和优化、社会资源的使用效益和均衡流动，社会组织的发展和政府职能的转变等，实际都应从大战略视野中予以系统性的思考。

2006 年笔者提出一个观点：如果经济建设的主体是企业，那么社会建设的主体应当是社会组织。

中国的社会组织是怎样的情况？截至 2007 年底，依法登记的社会组织已经超过 38.169 万个。其中社会团体 21.116 万个，民办非企业单位 17.13 万个，基金会 1340 个，比 1988 年增长了 87 倍。社会组织在经济社会发展中的作用可以从以下数据看到：据不完全统计，中国近年社会组织总资产规模已超过 1000 亿元，吸纳就业 426 万人，注册志愿者、社会工作者和义工者达 2511 万人。当然，从表 7—1 和表 7—2 可以看到，中国与一些国家包括发展中国家相比，在每万人拥有的社会组织数量和在经济活动中的作用都还有明显的差距。

---

① 本节部分内容参见段培君：《社会组织在科学发展中的定位》，2009 年 10 月 25 日在哈佛社会发展论坛的演讲。

表 7—1 一些国家和地区每万人拥有的社会组织数

国家（地区）	社会组织数量（万个）	人口数（万）	每万人拥有数（个）
法国	600000～700000	5885	110.45
美国	1400000	27030	51.79
新加坡	4600	316	14.56
印度	1000000	97967	10.21
罗马尼亚	12000	2250	5.33
中国	354393	130000	2.7

表 7—2 36 国和中国社会组织经济活动规模比较

项目	36 国	中国
支出（亿美元）	13000	61.6
占 GDP 的比例（%）	5.4	0.3
吸纳就业人员（万人）	4550	425
占经济活动人口比例（%）	4.4	0.56

资料来源：根据美国霍布金斯大学萨拉蒙等教授的 36 国比较研究数据统计整理。

中国社会组织还有很大的生长空间。那么，社会组织的生长点在哪里？有两大生长点：一是经济转型，即经济结构和相关的政治结构的调整带来社会组织的生长。二是利益诉求，即社会结构与相关政治结构的调整带来社会组织的生长。

首先从第一个方面的生长点来看：转变经济发展方式需要改变粗放式的投资驱动模式，需要转变政府职能和转移资源。转变经济发展方式需要从投资驱动转向创新驱动，建设国家创新体系。经济需求结构和供给结构的调整，以及这种调整中所需要的政府职能的转变，都带来了社会组织发展的需求和生长空间。

在投资与消费的需求结构调整中，为了提高消费率和降低投资率，政府的财政资源需要向民间转移。政府特别是中央政府控制了大量的财政资源，这些财政资源只有向社会转移才能有助于需求结构的调整。

与此同时，政府职能需要转变。现阶段政府应逐步将微观管理职能，事务性服务职能、部分行业管理职能、城市社区公共服务职能、农村生产技术服务职能、社会慈善和部分社会公益职能转移给社会组织。只有实现了这些职能的转变，财政资源才能向社会或民间转移。

所以，一则是钱的分布结构，一则是权的分布结构，两者的调整需要结合起来。而这种结合的一个有效渠道是：转移政府职能与转移资源并行，由政府购买社会组织的服务，一方面，使资源流向社会；另一方面，是将政府职能转交社会。同时，这也有助于社会组织的建设，有利于构建新型的政府与社会关系。购买服务的重点领域应当是公共服务，包括教育、科技、文化、卫生、体育、社会福利、计划生育、社会保障、社区服务等。同时，政府行政管理工作中一些事务性工作，如政策论证、社会调查、评估等也可以由政府向社会组织购买。

在供给结构的调整中，如创新体系构建中，政府职能需要转变，需要与企业、事业单位和中介组织形成有利于创新的契约关系。在这一过程中，政府的财政和社会资源需要向中介组织转移，向行业协会转移，向学术类社会团体转移，向从业者组织转移，向其他类型的社会组织转移，在这种转移中形成生机勃勃的创新体系，从而实现产业结构的优化调整，同时也实现政治结构与社会结构的优化调整。

其次，是利益诉求的生长点。公民上访与群体事件表明，目前的利益诉求管道与机制还不健全、不完备，解决此类问题的效率不高，因而利益诉求以短时间的群体爆发形式出现，政治体制运行的有效性受到挑战。2005 年全国县级以上党政信访部门受理的信访总量为 1265.6 万件（人）次，与前一年 1373 万件（人）次相比，下降 7.9%。1993—2003 年，群体性事件数量由 1 万起增加到 6 万起，参与人数由约 73 万人增加到约 307 万人。[①]

因此，建立更多的社会组织，并通过这些组织形成更多的利益诉求管道，把它们纳入正式的法治轨道，一方面，可满足人民群众利益多样化需要，为他们理性表达利益诉求、合理维护自身权益、有序扩大政治参与提供了组织渠道；另一方面，又能成为政府联系不同利益的群体的纽带。

这一生长点可以在以下三个层面展开：第一层面，通过社会组织的自治表达来解决利益关切，即所谓的“健全基层群众自治机制，扩大基层群众自治范围。发挥社会组织的积极作用，增强社会自治功能”。第二层面，建立政府与社会组织在听证、政策论证等方面的衔接机制，“制定与群众利益密切相关的法律法规和公共政策原则上要公开听取意见”。第三层面，建立人大、政协与社会组织的有序结构，从依法产生的社会组织产生人大代表和政协委员，形成社会协同、公众参与的格局。

---

① 参见李培林、陆学艺、汝信：《2005 年：中国社会形势分析与预测》，社会科学文献出版社 2004 年版。

为保证社会组织的有序生长，需要两个重要措施：一是，法律法规体系的保证。需要制定《社会组织法》，并加快单项立法，完善社会组织方面的备案制度，修订社会团体和民办非企业单位《登记管理条例》，对大量一般性社会组织实行备案制度。二是，制定社会建设的纲领性文件，对当前社会建设状态的基本判断、长期目标和战略布局，对社会组织的定位与政策，对改革的措施和重点应当有比较全面的论述。

五、发展是开放系统的胜利①

未来10年中国与世界将是怎样的关系，走向如何？随着中国经济的发展和内部进程的变化，随着国际金融危机与全球环境所带来的某种新格局，中国国内与国际上都有人对此表示关注，提出了这样或那样的一些问题，譬如未来10年中国与世界之间会变得更加开放还是趋向封闭？中国与世界之间会变得对抗多一些还是合作多一些？是和平发展的倾向更强还是战争的可能性更大？

毫无疑问，提出这些问题并非偶然。在中国与世界的关系之间，确实存在着诸多的不确定性。没有人能够排除在某个时段某个领域出现某种封闭的可能，比如贸易保护主义的现象。也可能在某个时段某个领域出现对抗的情形，如资源、环境问题上的利益纷争。甚至还可能在某个问题上存在着局部战争的选择，如台海问题。我们不能不看到世界上包括中国与其他国家之间存在着利益矛盾，不能不看到中国与世界的其他国家存在着发展阶段或程度的差异，不能不看到意识形态及其背后的权力结构可能出现的碰撞，不能不看到影响历史过程的全部复杂因素，这之中既有中国内部的，也有外部的。

但是，从比较长的时间尺度如未来10年乃至更长的时间看，中国与世界的关系之间仍然存在着比较确定的方面。中国与世界之间关系的基本趋势是开放大于封闭，合作大于对抗，和平大于战争；或者用更加正面的语言说，未来10年中国与世界关系的基本趋势是开放、合作与和平。这可以称为未来中国与世界关系的基本判断。此判断不是老调重弹，而是对世界和中国的情况进行了再思考的结果。

从世界的情况看，开放是全球发展的大趋势。全球化即全球的开放化、系统化。全球化增强了各国、各个方面之间的相互联系与依赖，要求各国、各个方面之间更加紧密的合作，要求在一个和平的环境中解决全球性或局部性的问题。

---

① 本节部分内容参见段培君：《未来十年中国与世界的关系》，《中国评论》月刊2010年3月号。

全球化即全球的开放化、系统化，可以通过以下事实得到理解和说明：

第一，创新成为当代经济发展的主导机制，创新体系与新的产业结构向全球辐射，体现为知识与产业在全球的某种开放与扩散。企业、研究机构、政府与中介组织形成的创新体系，催生了新的产业结构。其发生演变的第一阶段是信息技术产业出现，第二阶段是生物技术产业出现，目前正在进入第三阶段，即新能源产业阶段。这三个阶段的发展，改变了全球的产业结构与经济发展速度，改变了或正在改变人类的实践结构和生存方式。

第二，开放性的全球经济新系统出现。以跨国公司为纽结，形成了一个新的开放性经济网络，在全球经济资源的配置中发挥了首要的作用。

第三，开放性的全球信息网络出现。20 世纪 70 年代以来，信息技术不断创新，信息化成为全球经济社会发展的显著特征，互联网成为信息传播和知识扩散的主要载体。以中国为例，2009 年 12 月网民规模已达 3.84 亿人。全球网民总量截至 2009 年 9 月为 17.3 亿人。全球已有 46 亿移动用户，其中近 10 亿是 3G 用户。全球信息系统的出现深刻地改变了人类的生存和交往方式，改变了全球经济运行方式和社会管理模式。信息化、经济全球化、开放化、系统化在这里是同一个过程的不同方面。

第四，社会组织全球性的“爆炸式”发展，形成了所谓的“全球结社革命”。根据 2004—2005 年《国际组织年鉴》，各种国际组织 57964 个，国际非政府组织 50658 个，在过去 10 年增长了 4 倍。中国在改革开放以来，非政府组织发展迅速，截至 2008 年底，全国共有基金会 1597 个，社会组织 41.4 万个。社会已成为一个迅速生长着的开放性结构。

这些表现集中起来，就是当代席卷全球的开放性、系统性发展的大趋势。这是世界史上前所未有的大趋势。在这一大趋势中，各方在技术、经济、资源环境方面的根本利益，都必须在一个开放的、合作的、和平的世界秩序中实现。就全球而言，短期内各国或各种可能的方面之间可能出现封闭、对抗甚至局部战争的某种情形，但从长期看，开放、合作与和平代表了各方的根本利益。这是各方利益战略博弈的均衡点，各方最终会围绕这一中轴旋转。就这一点说，中国与世界关系的基本趋势是开放、合作与和平。这是大趋势大格局中的一个表现。

换一个角度，从中国自身的发展看也是如此。开放、合作、和平作为中国与世界关系的基本方面，是中国自身发展的要求。

中国的显著变化是从开放开始的。中国的有识之士曾深切地认识到，不改革开放是死路一条，不改革开放中国就会被开除球籍。开放，是中国发展的历史性选择，是发展的必由之路。正是通过改革开放，中国取得了历史性的成就。中国发展的基本经验是改革开放而不是其他。从历史的经验看，中国没有理由要离开开放的道路。动摇了开放，就动摇了中国发展的根基。也因为这一点，开放是中国与世界关系的基本方面。对外开放，互利共赢，和平发展是中国的既定国策。虽然在这一过程中有过曲折，虽然不能排除某些时候某些方面存在着与开放不符的倾向，但是，这不会也不可能成为中国与世界关系的主导方面，不可能成为主流。绝大多数人的根本利益是挡不住的，中国的发展是挡不住的。国门已经打开，任何企图重新将之关闭的倾向，都将被视为对中国发展或中国绝大多数人利益的侵犯，因而从根本上说是不可行的。

这样说，是从历史经验的角度来论述的。这一角度是重要的，但又是不够的。我们还需要进一步地从中国现实发展的内在进程进行分析，看是否需要更具广度和深度的开放，是否需要根据中国发展的新条件、新形势将开放推进到新的阶段。答案当然是肯定的。不继续推进开放，就不是真正的坚持开放。改革开放是动态的过程，只有坚持这种动态的推进，才是真正地坚持改革开放。从中国发展的需要看，中国不仅需要坚持开放，而且需要将开放推进到构建开放社会的阶段。

随着改革开放的发展，中国的发展进程越来越具有全球性。中国的经济直接影响世界经济的发展，反之也受到世界经济的直接影响。国际金融危机以及之后的世界经济发展进程已经证明了这一点。

所以，中国与世界的关系，不论从中国还是从世界发展的大势来看，都是开放大于封闭，合作大于对抗，和平大于战争，其发展的基本趋势是开放、合作与和平。这是中国与世界关系的基本面，是立足于长期的一个判断。

这样说，实际上就意味着在基本面以外还存在着其他的方面，在开放、合作与和平的状态外还存在着封闭的、对抗的某种倾向乃至战争的可能。实际上，开放、合作与和平正是相对于封闭、对抗与战争而言，后者总是以某种方式和程度而存在着。我们不能讳言它们的存在，也不能讳言它们可能带来的严重危害。我们只是说，在当今的条件下它们不占主导地位，正如冷战思维依然在某些人那里存在，但在思想界不占主导地位一样。从大的视野看，二战以后，和平发展成为世界的主流，非零和博弈逐渐在国际关系中占主导地位。中国与世界的关系处于这种进程之中，是这一进程的一个方面。我们重视封闭、对抗的存在，重视战争的危险。我们知道开放、合作与和平就是在克服封闭、对抗和战争的过程中发展的。开放、合作与和平成为当代世界的基本趋势，其中就包含着人类的努力于其中，包含着人类正确的认识与实践。正是在这一意义上，我们认真看待和面对全球范围内依然存在的封闭、对抗乃至战争的危险。

解决这些问题当然需要人类的理智。理智的分析告诉我们，金融危机背景下的贸易保护主义，看似对某些群体利益的保护，实际是对包括这些群体在内的整个人类利益的损害。所以，在一定意义上，这是一种认知的短视，是视野的封闭使然。开放的世界、开放的中国、开放的社会需要心灵的开放、思想的开放、认知的开放，需要解决认知的短视、视野的封闭问题。在这一意义上，中国屡屡推进思想解放，具有重大的意义。这不仅对中国有意义，而且还有着全球性的某种意义。

然而，解决这一问题更重要的方面是机制，一种淘汰性的发展机制。一个国家、一个地区、一个单位可以把封闭作为其基本选择或者某个方面的政策选择，但其结果是损害自身的发展，甚至导致落后，最终置身于被淘汰的格局中。所以，开放成为中国与世界关系的基本方面，乃至成为当今世界的基本面，是与这种淘汰机制联系在一起的。发展在一定意义上是一种开放系统的胜利，一种活力机制的胜利。

在这一意义上，开放对于一个国家、一个族群来说，是生存和发展的原理。没有开放就没有发展，不继续开放就不能持续发展，因而也就不能在未来的意义上生存。在当代条件下，即使极度倾向于封闭的国家也不得不以某种方式获取外来资源以延续生存。纯粹意义上的闭关锁国现在已经没有可能。

对于任何执政集团来说，开放是一门新的政治学。开放已经成为政治学的基本原理。不懂得开放，就不懂得当代国际政治。不学会以开放的方式进行治理，就不能获得执政的合法性和有效性。从某种封闭的思维以及与之有某种关联的冷战思维中解放出来，是对当今政治家的基本要求。维护国家利益与公众利益，都需要在开放的视野中进行，而不是相反。刻意地走向封闭，必将导致执政的失败。

开放也是当代文化学的特性。离开了开放，文化的发展与创新，文化软实力的提高都是难以想象的。当代文化的成长、繁荣和文化的特色形成，是在文化开放的进程中获得和显现的。文化的开放是一个民族长远发展的生机所在。文化的封闭主义倾向只能导致精神的僵化与愚昧，导致一个民族发展的停滞，在国际竞争中被淘汰出局。

所以，机制是强大的力量。正是在这种机制的作用下，我们说未来 10 年中国与世界关系的基本趋势是开放、合作与和平。我们能够对未来中国与世界的关系保持总体乐观的判断，同时在每个具体阶段又保持着审慎分析的态度。

六、开放的心灵与开放的社会[①]

开放的文化战略与社会战略是什么关系？可以从开放的心灵与开放的社会的关系进行探讨。

人们经常喜欢引用法国作家雨果作品中的一段话来说明心灵的广阔："世上最广阔的是大海，比大海广阔的是天空，比天空广阔的是人的心灵（胸怀）。"然而仔细想来，这一论断要成立的话需要一个前提：人的心灵须是开放的；如果是封闭的，则不能导向心灵的广阔。

问题是，人的心灵必然开放吗？柏里在《思想自由史》中说了相反的意见："通常情况下，人的大脑是天生懒散的，它倾向于最大限度地维持现状。普通人的精神世界由某些观念组成，这些观念被他想当然地接受并顽固地持守着；他会本能地对任何使这个业已确立的秩序感到不快的事物充满敌意，相信一个与他持有的观念存在分歧的新思想，就意味着必须重新调整其心灵；而这是一个艰辛的、需要付出痛苦脑力的过程。对于他和他的同道——大多数人而言，向现存观念和制度提出质疑的新思想、新观念是邪恶的，因为它是如此令人不悦。"

柏里主要讲了自然的因素，除此以外，还有社会方面的限制因素。所以，心灵的开放仍然是一个需要面对的问题。在这种背景下，一部分人的心灵开放以及创造一定的社会条件推动人们心灵的普遍开放就具有非常重要的意义。

（一）开放的心灵是开放社会的某种前导，开放的社会能够使开放的心灵常态化

近代以来哲学的鲜明特点是强调主体性，经常被引用的马克思的一个命题——"以往的哲学主要是解释世界，而问题在于改变世界"也带有这一特点。尽管 20 世纪以来学术思想的一个进展是认识到不能离开实践经验而唯理地改变世界，也不能忽视自组织的机制而试图用他组织的方式解决基本的社会问题，但是合理地发挥主体作用，依然是人类活动的基本取向。问题是对合理性作出新的理解。可以说，一切人文社会科学领域的心灵开放，都对社会关系的变迁和开放社会的形成，起着这样或那样的推动作用。文艺复兴以来欧洲的社会变革能够见证这种情形，近代以来中国的社会变革，特别是改革开放以来

① 本节部分内容段培君：《开放的社会与开放的心灵》，2008 年 8 月 24 日在"第三届海峡两岸中华文化发展论坛"上的主题演讲，《学习时报》2009 年 3 月 2 日。

中国的发展也能够见证这种情形。

心灵的开放与思想的解放是相通的。如果我们忽略它们的区别的话，可以把它们放在一起来探讨它们的一般意义。

心灵的开放或思想的解放，首先，是价值观的开放。中国改革开放的发展，集中地看，反映了价值观的变化。温家宝在十届全国人大五次会议结束后举行的记者招待会上说道："民主、法制、自由、人权、平等、博爱，这不是资本主义所特有的，这是整个世界在漫长的历史过程中共同形成的文明成果，也是人类共同追求的价值观。"胡锦涛在访日时所形成的《中日关于全面推进战略互惠关系的联合声明》中确认："为进一步理解和追求国际社会公认的基本和普遍价值进行紧密合作，不断加深对在长期交流中共同培育、共同拥有的文化的理解。"这些都属于价值观层面的开放。应当说，这种价值观的开放贯穿于改革开放的全过程。从经济建设为中心、把富强作为基本价值确立起来，到目前形成的"富强民主文明和谐"的基本价值目标体系，从"三个有利于"的标准到"以人为本"的价值观念，反映了思想解放的广度和价值体系的深层变化。

其次，是科学观的开放。不是把科学理解为一个封闭的知识体系，不是要奉这一体系为至尊而强制性地扼杀其他的新认知，这是心灵开放的第二个重要方面。20 世纪给人类的重要教训以及在这一教训基础上推进的一个学术进展，是批评了理性的强制，批评了对科学的非科学态度，强调要重视实践经验的作用，明确了由于实践经验与科学的关联，知识体系一定具有某种开放性。这种开放的科学观，易于导向开放的科学认知。正是基于这样的开放态度，与分析范式不同的系统科学的研究范式才出现了，自组织的范畴显示出特殊的作用。特别地，与这种认知相伴随的是，中国社会开始选择市场经济这种自组织的结构，形成经济发展的新机制。

心灵开放或思想解放的第三种意义是本体意义上的：如果一个社会在技术、制度和思想文化的层面上能够形成一个比较完整的开放结构，那么心灵的开放就能够成为这种社会运行的一种常态，一种结构和机制的自然功能反应。这实际上在表述另外一个命题：开放的社会能够使开放的心灵常态化。这是开放的心灵与开放的社会之间关系的另一面。人类所以致力于构建开放社会，除了开放社会的其他意义以外，对心灵开放或思想解放的本体支持是一个重要原因。它的重要性可以这样表述：如果我们构建或进入了开放社会，则心灵的开放或思想的解放就具有了现实的基础，它将易于推动并且能够成为一种常态。

（二）改革开放使得中国从一定意义上进入了构建开放社会的新阶段

这样提出问题的背景是中国的改革开放已经走过了30年的历程。

现在是否已经进入了构建开放社会的阶段，可以从空间和时间两个角度对这一判断作初步的说明。

从空间角度看，中国的发展进程越来越具有全球性，不仅融进了全球经济体系中，而且也融进了全球的信息网络和交往系统中。中国必须以构建开放社会来应对这样的全球性。

中国的经济发展越来越具有全球性，需要在全球化视野中运筹规划。2000—2004年，中国对世界经济增长的贡献率是15%，仅次于美国。就能源依赖度看，中国进口的石油大约是消费总量的50%。从这一角度看，国际社会关注中国是不奇怪的，中国的经济直接影响世界经济的发展。反过来，中国经济也受到世界经济的影响。美国次贷危机对中国出口以及货币政策的影响就反映了这一点。

中国的社会事态也越来越具有国际性，需要在开放的平台上进行处理。中国发展水平的提高，中国对世界影响的增大同时带来了另外的一面：它将引起国际社会更多的关注，因而也将受到更多的互动性影响。这是一种互相促进的过程，也是全球化的应有之义。对此，需要有相应的心理准备和应对方式，特别是要学会在开放的平台上处理与此相关的一系列社会问题。

中国的发展已经置身于全球信息网络中，需要从局域性信息处理模式转向全球性的信息处理模式。当代信息全球化的结果导致任一地域发生的重要情况势必在全球信息网络中得到反映。这种情形使得我们面临这样的选择，如果我们要有一个比较好的外部环境，我们就必须考虑信息全球化的现实，在信息全球化的网络中并按照这一网络平台的游戏规则进行战略应对。也就是说，试图在一个局域性信息域中对事件进行反应和处理，是不会有好效果的，从长远看也没有可行性。2008年汶川地震的信息处理得到了国际社会的许多赞扬，其主要经验也是选择了面向全球信息网络处理问题的方式。

从时间角度看，中国经济已经处于从粗放型转向创新型的阶段。技术与经济的层面、制度的层面和思想文化的层面都面临更加开放的任务，这些任务用一个比较完整的概念说，就是构建开放社会。

构建开放社会首先需要新的思想解放或心灵开放，这既是构建开放社会的应有之义，也是它的前提条件。

从科学发展到和谐世界的提出，都带有思想解放的特点。中国外交提出了和平发展、互利共赢、和谐世界的目标。就互利共赢这个战略模式来说，它的提出和实施都与解放思想相关。它不是过去的非此即彼，不是以阶级斗争为纲进行战略选择。没有思想解放，新的战略模式就无法形成。

关于和谐社会的建设也是如此。经济建设的主体是企业，和谐社会建设的主体是什么？一个基本看法是社会建设的主体是社会组织。如果社会组织发展不起来，只有政府和民众的两极结构，社会不太可能和谐，公民社会也建设不起来。

（三）区域经济、政治、文化等方面的一体化开放，为中国开放社会的构建和完善奠定微观基础

现在，随着经济、信息、社会组织和环境保护全球化趋势的发展，开放已经展示了新的内涵和发展前景。在此背景下，心灵的开放、视野的开放、思路的开放具有特殊意义。关于区域发展的总体战略，原来的设想是“深入推进西部大开发，全面振兴东北等老工业基地，大力促进中部地区崛起，积极支持东部地区率先发展”。这一战略将全国分成西部、东北、中部和东部，以不同的方针（“深入推进”“全面振兴”“大力推进”和“积极支持”）推动它们的协调发展。这是以“块状”为基础而实施的区域发展总体战略，反映了中国区域经济发展的某种现实，从宏观层面看对于中国区域协调发展具有重要意义。但是，由于块与块之间不一定完全具有内在的经济相关性，所以最近提出了另外一个非常重要的思想：“突破行政区划界限，遵循市场经济规律，引导生产要素跨区域合理流动，优化国土格局”，强调经济要素跨区域的流动，通过这种流动实现区域的协调发展，“形成若干带动力强、联系紧密的经济圈和经济带”。这一思想的重要之点：一是，按照市场经济规律设定区域发展总体战略。二是，通过经济要素的流动形成经济带。“带状”战略思想的提出，表明在国家战略思想层面上通过解放思想能够形成新的发展模式。

现在的问题是，需要在这一基础上进一步解放思想，在国家战略层面上就具体的“带状”战略提出新的设想。进一步地，在这一视野下统筹考虑思想文化流、技术流、资金流、人才流的合理配置问题，考虑科学发展的战略思想和充分发挥市场机制作用的问题，考虑开放社会的整体结构及其功能问题。

如果区域的发展都能够顺利推进，实现经济、政治、文化等方面的一体化开放和科学发展，则中国开放社会的构建和完善将奠定其微观基础。

七、改革开放、创新与解放思想的本质关联[①]

创新从文化角度看，是特定的一种文化精神状态，在认知层面上，它伴随着某种思想的解放。解放思想与创新、改革开放具有本质的相关性，这种相关性可以从解放思想的内涵，包括价值观念、规律认识和主体状态的解放而体现。

改革开放的发展是不断解放思想的历史进程，解放思想本身具有丰富的不断发展着的内涵，在历史实践中显示了多重意义。

解放思想的第一重意义是价值观念的解放。新的价值观念的引入和原有价值观念地位的改变所导致的价值体系的某种结构性变化，是这种解放思想的直接表现。

中国改革开放的发展反映了价值观念的深刻变化。价值观念的解放贯穿于改革开放的全过程。党的十一届三中全会放弃了“以阶级斗争为纲”的政治路线，顺乎民意，作出了把党和国家的工作重点转到经济建设上来的决定，确立了以现代化建设为中心的价值取向，将亿万民众导向致富的方向，生产力得到了空前解放。这一变化的实质是通过解放思想把富强作为基本价值确立起来并逐步予以实现。这一价值取向在人民生活层面上表现为对富裕的追求，在国家层面上表现为对强盛的努力，两者结合的战略形式是小康目标，而实现这一目标的经济建设则被置于中心地位。此价值的确立对于当代中国的发展的意义是不言而喻的。

改革开放历程中另一价值观念的变化趋势是，从强调“物质文明建设和精神文明建设两手抓”，到“经济建设、政治建设、文化建设”三位一体，到“经济建设、政治建设、文化建设和社会建设”的总体战略布局，以致目前形成的“富强民主文明和谐”的基本价值目标体系，反映了价值体系逐步全面化的趋势。这一全面化进程的深刻基础是“以人为本”。“富强民主文明和谐”的价值体系体现了“人的全面发展”的要求，反映了“以人为本”的丰富内涵。在价值观念解放的历程中，从“三个有利于”标准的提出到“以人为本”的确立，反映了价值体系的深层变化，对于中国的发展具有深远的影响。

解放思想的第二重意义是在规律认识方面的解放。从过时的或不切实际的乃至教条的所谓规律性表述中解放出来，从基于这种表述的发展路径中解放出

---

① 本节部分内容参见段培君：《建设创新型国家》，2008年6月27日在山西太原第16次领导干部历史文化讲座上的演讲和《解放思想的三重意义》，《学习时报》2008年12月8日。

来，确立符合人的全面发展的规律理念，是这种解放思想的另一表现。

在改革开放的进程中，在现代化建设和社会发展规律的认识方面有两个具有历史意义的思想解放。

第一，从原来的计划经济规律的表述中解放出来，认识到发展市场经济是发展生产力的必由之路，确立了市场经济规律的地位。党的十一届三中全会在确立现代化建设价值取向的同时肯定了价值规律的作用，提出要“坚决实行按经济规律办事，重视价值规律的作用”。党的十二大报告肯定“发挥市场调节的作用，方向是正确的”。党的十二届三中全会提出“社会主义计划经济必须自觉依据和运用价值规律，是在公有制基础上的有计划的商品经济。”党的十三大报告认为，有计划的商品经济的体制是“计划与市场内在统一的体制”，“计划和市场的作用范围都是覆盖全社会的”，从而明确肯定了市场规律的普适性。在这种规律认知的基础上，党的十四大确认“我国经济体制改革的目标是建立社会主义市场经济体制”。关于市场经济规律的认识不仅在经济理论的层面上得到了深化，而且在系统科学自组织理论的层面上也得到了深化。

第二，基于对发展规律的新认识和中国发展的阶段性特征，确立了科学发展观，从不符合科学发展的观念下解放出来。科学发展观是合目的性、合规律性与合实际性三者的统一，内在地包含对发展规律的新认识。这种新认识突出地表现在以下方面：

——关于社会一般价值规律的认识。马克思关于“人们首先必须吃、喝、住、穿，然后才能从事政治、科学、艺术、宗教等等”的思想，需要重新理解为一种社会一般价值规律：首先是人的价值需求，然后才是以此为前提的“直接的物质的生活资料的生产，从而一个民族或一个时代的一定的经济发展阶段，便构成基础”，并在此基础上逐步实现人的自由而全面地发展。整个思想链条的一个逻辑起点是人的价值需求。我们也可以把人们是历史的创造者理解为这种价值规律，因为每个人的基本价值需求及其满足这种需求的动力以及实现这种需求的人的力量的聚积，毫无疑问将形成巨大的合力，构成创造历史的动力。我们还可以把市场机制的选择理解为这种价值规律，因为只有它能有效地实现国家富强和人民富裕，满足人的发展需求，因而为人们所选择。科学发展观所提出的“以人为本”的命题深刻地反映了这种社会价值规律的思想。

——关于社会系统发展规律的认识。社会现代化的进程越来越体现出深刻的整体性。在既分化又整合的过程中，社会各方面的内在关联和相互作用日益明显，越来越需要从整体上予以把握。中国的发展从“物质文明建设和精神文明建设两手抓”，到“经济建设、政治建设、文化建设和社会建设”的“四位一体”布局，实际反映了这一客观趋势。科学发展观提出的全面协调发展，经济、政治、文化、社会建设统筹兼顾，以及经济体制改革与政治体制改革协调推进等思想，实际是对这一规律认知的直接结果。

——关于现代化建设规律的认识。科学发展观提出的统筹城乡发展、区域发展的要求，反映了工业和农业、城市和农村现代化进程的规律性要求。这一要求的内在逻辑是：在现代化进程的开始阶段，农业和农村需要支持工业和城市发展先行一步，否则工业化难以起步发展；而当工业和城市发展到一定阶段时，工业和城市则需要反哺农业和农村，否则二元结构会导致发展的某种停滞。除了发展格局所反映出来的规律外，科学发展观提出的转变经济发展方式和建设创新型国家的要求，也反映了产业结构发展的客观规律和当代经济发展的新趋势。

——关于自然规律的认识。随着全球环境危机的出现，生态规律、环境规律展示了新的内涵，在太阳系能量转化、地球环境变化、人在环境变化中的作用等方面都有了新的认知。科学发展观所要求的人与自然和谐发展，正是反映了这种新认知。

——关于人的实践活动形式规律的认识。随着当代人类实践活动越来越体现为一种战略形式，战略实践成为包括政治、经济、军事、科技、文化等人类所有实践领域的一种普遍现象。战略学在战略的效用取向、定位分析、筹划评估和活动结构等方面有一系列规律性的新认识。科学发展观关于中国发展阶段性特征和国际环境及其发展趋势的分析，以及基于这种分析所提出的战略思想和发展模式，也体现了对战略科学的新认识。如此等等，在规律方面还有进一步探讨的空间。

上述两个方面的解放思想所包含的对规律的新认识为改革和发展提供了依据，表明解放思想从价值层面延伸到规律层面的重要和必要。

解放思想的第三重意义是思维主体状态的解放，主要是思维主体通过制度、机制的变革导致主体精神状态的一种解放。这种解放是本体意义上的，即在社会的技术、制度和文化层面上形成一个比较完整的支撑解放思想的整体结构，使解放思想能够成为社会运行的一种常态，一种结构和机制的功能体现。

解放思想进入这一本体性层面而不再仅仅停留在认识论的层面具有重要意义。如果仅仅停留在认识层面上解决问题——虽然也可以解放思想——但我们仍没有形成一种解放思想的日常机制。如果深入到本体层面上并且形成了本体性的运作机制，则妨碍解放思想的某种现实前提已经消除，从而将大大减少解放思想的阻力和社会发展的运行成本。

本体性意义的解放思想与建设创新型国家密切相连。在一定意义上，创新型国家的内涵涵盖科学技术、经济以及现代化建设的各种方面，包括形成有利于自主创新的体制机制，推进理论创新、制度创新、科技创新，在全社会培育创新意识，倡导创新精神，发展创新文化，激发全民族的创新精神。这实际上是要形成支撑解放思想的社会整体结构。正是在这一意义上我们能够说，建设创新型国家是一项极其繁重而艰巨的任务和极其广泛而深刻的社会变革。

本体性意义的解放思想需要通过不断深化改革和扩大开放而实现。其中最重要的是深入贯彻落实科学发展观，将“以人为本”的理念制度化，形成比较完善的体制和机制保证，使“以人为本”全面地体现于理论、战略、政策和体制机制的各个方面，落实到具体的立法和执法工作中，落实到相关的工作部门和工作具体部署中，落实到具体的责任主体和责任机制中。只有这样，才能在体制机制的层面上更好地保障解放思想的进程，进一步激发全社会的活力和全民族的创新精神。

评注：双向开放的提出与推进

大战略是大系统的视野。双向开放在本书中是在大系统的视野中首先被提出的，即在与双引擎和“十”字型战略的关系中被提出的。它们都是结构性大战略的一个部分：“结构性经济战略和结构性政治战略，要求与之相适应的结构性社会和文化战略。这一战略的基本取向是双向开放：对内开放与对外开放。”

双向开放在本书中的解释如下：“对内开放是社会财富、公共资源与公共服务的开放与均衡化，使社会财富、公共资源在开放中进一步流动起来，使得内需得以扩大，需求结构得以改善，效率进一步提高，同时社会公正程度得以改善”；“对外开放，指为推动创新和经济结构优化升级，拓展和优化开放结构，完善内外联动的开放型经济体系”，“在器物层面、制度层面和文化层面形成更高水平的开放性结构”，是“全方位、多层次、宽领域的开放”。

双向开放的概念在“十三五”规划中被明确使用：要“全面推进双向开放”。

需要注意的是，本书中的双向开放不仅是经济的，而且也是社会和文化的。它不仅涉及经济方面的需求结构改善和效率提高，涉及技术与经济的层面，而且涉及社会公正的层面、制度和思想的层面。所以，它与“十三五”规划提出的双向开放具有一致性，同时又比后者的外延更宽。这与本书强调的大系统视野有关。

也需要注意的是，本书中的对内开放是“推动消费拉动和经济的持续发展，同时有利于社会公正，推动和谐社会的建设”，它与需求引擎相关联；对外开放“直接将社会的进一步开放与致力于经济结构优化的创新联系起来”，形成“开放创新一体化”格局，又与供给引擎相关联。这也是本书大战略视野的要求。

双向开放在今天的意义是作为经济发展战略在“十三五”规划中有系统的论述和推进。

第一，双向开放是“统筹国内国际两个大局”战略思想的要求，既有对内的方面，也有对外的方面。“既立足国内，充分运用我国资源、市场、制度等优势，又重视国内国际经济联动效应，积极应对外部环境变化，更好利用两个市场、两种资源，推动互利共赢、共同发展。”这是全方位的对外开放。

第二，“全面推进双向开放”，是要“促进国内国际要素有序流动、资源高效配置、市场深度融合，加快培育国际竞争新优势”。这主要体现在“对外开放战略布局”上，包括“完善对外开放区域布局”和“打造陆海内外联动、东西双向开放的全面开放新格局”；“推进国际产能和装备制造合作”；“加快对外贸易优化升级”以及“提升利用外资和对外投资水平”等。在本书中，一些相关内容能在类似的论述中看到：“区域经济的一体化开放”和“区域发展总体战略”以及“带状”战略；“扩大国际经济技术合作与交流，进一步利用境外创新资源”；“加快转变外贸增长方式，把外贸工作与提高自主创新能力结合起来”；以及“提高利用外资的质量”等。

第三，“全面推进双向开放”也特别包括“扩大金融业双向开放”，包括“有序实现人民币资本项目可兑换”，“稳步推进人民币国际化”；“逐步建立外汇管理负面清单制度，放宽境外投资汇兑限制，改进企业和个人外汇管理”；“推进资本市场双向开放，提高股票、债券市场对外开放程度”；“提高金融机构国际化水平，加强海外网点布局，完善全球服务网络”。

第四，“全面推进双向开放”还包含了“健全对外开放新体制”的内容，即体制改革方面的内容，同时也包括了一些社会环境方面的内容。如“营造公平竞争的市场环境、高效廉洁的政务环境、公正透明的法律政策环境和开放包容的人文环境”；“统一内外资法律法规，制定外资基础性法律，保护外资企业合法权益”；“健全备案为主、核准为辅的对外投资管理体制，健全对外投资促进政策和服务体系”等。这种制度层面的要求在书中也有强调：“改善制度环境，优化行政和金融环境；完善法律法规和政策，形成稳定、透明的管理体制和公平、可预见的政策环境”等。

上述分析表明，大系统作为大战略的分析框架能够运用于双向开放的提出及其推进。这是它的方法论方面的意义。

之所以能够这样运用，本章中初步论述了系统与开放的某种统一性规律，指出“全球化即全球的开放化、系统化”，全球化的发展实际是开放系统的发展，“发展在一定意义上是一种开放系统的胜利，一种活力机制的胜利”。一个国家、一个地区、一个单位可以把封闭作为其基本选择或者某个方面的政策选择，但其结果是损害自身的发展，甚至导致落后，最终置身于被淘汰的格局中。这是一种淘汰性的发展机制。

从这一机制的角度，笔者写下了相关的政治学和文化学方面的两段推论：

“对于任何执政集团来说，开放是一门新的政治学。开放已经成为政治学的基本原理。不懂得开放，就不懂得当代国际政治。不学会以开放的方式进行治理，就不能获得执政的合法性和有效性。”

“开放也是当代文化学的特性。离开了开放，文化的发展与创新，文化软实力的提高都是难以想象的。当代文化的成长、繁荣和文化的特色形成，是在文化开放的进程中获得和显现的。文化的开放是一个民族长远发展的生机所在。文化的封闭主义倾向只能导致精神的僵化与愚昧，导致一个民族发展的停滞，在国际竞争中被淘汰出局。”

关于这一机制的更多了解，读者可以阅读笔者的《创新发展模式》一书，在那里有专门的一节讨论开放机制的问题。

结　语

2009 年，我应邀为《中国评论》杂志写了一篇文章，其中我引用了严复的话来表达心中的感觉：

“一百多年前，严复在《天演论》的末尾写道：挂帆沧海，风波茫茫；或沦无底，或达仙乡；二者何择，将然未然。”

可以告慰的是，“一百多年过去了，中国虽经坎坷磨难，但最终走上了现代化的康庄大道”。

未来如何呢？我以条件句表述说：“中国在新甲子的发展方向已经明确。虽然困难依在，挑战严峻，但只要坚持实事求是，顺应天下大势，努力开拓创新，中国新甲子的前途是光明的。”

这是美好的祝愿。本书是这一祝愿的继续，也是这一祝愿的补注。如果读者耐心读完了这本书，将会体味这一补注的内涵。

此算是结束语。

修订本结语：中国结构性大战略的重要意义①

2012年，中共中央党校段培君教授所著《中国结构性大战略》一书问世，以飨读者。本书共有7章，系统地论述了中国的经济、政治、社会、文化和环境等结构联为一体的大结构调整与优化的大战略，这对于结构性大战略研究具有重大而深远的意义。

本书坚持战略思维、运用当代大战略理论、从全球发展的视野分析了中国尚存的大结构矛盾，从而提出了具有全局性、根本性的大战略，即国家战略。它强调，将经济、政治、文化、社会和环境结构形成“五位一体”的整体结构，所以称之为大结构。进而，要依其内在的相关性，实行整体结构性的优化调整，形成结构性大战略，以实现全面建设小康社会总目标。本书在大战略研究方面的意义主要表现在以下几个方面。

（一）大结构的整体分析思路

结构性矛盾是导致中国转变发展模式的直接原因，对中国发展的可持续性有重大影响。关于经济结构有许多学者做了分析，然而作者的视角与他人不同。他认为结构性矛盾不仅体现在经济结构上，而且体现在政治、社会、文化、资源环境结构上，体现为整体性的结构问题。他尤其分析了这些结构之间的内在关系。

他在分析经济结构的矛盾时聚焦于需求结构和供给结构，认为两者出现了结构性倾斜。他引用国家统计局的数字分析了“投资、消费和出口”的结构关系，说明高投资、高消耗的粗放式发展模式如何不可持续，并说明需求结构与收入和财富分配结构、城乡区域结构的关系。他尤其强调了供给结构的问题，认为创新驱动力不足，产业结构不合理，高新技术产业产值比重低、增长缓慢。如果这两方面的结构性倾斜得不到调整，不仅经济发展后续动力不足，而且隐含着危机的可能。

作者分析的特点是，他将经济结构的分析引向政治结构的分析。他认为经济结构不平衡到问题，其深层次的原因与权力结构相关。作者通过详细的数据分析说明，除了其他因素外，权力结构如何造成“高投资低消费”、产业结构升级缓慢等问题。改变出口导向的投资拉动方式，转向创新驱动，是调整经济

① 此部分内容原系中国科学院资深研究员李喜先为《中国结构性大战略》一书撰写的书评。

需求结构和供给结构的基本要求。而转变权力结构和运行方式、建立国家创新体系是实现上述转变的关键。作者进一步指出经济结构、权力结构的倾斜是产生社会结构矛盾的重要根源。因土地问题引发的群众上访和群体性事件是目前社会不稳定因素的典型表现。

作者基于中国发展的结构性矛盾，分析了经济结构，进而从更大的视野和更深的层面分析了权力结构和社会结构的相关内容，从而形成了大结构的分析思路，为进一步阐释大结构到大战略的深刻关联奠定了基础。

（二）大战略各部分的有机整合

作者在经济、政治和社会结构相关内容的分析基础上，创新性地提出了与之相关的“双引擎”战略、“‘十’字型”战略和“双向开放战略”，尤其阐述了这些战略之间的有机联系。

在整体结构调整中，经济结构优化调整是重点。其中主要实行“双引擎”战略：其一，调整动力结构，即形成消费、投资、出口比较合理的动力结构。其二，调整要素结构，即要向主要依靠科技进步、劳动者素质提高和管理创新转变，这就必须要建立起创新战略，通过技术创新、制度创新和文化创新，实现创新驱动发展，使创新战略成为核心战略。

在整体结构调整中，结构性政治战略是要保证经济结构的优化调整。其中主要实行“十”字型战略，即着眼点在纵向和横向方面调整权力结构：在纵向权力结构上，应进一步地改革人财物的管理体制，以转变经济发展方式，这在更大程度上属于政治体制改革；在横向权力结构上，应形成现代社会权力结构，这包括加快推进政企分开、政事分开，使专业化、社会化进程与权力分置结合起来，形成企业、事业单位与政府既相对独立又功能互补的格局，进而在国家决策层面上建立起决策权、执行权、监督权既相互制约又相互协调的机制。

结构性社会和文化战略的基本内涵是双向开放。双向开放战略包括两个方面：一是对内开放，即社会财富、公共资源与公共服务的开放与均衡化，使社会财富、公共资源在开放中进一步地流动起来，使得内需得以扩大，需求结构得以改善，效率进一步提高，社会公正程度得以改善。二是对外开放，拓展和优化开放结构，完善内外联动的开放型经济体系，强调技术、经济、制度、思想文化层面都面临更加开放的任务，以实现国家创新体系的升级。开放的社会和文化战略不仅是对结构性经济和政治战略的有力支撑，其本身也是社会和文化领域的国家战略目标。

本书强调，在整体结构调整中，结构性经济战略要与结构性政治战略、结构性社会和文化战略，以及环境保护战略相互依赖、相互适应。特别是，自然环境保护和建设是人类社会可持续发展的根本保证，是经济、政治、社会、文化结构性战略得以实现的依靠。作者认为，应通过经济、政治、社会、文化领域的结构调整实现整个结构的优化调整。经济结构调整是主轴，政治结构调整是关键，社会和文化结构的调整协同促进经济结构、政治结构的调整，从而各领域形成良性互动，共同促进整体结构的优化。

（三）大战略理论的运用和发展

值得注意的是，段培君教授的上述分析实际属于大战略理论的大系统视野。他所论述的中国结构性大战略，涉及当代大战略理论的运用和发展。本书主要涉及三个方面。

第一，大战略的大系统视野。作者认为，哈特强调大战略的概念以来，随着人类实践的发展，战略已超越军事领域而普遍进入经济、政治、社会、文化、企业等各领域，战略层次已超越军事决策上升到国家战略。这些不仅推动了大战略理论的发展，而且要求以更高的哲学视野对之进行总结。作者概括了大战略在战略手段、战略目标与目标和手段协调范围的三个“大”，总结了战略在视野、结构、模式、机制和优势类型五个方面的转变，提出了以大战略为核心的当代战略思维形态理论，并从这样的理论高度论述中国转型发展的整体战略。作者从战略哲学层面阐述了大战略“全”的原则，认为“全”，是大战略的大系统视野，要求全面把握大战略中整体目标和局部目标、目标和手段、效果与代价之间的关系，全面把握各种目标之间、手段之间、路径之间、资源之间的关系。本书对大结构的整体分析和大战略各部分有机整合的分析是这种“全”的原则的运用。

第二，大战略的大价值定位。段培君教授尤其注意大战略的新的价值立足点，认为自哈特提出和平和民生是大战略的目标以来，实际是将大战略的价值评估上升到人类生活的根本价值层面，是人类在二次大战后以大战略的形式反映出来的对价值的一次重估。他将大战略的这种价值评估视为“善”的原则。发展战略成为大战略的重心和主体，只是这种原则的实践发展。“全”与“善”的这种有机结合中的运用，是大战略的灵魂所在，也是中国结构性大战略的灵魂所在。

第三，大战略的大趋势把握。在书中，作者认为中国选择结构性大战略与全球发展的结构性趋势相关。他将之概括为三个方面：

——创新为导向的经济结构变迁。经济发展的内涵越来越意味着经济结构的优化，而创新是结构优化的关键。创新催生了新的产业结构，改变了全球经济的发展方式和产业布局，日益显示出其主导作用。因此，需要在创新发展的背景下把握转变经济发展方式的时代内涵，把转变经济发展方式和创新作为中国未来经济增长的主要动力机制。

——经济社会综合结构的发展趋势。随着创新的全球辐射和产业结构的全球变化，经济本身也走向全球化、整体化。创新需要研发机构、企业、政府机构与中介组织等形成国家创新体系，形成新的社会结构性特征。信息网络深刻改变了人类的生存交往方式，改变了全球经济运行方式和社会治理模式。社会组织爆炸式发展，形成了“全球结社革命”。上述方面的相互作用推动综合性、整体性的经济社会结构的形成。

——代际关系结构的战略性变化。当代与后代协调发展已成为全球共识，人类正在努力形成节约资源和保护生态环境的产业结构、增长方式、消费方式，实现经济与人口、资源、环境协调发展，结构性大战略是把握这种全球发展趋势的结果。这是大战略理论的所要求的规律层面，即所谓道的原则。作者实际上是把“全”“善”和“道”结合起来研究中国结构性大战略，同时也发展了当代大战略的理论。

本书是一本从大结构到大战略研究的优异著作，也是作者长期地、精心地进行大战略研究的结果，因而适合于从事战略研究的学者，特别是各级政府部门、管理系统的学者阅读。

主要参考文献

［1］B. H. Liddell Hart, *The Decisive Wars of History-A Study in Strategy*, London: G. Bell & Sons, Ltd, 1929.

［2］Edward Mead Earle, Introduction, *Makers of Modern Strategy: Military Thought From Machiavelli to Hitler*, Edited by Edward Mead Earle with the Collaboration of Gordon A. Craig and Felix Gilbert, Princeton University Press, 1952.

［3］段培君：《战略思维理论和方法》，中共中央党校出版社 2011 年版。

［4］Daniel Lerner, *The passing of traditional society, modernizing Middle East*, New York, Free Press of Glencoe, 1958.

［5］Robert E. Ward, Dankwart A. Rustow, *Political modernization in Japan and Turkey*, Princeton University Press, 1964.

［6］David E. Apter, *The Politics of Modernization*, University of Chicago, 1965.

［7］Levy, Marion J. Jr, *Modernization and the Structure of Societies: A Setting for International Affairs*, Vol. 2, Princeton. Princeton University Press, 1966.

［8］C. E. Black, *The Dynamics of Modernization—A Study in Comparative History*, Harper & Row, 1966.

［9］S. N. Eisenstadt, *Modernization: protest and change*, Prentice—Hall, 1966.

［10］J. P. Nettl, Roland Robertson, *International Systems and the Modernization of Societies: The Formation of National Goals and Attitudes*, Basic Books, 1968.

［11］〔奥地利〕约瑟夫·熊彼特著，何畏等译：《经济发展理论》，商务印书馆 1990 年版。

［12］Lance E. Davis and Douglass C. North, *Institutional Change and A-*

merican Economic Growth. Cambridge University Press, 1971.

[13]〔美〕科斯著，刘刚等译：《制度、契约与组织：从制度经济学角度的透视》，经济科学出版社 2003 年版。

[14]〔美〕罗斯托著，国际关系研究所编译室译：《经济成长的阶段》，商务印书馆 1962 年版。

[15]〔美〕托达罗著，印金强等译：《经济发展与第三世界》，中国经济出版社 1992 年版。

[16]〔美〕罗伯特·科利尔著，林博译：《永远不要失去自信》，新世界出版社 2011 年版。

[17]〔美〕佩鲁著，韩青林、程小林、刘正国译：《发展新概念》，社科文献出版社 1988 年版。

[18]〔法〕麦迪森著，伍晓鹰等译：《世界经济千年史》，北京大学出版社 2003 年版。

[19]〔印〕阿马蒂亚·森著，任赜等译：《以自由看待发展》，中国人民大学出版社 2002 年版。

[20]〔美〕丹尼尔·贝尔著，高铦等译：《后工业社会的到来》，商务印书馆 1984 年版。

[21]〔美〕莱切尔·卡逊著，吕瑞兰译：《寂静的春天》，科学出版社 1979 年版。

[22]〔英〕巴巴拉·沃德著，杜博斯主编：《只有一个地球》，石油工业出版社 1976 年版。

[23]〔美〕德内拉·梅多斯、乔根·兰德斯、丹尼斯·梅多斯著，李宝恒译：《增长的极限》，四川人民出版社 1983 年版。

[24]《21 世纪议程》，中国环境科学出版社 1993 年版。

[25] 聂希斌等：《当代西方经济学说评介》，中共中央党校出版社 1991 年版。

[26]〔以〕S. N. 艾森斯塔特著，旷新年等译：《反思现代性》，生活·读书·新知三联书店 2006 年版。

[27]〔英〕亚当·斯密著，郭大力等译：《国民财富的性质和原因的研究》（上、下），商务印书馆 1974 年版。

[28]〔英〕弗里德里希·奥古斯特·冯·哈耶克著，冯兴元等译：《通往奴役之路》，中国社会科学出版社 1997 年版。

[29] 张凤、何传启：《国家创新系统》，高等教育出版社 1999 年版。

[30]〔德〕哈贝马斯著，李黎等译：《作为“意识形态”的技术与科学》，学林出版社 1999 年版。

[31]〔美〕杰弗里·萨克斯著，石晓燕译：《共同财富：可持续发展如何改变人类命运》，中信出版社 2010 年版。

[32]〔美〕迈克尔·波特著，李明轩等译：《国家竞争优势》，华夏出版社 2002 年版。

[33]〔美〕道格拉斯·诺斯著，张炳九译：《西方世界的兴起》，学苑出版社 1988 年版。

[34]〔奥地利〕约瑟夫·熊彼特著，顾准译：《资本主义、社会主义与民主主义》，商务印书馆 1979 年版。

[35]〔美〕索洛著，平新乔译：《经济增长论文集》，商务印书馆 1989 年版。

[36]〔美〕罗默著，吴化斌、龚关译：《高级宏观经济学》，上海财经大学出版社 2014 年版。

[37]《十一届三中全会以来党的历次全国代表大会中央全会重要文件选编》（上），中央文献出版社 1997 年版。

[38]《十一届三中全会以来党的历次全国代表大会中央全会重要文件选编》（下），中央文献出版社 1997 年版。

[39]〔美〕赫希曼著，曹征海、潘照东译：《经济发展战略》，经济科学出版社 1991 年版。

[40]〔美〕安索夫著，曹德骏、范映红、袁松阳译：《新公司战略》，西南财经大学出版社 2009 年版。

[41]〔美〕亚伯拉罕·马斯洛著，李斯译：《马斯洛论管理》，中国标准出版社 2004 年版。

[42]《资本论》第 1 卷，人民出版社 1975 年版。

[43]《邓小平文选》第 3 卷，人民出版社 1993 年版。

[44] 林重庚、〔美〕迈克尔·斯宾塞编著，余江等译：《中国经济中长期发展和转型——国际视角的思考与建议》，中信出版社 2011 年版。

[45]〔日〕伊藤宪一著，军事科学院外国军事研究部译：《国家与战略》，军事科学出版社 1988 年版。

[46] 杨小凯：《杨小凯谈经济》，中国是科学出版社 2004 年版。

[47]〔英〕大卫·李嘉图著，郭大力等译：《政治经济学及赋税原理》，商务印书馆 1962 年版。

［48］〔美〕格里高利·曼昆著，梁小民译：《经济学原理》（上），机械工业出版社 2006 年版。

［49］〔美〕保罗·萨缪尔森、威廉·诺德豪斯著，萧琛等译：《经济学》，华夏出版社 1999 年版。

［50］吴敬琏：《呼唤法治的市场经济》，生活·读书·新知三联书店 2007 年版。

［51］〔英〕凯恩斯著，徐毓枬译：《就业、利息和货币通论》，商务印书馆 1963 年版。

［52］〔美〕道格拉斯·诺斯著，陈郁等译：《经济史中的结构与变迁》，上海三联书店、上海人民出版社 1994 年版。

［53］李实：《市场学》，中国发展出版社 1992 年版。

［54］吴敬琏：《当代中国经济改革教程》，上海远东出版社 2013 年版。

［55］朱光磊：《以权力制约权力——西方分权论和分权制评述》，四川人民出版社 1987 年版。

［56］〔古希腊〕亚里士多德著，吴寿彭译：《政治学》，商务印书馆 1965 年版。

［57］中国法学会研究部编：《马克思恩格斯论法》，法律出版社 2010 年版。

［58］〔英〕洛克著，叶启芳、瞿菊农译：《政府论》（下），商务印书馆 1964 年版。

［59］〔法〕孟德斯鸠著，张雁深译：《论法的精神》（上），商务印书馆 1961 年版。

［60］〔美〕汉密尔顿等，程逢如等译：《联邦党人文集》，商务印书馆 1982 年版。

［61］〔美〕怀特著，沈原等译：《文化的科学：人类文明与文明研究》，山东人民出版社 1988 年版。

［62］《马列著作选编》，中共中央党校出版社 2002 年版。

［63］〔美〕泰伯特等著，康蓉等译：《凯洛格营销论》，商务印书馆 2014 年版。

［64］〔美〕施蒂格勒著，潘振民译：《产业组织和政府管制》，上海三联出版社 1996 年版。

［65］〔美〕奥茨著，陆符嘉译：《财政联邦主义》，译林出版社 2012 年版。

［66］〔美〕布坎南著，韩旭译：《财产与自由》，中国社会科学出版社 2002

年版。

［67］〔美〕马斯格雷夫等著，邓子基邓译：《美国财政理论与实践》，中国财政经济出版社 1987 年版。

［68］苗东升：《系统科学精要》第 2 版，中国人民大学出版社 2006 年版。

［69］〔德〕哈肯著，本书翻译组译：《信息与自组织》，四川教育出版社 1988 年版。

［70］〔美〕L. V. 贝塔朗菲著，林康义等译：《一般系统论：基础、发展和应用》，清华大学出版社 1989 年版。

［71］〔美〕拉兹洛著，闵家胤译：《用系统的观点看世界》，中国社会科学出版社 1985 年版。

［72］〔美〕斯蒂格利茨著，姚开建等译：《经济学》，中国人民大学出版社 1997 年版。

［73］段培君：《社会科学次逻辑视野中的方法论个体主义》，山东教育出版社 2006 年版。

［74］〔美〕莱斯特·M. 萨拉蒙著，贾西津等译：《全球公民社会——非营利部门视界》，社会科学文献出版社 2002 年版。

［75］〔美〕帕森斯著，梁向阳译：《现代社会的结构与过程》，光明日报出版社 1988 年版。

［76］〔美〕英克尔斯著，顾昕译：《从传统人到现代人：六个发展中国家的个人变化》，中国人民大学出版社 1992 年版。

［77］〔美〕古扎拉蒂著，张涛译：《计量经济学》，机械工业出版社 2010 年版。

［78］〔美〕赫伯特·西蒙著，詹正茂译：《管理行为》，机械工业出版社 2014 年版。

［79］〔美〕道格拉斯·诺斯著，刘亚平编译：《交易费用政治学》，中国人民大学出版社 2013 年版。

［80］〔德〕马克斯·韦伯著，林荣远译：《经济与社会》，商务印书馆 1997 年版。

［81］〔德〕黑格尔著，范扬等译：《法哲学原理》，商务印书馆 1962 年版。

［82］〔美〕托尼·赛奇著：《中国地方政府分析》，《经济社会体制比较》2006 年第 4 期。

［83］〔美〕萨缪尔森著，高鸿业译：《经济学》（上、中、下），华夏出版社 1979 年版。

［84］〔英〕托马斯·克拉克等著，张国华主编：《企业再思考：未来企业模式》，上海交通大学出版社 2001 年版。

［85］〔英〕柏里著，宋桂煌译：《思想自由史》，商务印书馆 2012 年版。

［86］《马克思恩格斯选集》第 1—4 卷，人民出版社 1972 年版。

［87］〔美〕斯塔夫里阿诺斯著，董书慧等译：《全球通史》，北京大学出版社 2005 年版。

［88］〔英〕沃森著，姜倩译：《人类思想史——浪漫灵魂：从以赛亚到朱熹》，中央编译出版社 2011 年版。

后　记

这本书是国家社会科学基金重点项目《中国发展新模式及其战略体系》（07AKS002）的阶段性成果，在研究中也得到了国家留学基金高级研究学者项目和哈佛大学肯尼迪政府学院Rajawali研究项目的支持。书中的论述角度是战略体系，主要涉及战略，部分地涉及机制，虽然不是发展新模式的完整视野，但可以看作在战略层面向发展新模式的推进。

书中的内容也是几年来教学科研和国内外学术交流的一次集成。有些内容我在中共中央党校省部级干部进修班、中青年干部培训班，国家教育行政学院高等学校校长培训班和对企业高级管理者的授课中讲过，有些内容在哈佛大学的肯尼迪政府学院、商学院、费正清研究中心、麻省理工学院、耶鲁大学和哥伦比亚大学等机构的演讲或讲座中阐述过，也有一些内容在报纸杂志上发表过，还有一些是作为政策建议提交或发表的。在此我要感谢所有与我互动交流过的学者、同行、学员、刊物编辑和听众，他们对中国发展的关心和热忱、对问题的关注和探讨，常使我感到深入研究的必要和责任；同时也感谢相关的刊物对我的支持，使我能够把相关的研究成果熔为一炉，呈现于此。

书中的一些战略主张或政策建议已经体现于国家有关政策文献或在国内外产生了重要影响。例如，笔者在2006年提交内部研究报告的基础上于2007年8月公开发表的“五位一体”的目标体系（“将环境保护和建设纳入国家发展的总体战略布局，使其成为一级目标，而不是附属性的二级目标，‘全面建设小康社会’的总目标应由‘四位一体’转向‘五位一体’”）和“实现新的经济发展方式”作为战略重点的主张（以“实现新的经济发展方式”替代“转变经济增长方式”，使战略“超出经济增长的范畴，而体现于经济发展的范畴”），其相关表述在2007年10月的党的十七大报告中被媒体作为新的理论亮点而介绍。

又如，笔者2008年6月以来提出的结构性宏观调控的概念，其外部结构所强调的“两个结合”的思想（宏观调控的短期政策与长期战略的结合，宏观调控和市场机制的结合）已体现于2009年12月中央经济工作会议总结的“在复杂经济环境中推动经济社会又好又快发展的重要经验”中；其内部结构所强调的宏观调控目标在“魔力四边形”结构含义的基础上实现经济结构优化调整的新含义，运用结构性货币政策、财政政策和就业政策形成结构性效应，促成结构优化调整的政策主张，也体现于同一次会议和有关部委的相关决策中。

再如，作为结构性宏观调控概念的一个运用，笔者于2008年11月提出的“应将结构优化调整作为4万亿投资基本目标”的建议（“经济结构优化调整应进入4万亿投资计划的主题，使得这4万亿计划成为扩大内需、促进经济增长和经济结构优化调整的计划，而不仅仅是扩大内需，促进经济增长的计划”），强调了宏观调控的扩内需、保增长与调结构长远战略结合的必要。该判断的重要性可以从2008年11月以后经济工作方针从“扩内需、保增长”到“扩内需、保增长、调结构、惠民生”的变化中看到。

还有，笔者2008年11月以来关于金融危机对我国的影响与战略选择的判断（金融危机实际是对中国发展方式的冲击，“当前的危机决不仅仅是世界经济金融危机；从深层次看，它也是中国发展方式的某种危机”，“当前的危机，已经暴露出经济结构调整应当是我们解决经济增长问题的根本路径”，应把握“转变经济发展方式的战略导向”，实施结构性战略），也在2009年12月中央经济工作会议和2010年2月中央举办的省部级干部落实科学发展观研讨班的讲话中体现了出来。

类似这样的前瞻性战略判断或建议，在本书中还有一些体现，如“创新作为核心战略”“双引擎经济战略”“‘十’字型政治战略”“双向开放社会战略”“结构性大战略”等，读者可以探查鉴读，此处不再累述。笔者认为，战略学是经世致用的学问，而前瞻性研究是这一学科的特点，也是战略研究者的职责。如果这样的研究引起了读者对于战略学研究的兴趣，或引发了读者对民族乃至人类发展前景的关注，对研究者来说也是一种满足和慰藉。

写到这里，也想借机说一下与此相关的另外一本书，即由我主编、由原中共中央党校常务副校长郑必坚作代序的中共中央党校教材《战略思维理论和方法》，也由中共中央党校出版社出版了。这两本书从理论与实践相结合的角度可以视为姊妹篇，因为一本着眼于战略的理论和方法，另一本着力于战略实践的分析和研究。读者如果有兴趣，可以对照阅读，特别在教材中作者专门论述了对大战略理论的某些理解，这与本书的主题《中国结构性大战略》是相关的。

我想在此特别说明的是，由于中国发展处于非常复杂的阶段，也由于本书论域的广大和作者的局限，本书所述只是一个初步的框架，尚有许多问题的研究有待深化和细化，论述中也有许多不尽人意之处，希望读者、同行和各界朋友不吝指正，以期进一步的改善。

最后，特别在此感谢项目研究和本书形成过程中各个方面的关心和支持。

段培君
2012 年 1 月于北京

修订本后记

《中国结构性大战略（修订本）》作为中共中央党校出版社《战略思维丛书》中的一本，它与《创新发展模式》一书原归在同一个出版周期，计划在2016年底或至晚于2017年上半年出版。但是，这段时间出现了一些未曾预期的安排和变故，所以此书的写作和出版就被延宕下来。现在终于脱稿付梓，有一种释怀的感觉，同时也感谢出版社方面的耐心。

2000年以来，中共中央党校战略学和战略哲学学科致力于战略思维的研究，其中的一个重点是对当代战略思维的研究，特别是大战略的研究。《中国结构性大战略》的立意是大战略的应用研究，而现在的修订本则试图继续阐明这种应用的价值，并揭示其中的方法论内涵，为这种应用确立某种可能的范式。其中的一个原因就是本丛书的目标在编委会看来，首先应满足学科建设的需要。

当然，这不是说，《中国结构性大战略》从问世到现在的修订本所包含的战略论断不重要，从它出版以来，有些读者已经注意了它所提出的一些新战略以及相关的运用。《中国结构性大战略》虽然是从战略理论的学术角度进行的应用研究，但其所论述的具体战略不失其实践价值。其中从特定角度也反映了中国战略道路的某种轨迹。特别是修订本内容的写作，涉及作者在中共中央党校创新工程中作为首席专家承担的“中国发展道路及其哲学话语”项目以及国家高端智库的相关项目。修订本也是这些项目的一个研究成果，希望其中的战略研究和战略哲学的话语能够满足相关的要求。同时，也希望这些初步的研究能得到学界朋友和读者的批评指正。

在《中国结构性大战略》的后记中，我已经说明了它的由来和形成与有关项目和有关方面的联系，并逐一表达了感谢之意。这里不再重复。

这里，只就修订本出版所涉及的各个方面表达我感激的心情。

修订本作为《战略思维丛书》中的一册，首先，要感谢法政集团和中国马克思主义研究基金会对包括这套丛书在内的战略哲学学科建设的宝贵支持。法政集团慷慨捐赠战略思维基金支持国家战略思维的研究事业，公心可鉴。中国马克思主义研究基金会的同仁们热情服务，精神可赞。本书乃至整套丛书就是这种支持的见证，也是学术研究者几十年长途跋涉和呕心沥血的一点回馈。

其次，要对丛书编委会的同事们表示谢意。他们在工作中从不同方面对本书写作和战略哲学学科建设付出了努力。我也要赞许我的博士后和博士生在学科建设和丛书中的奉献，他们在认真学习之外做了许多资料性和事务性的工作。

还有，尤其对中共中央党校出版社对本套丛书的立项和重视，对曲炜副总编辑和楚双志、王琪、李瑞琪等编辑付出的心血，致以诚挚的谢意。

最后，是对我的家人和朋友们的表示。在我多年的工作中，他们总是站在我的身边不求报偿地付出。没有什么东西能够回馈这种理解和支持，在此道一声谢谢，这是心底涌出的声音。

段培君
2018 年 8 月于北京